i y i ki **kitap**lar var...

TİMAŞ YAYINLARI

İstanbul 2020

timas.com.tr

GEÇMİŞİN TRAVMALARINDAN KURTULMAK
"Bir öze dönüş yolculuğu"
Zeynep Dizmen
Eray Hacıosmanoğlu

Psikoloji

TİMAŞ YAYINLARI | 4770
Psikoloji Dizisi | 82

KAPAK TASARIMI
Eray Hacıosmanoğlu

İÇ TASARIM
Nur Kayaalp

1. BASKI
Aralık 2019, İstanbul

2. BASKI
Haziran 2020, İstanbul

ISBN
ISBN: 978-605-08-2978-5

TİMAŞ YAYINLARI
Cağaloğlu, Alemdar Mahallesi,
Alayköşkü Caddesi, No: 5, Fatih/İstanbul
Telefon: (0212) 511 24 24

timas.com.tr
timas@timas.com.tr
 timasyayingrubu

Kültür Bakanlığı Yayıncılık
Sertifika No: 45587

BASKI VE CİLT
Altın Kitaplar Yayınevi Matbaası
Göztepe Mah. Kazım Karabekir Cad. No:32
Mahmutbey - Bağcılar/ İstanbul
Telefon: (0212) 446 38 88
Matbaa Sertifika No: 44011

GEÇMİŞİN TRAVMALARINDAN

KURTULMAK

Bir Öze Dönüş Yolculuğu

Zeynep Dizmen
Eray Hacıosmanoğlu

Zeynep Dizmen Hacıosmanoğlu

Lisans eğitimini önce Trakya Üniversitesi Sağlık Bilimleri Fakültesini tamamladı. Türkiye'nin en önemli sağlık markalarından Eczacıbaşı ve Pfizer ile birlikte sağlık ve hastalık alanında yıllarca eğitim ve uygulama projeleri yürüttü. Ardından Psikoloji alanındaki en büyük isimlerden olan Psikoder (Cised - Ankara) Prof. Dr. Vamık Volkan, Prof. Dr. Cengiz Güleç ve Dr. Cem Keçe'den 2,5 yıl gibi bir süre Psikanalitik Psikoterapi Eğitimi aldı. Psikokinezyoloji, Total Biyoloji, Matrix, Psikanalitik ve Bütüncül Psikoterapi, Hastalıkların Duygusal Sebepleri gibi birçok alanda eğitimler aldı. Uludağ Üniversitesi Aile Danışmanlığı eğitiminin yanında Yüksek Lisansını Üsküdar Üniversitesi Uygulamalı Psikoloji alanında tamamladı. Psikoloji alanındaki yükselişiyle birlikte Nişantaşı Üniversitesi Psikoloji Lisans eğitimine devam ediyor. Bunlarla birlikte doktorasının bir başlangıcı olarak Üsküdar Üniversitesinde tez sürecindedir. Psikoterapi alanındaki tüm yetkiler için de Üsküdar Üniversitesi Uygulamalı Psikoloji Yüksek Lisans dışında Esenyurt Üniversitesinde Klinik Psikoloji Yüksek Lisansı yapıyor. Birçok hastaneye, üniversitelere, özel şirketlere, belediyelere ve kuruluşlàra konferanslar, seminerler ve eğitimler düzenledi. Yüzlerce eğitici makaleyi kaleme aldıktan sonra ilk kitabı Bir Annenin Doğuşu'nu kaleme aldı. Her Şey İçin Geç Olmadan: Hastalıkların Duygusal Sebepleri kitabını eşi Eray Hacıosmanoğlu ile birlikte yazdı. Yakında Uzman Klinik Psikolog ve Psikoterapist olarak anılacaktır. Aynı zamanda eşinin kurucusu olduğu Psikosanat Aile ve Psikolojik Danışmanlık Merkezinde Genel Müdür ve Uzman olarak çalışmaktadır. Hepsinin ötesinde Asya adında bir kız çocuğu vardır.

Eray Hacıosmanoğlu

Beykent Üniversitesi Grafik Tasarım Bölümü mezunudur. Türkiye'nin en önemli reklam ajanslarında Sanat Yönetmenliği yaparak marka oluşturma, iletişim dili ve tasarım ve uygulama süreçlerinde ustalaştı. Bir medya kuruluşunda, Genel Kültür Dergisi başta olmak üzere birçok kurumun başında 6 yıl sanat yönetmenliği yaparak yayınevi, Genel Kültür Radyosu gibi tüm kültürel alanlarda çalışmalar, içerikler, dergiler ve kitaplar hazırladı. Kültürel birikiminin en önemli adımını bu çalışma yılları oluşturdu. Eray, Psikosanat adlı Aile ve Psikolojik Danışma Merkezinin kurucusu ve yöneticisidir. Eşi Zeynep ile birlikte Hastalıkların Duygusal Sebepleri ve Geçmişin Travmalarından Kurtulmak adlı iki kitabın yazarıdır. Mindfulness Akademi'den "Mindfulness Modern Eğitmenlik" eğitimi ile birlikte Aknet Akademi'den Evlilik ve Çift Danışmanlığı, Yaşam Koçluğu eğitimi almıştır. Atatürk Üniversitesi Sosyoloji Bölümü'nde lisans eğitimine devam eden Eray Hacıosmanoğlu aynı zamanda dünyaca ünlü Alman terapist Svagito Liebermeister'den Aile Dizimi eğitimi almaktadır. Hepsinin ötesinde Asya adında bir kız çocuğu vardır.

@zeynepdizmen @erayhaciosmanoglu @psikosanat www.psikosanat.com.tr

İÇİNDEKİLER

TRAVMAYLA BAĞLANTILI BAZI PSİKOLOJİK PROBLEMLER ve BUNLARIN GEÇMİŞLE BAĞI

İYİLEŞME ÖNERİLERİ

Önsöz

Bundan bir önceki kitabımız *Her Şey İçin Geç Olmadan/ Hastalıkların Duygusal Sebepleri*'nde hem hastalıkları hem de koruyucu olması anlamında hastalıkların oluşmadan engellenmesini ele almıştık. Ben Zeynep olarak bir hastalığın oluştuktan, vücutta somut olarak ortaya çıktıktan sonra ele alınması sürecine odaklanırken sevgili eşim Eray çok farklı ve proaktif bir şekilde koruyucu olan kısmına bakmış, hastalıkların oluştuktan sonra engellenmesinin değil, oluşmasının engellenmesinin gerekliliğinden bahsetmişti. Gerçekten de her bir hastalığın duygusal sebebine baktığımızda geçmişin bizi bugünlere getirdiğini, bırakamadığımız, halledemediğimiz her meselenin bizi hasta ettiğini görmüştük. Bu bakış açısı sayesinde yeni ufuklara doğru yol almaya başladık ve devamı niteliğinde olan bu kitabı yazdık. Zamanda geriye gider gibi hastalıkların öncesine, yani geçmişin travmalarına uzandık. O günlerden bugünlere gelirken son bir yılda geçmişte hangi konularda kaldığımızı, zihnin bizi nerelerde duraklattığını ve hatta bazen zihnimiz geride kalırken yaşamın devam edip gittiğini ancak geride bırakamadığımız her yükün bizi nasıl kaosa sürüklediğini ele aldık. Geçmişin geçmişte kalmadığını ve önlem alınmazsa geleceği nasıl karartabileceğini satır satır gözler önüne serdik.

Zihin her an gördüğü, duyduğu, hatta bazen kokladıkları ile bazen geçmişe bazen geleceğe gidebilir. Şimdide kalıp şu an neler yaptığına, neler yaşadığına bakması gerekirken geçmişten getirdiği öğretileri, anıları, kapatamadığı duyguları bugüne taşıyarak çözümlemeye çalışır. İşte bu çözemedikleri, bazen kişiyi öylesine yıpratır ki bugüne ait olayları yaşayamaz, duyamaz hale getirir.

Biz de bu kitapta gördüğümüzden çok daha büyük bilgiler ve kıvrımlar içeren zihni sizlere tanıtmak istedik. Unuttum sandıklarınızın aslında tıpkı soğan kabukları gibi açıldıkça açıldığını, açmaya başladığınızda en derindeki önemli bilgileri görmenizi istedik. Ne zihin ne de beden aslında hiçbir şeyi unutmaz, biz biliyoruz siz de, bilin istedik. Zihin koca bir derya. Masumane hataların kişiye ödettiği kefareti, bugün yaşadığımız olayların nasıl geçmişimizden geldiğini, bir olayı tekrar tekrar yaşamamızın asıl sebebinin sistemin kendi kendini çözme çabası olduğunu sizlere aktardık. Her bir satırında kendimizi çözümlerken sizlerin de çocukluğunuza birlikte inmeyi amaçladık. Yazdığımız her konuda yaşadıklarımızı irdeleyerek kendimize ait keşfe çıkarken çok ağladık, çok gözyaşı döktük ama sonunda ferahladık ve sırtımızdaki yükleri atarak bir sonraki adıma geçtik. Bu kitabı bir kitap yazar gibi değil zihindeki yaşamı yazar gibi yazdık. Kelimelerin içinde özümüzü, ruhumuzu görmek istedik. Öyle de oldu, umuyoruz ki sizler için de öyle olacaktır.

Umuyoruz ki bu kitabı bir kitap gibi değil hayatınızı okurken olaylara bir isim verir gibi, unuttuğunuz ve geçmişte bıraktığınız sen'e yeniden dokunur gibi, kendinizi yeniden keşfederken bir kez daha doğar gibi okursunuz. Sevgili eşim Eray, ben seanslarda konuların gerçekleriyle yüzleşirken aylar ve geceler boyu kitabı ilmek ilmek işledi, yazdı ve bugünlere getirdi. On binlerce sayfa araştırmayla birlikte yeni bilgilerle yüzleşti. Ben her "Yorgunum" dediğimde o kalktı ve pes etmeden yazmaya devam etti. Bu kadar önemli bilgileri aktarmak istememizin en büyük sebebi, size anlatacak çok şeyimiz olduğu kadar, taşıdığınız yüklerinizden bir nebze de olsa kurtulabileceğinizi bilmektir. Biliyoruz ki insanın kendisi ile yüzleşmesi, unuttuğunu zannettiği olayların birden karşısına çıkması, öylesine dediği davranışların birden anlam kazanması, gördüğü rüyaların rüya tabirlerinde değil kendisinde anlamının olması kolay değildir. Çünkü birey kurguladığı bu sahtelikte yaşamaya yıllar öncesinde karar vermiş ve alışmıştır. Geçmişi açmanın zarar verici olacağını düşünerek görmek ve duymak istemez. Geçmiş onun yakasını bırakmadığını birçok davranışında gösterse de kişi bunu göremez. Çünkü o çoktan geçmişin bugüne etkisi olacağı fikrini zihninin en derin mağaralarına kaldırmıştır. Bazen de kişi yaşadığı durumun anlamsızlığını görür ve fark eder ancak adını koyamaz. Uyanışın ilk çağrıları olan ve bu çağrılara cevap vermek isteyenler için yazılan bu kitabı kendi yaşamınızı ele alarak okursanız geçmişinizle ilgili muhteşem izler bulacak ve şifaya doğru adımlar atacaksınız. Sadece öğrenmek ve bilgi sahibi olmak isterseniz bir okul kitabı gibi de okuyabilirsiniz. Ancak böyle bir durumda bile etrafta olanlara bakışınız değişecek, her davranışın geçmişte nasıl bir yoldan geldiğini gözlemleyebileceksiniz.

Amacımız bu kitabın binlerce satılması değil, şimdiyi yaşamak yerine geçmişe gömülü kalan bir insanı daha kurtarabilmektir. Zihnini kendi hapishanesinden kurtarabilmiş her bir kişi kendi özgürlüğünde yaşamaya başlayacaktır. Bu bizim için kurtuluşuna vesile olduğumuz bir hayat yolculuğu daha demek olacak, mutluluk hanemize bir artı daha eklenecektir.

Bir yıla yakın bir süredir kalbiyle, bilgisiyle, kararlılığıyla ve emeğiyle bu kitabı ilmek ilmek oluşturan, yazan ve beni de dahil eden sevgili eşim Eray Hacıosmanoğlu'na... Araştırmalarında on binlerce sayfayı çeviren ve dünya literatürünü tarayan uykusuz gecelerimizin şahidi ve Psikosanat ekibimizin sevgili Psikoloğu Betül Esra Baba'ya, çalışmalarda emeği geçen sevgili Esma'ya, Fatıma'ya, Aycan'a ve Havva'ya sonsuz teşekkür ederiz.

Zeynep Dizmen

Travmalarıma teşekkürler...

Eray Hacıosmanoğlu

GEÇMİŞİN TRAVMALARI
VE ÇIKIŞ YOLLARI

Geçmişin Ayak İzlerinde İlerlerken: Zaman

"İyi ki geçiyorsun zaman.
Ya acının en derinime işlediği
bir anda donsaydın."

Mevlâna

Hayatta onca şeyin geçip gittiğini seyrederken sizden de görünmeyen parçaları eksilten, yenilerinin de boşluklara çare olabileceğini anlatan mucizedir zaman. Geçmişin ayak izlerinde ilerlerken her bir anınızı kayda alan şahidinizdir. Sizden gidenleri, görünmez zaman, bugünü dün ile var eder, yarını ise nice sürprizlerle donatır. Zamandan geriye olgunluk, tecrübe ve dinginliktir bizlere kalan. Geçmişteki travmalar ile gelecek serüvenine gidip zaman içinde bir ileri bir geri yaptığımız bu gezimizin en önemli kavramıdır zaman. İnsan için sadece şimdiki an gerçek olsa da geçmiş geleceği etkiler ve gelecekteki hayatımız da geçmişten şeklini alır. Bu bakımdan zamanı düşünmek, hissetmek ve anlamak en büyük bilgi olmalıdır.

Düşen yapraklar vedaları hatırlatır bizlere, tomurcuklar da yeniden doğuma işarettir. Zamanla çiğlikten kurtulur insan, duygular olgunlaşır. İnsana dair sızılar zamana yatırılır. Acılar hüzne dönerken, gülüşler yerini alır. Bazen de üstü örtülenleri gün yüzüne çıkartandır zaman. Bizlere kendimizi tanıma fırsatı verdiği gibi, nice gerçeğin aynasıdır. İnsana bir ömür farklı bedenlerde yaşadığı hissini tattırır. O kadar gerçek gelen bir hayatın usul usul geçiciliğini fısıldar kalplere.

Bir diğer yandan akarken zaman, her birimiz için farklı anlamlar barındırır. Her birimiz için taşıdığı kıymet farklıdır. Bize sundukları ve sunabilecekleri vardır. Bundan dolayı üzerinde daha fazla çalışmayı hak eden mühim bir kavramdır zaman.

Zaman, yelkovanda ilerleyen zamandan ziyade, yaşanan deneyimin yoğunluğu, deneyime katılan anlam, an'da yaşanan endişe, korku, umut, coşku gibi durumlara göre değişen bir ölçektir. Bundan dolayı insan zihni salt zamanla ya da saatle değil de bu zaman dilimine sığdırılan deneyimlerin nitel yanıyla ilgilenir ve bellek, kayıtlarını buna göre tutar.

Anı dolu dolu yaşarken, zamanın nasıl geçtiğini anlamayız. Sevmediğimiz bir dersteysek, zaman geçmek bilmez. Sanki dakikalar saatlere dönüşmüş gibi gelir. Bunları yaşarken şu soruyu sorarız. Zaman gerçekten de sabit bir kavram değil midir?

Zaman Göreceli midir?

Einstein daha çocuk yaşlardan beri ışığa olan merakı sayesinde yaptığı çalışmalarla İzafiyet Teorisi'ni ortaya koymuştur. 1905 yılında Einstein, iki ilkeye dayanarak yeni bir kuram geliştirmiştir. Yıllardır tartışılmayan ilkelerden biri yasaların tüm gözlemcilerde aynı gözükeceği, diğeri ise ışık hızının değişmez olduğudur. Einstein'a göre ise gözlemcinin göreli hareketine bağlı olarak ışığın hızı değişiyordu. Bu ilkelerin sonucunda, evrende sabit bir referans noktası olmadığı ve her şeyin başka bir şeye göre hareket ettiği sonucu çıkarılmaktadır.

Zaman, her gözlemci için aynı akmaz. Işık hızına ulaşmış bir gözlemci için zaman daha yavaş akmaktadır. Siz ne kadar ışık hızına yaklaşırsanız, çevrenizdeki şeyler yavaşlar. Asıl tuhaf olansa sizin bunu fark etmeyecek oluşunuzdur. Çünkü beyninizde düşünce üreten nöro-sinaptik hücreler de daha yavaş bir hızla çalışmaya başlar. Yani, zamanın sizin için yavaşlaması sizin tarafınızdan hiçbir şekilde fark edilemez fakat sizi gözlemleyen herkes tarafından fark edilebilir.

Einstein, "zamanın akışının herkes ve her şey için aynı olduğu görüşünü reddettiği teorisi" ile tüm dünyada ses getirir ve insanların zamana bakış açısını değiştirir. Einstein'ın bu teorisini daha iyi anlamak için zamanla ilgili birkaç örnek üzerinden düşünelim. Kısa sürede yetiştirmeniz gereken bir iş için ilgili kamu kuruluşuna gittiğinizde önünüzde çok kişinin bulunduğu bir sıra olduğunu hayal edin. Numaranızı alıp sıranızı beklemeye başlarsınız. Fakat bırakın dakikaları, saniyeler bile sizin için geçmez bir hal alır. Sizden önceki her kişinin işini 1 dakikada halletmesi bile size 1 saat olarak hissettirir. Bir de, uzun süredir özlem duyduğunuz, sevdiğiniz birisiyle buluşup koyu bir sohbete daldığınızı düşünün. Gün boyunca o sohbet ortamında kalmak size birkaç saatten fazla hissettirmeyecektir.

Görüldüğü üzere, hepimizin mutlak ve emin olarak düşündüğü zaman oldukça değişken bir hal alabilmektedir. Zamanın farklı olarak işlemesi yalnızca içinde bulunulan durumdan etkilenmez. Zamanı tecrübe eden kişinin o anda neler hissettiği de o kadar önemlidir. Zamanın yavaş aktığı örneği düşünürseniz, eğer sırada bekleyen kişi yetişmesi gereken işine yeterince önem vermiyorsa ya da işine odaklanamayacak kadar depresif bir duygu içerisindeyse o sırada beklemek o kişiye çok uzun hissettirmeyecektir. Zaman doğanın objektif bir gerçeği olmakla birlikte öznel durumlardan da etkilenir, hatta bu durumlar sebebiyle değişir.

İnsan hikâyesinde zaman ayrılmaz bir parçadır. Hikâyemiz geçmiş, şimdi ve gelecekten oluşur. Yaşadığımız an şimdidir ve biz çoğunlukla sadece şimdiyi yaşadığımız yanılgısına düşeriz.

Fakat gerçek böyle değildir. Biz şimdiyi yaşarken dahi hem geçmiş yüklerimizi hem de gelecek kaygılarını barındırırız.

Geçmiş, Şimdi ve Gelecek

Geçmiş bizimle var olur ve bizimle birlikte yaşar. Aynı zamanda geçmiş, olup bitenlerin bütünü gibi gözükür. Bittiğini sandığımız her şeyi fark etmeden zamanla bugünümüze taşırız. Hikâyemizde her daim geçmişi de barındırırız. Gittiğine olan inancımız geçmişin bize artık zarar veremeyeceğini düşündürebilir. Fakat geçmişimiz şimdiyi çizerken rol oynayan ressamlardan biridir. Bizler tamamen şimdiyi yaşadığımızı düşünsek bile yaşadıklarımız geçmişimizin ayak izlerini takip eden anlardan oluşur.

Bir de gelecek vardır; hikâyemizin daimi üyesi. Geçmişi yanımızda taşır, şimdiyi ise yaşarız. Fakat gelecek, ihtimaller ummanıdır. Neler yaşayabileceğimize dair düşüncelerimiz hatta hislerimiz olabilir. Ama bir gerçek vardır ki geleceği asla bilemeyiz. Bu bilinmezlik bizi olumsuza dair endişelendirebilir. Bunun yanında gelecek, olumluya dair pek çok umut barındırır. Tüm bunlar geleceğin potansiyelleridir.

Hayat yolculuğumuz bu üç zaman dilimi (geçmiş, gelecek ve şimdi) çerçevesinde ilerler. Şimdiyi yaşadığımız doğrudur. Fakat şu an, ne tamamen geçmişin travmalarından ne de tamamen gelecek ihtimallerinden bağımsız var olabilir. Yaşadığımızı zannettiğimiz an; doğumdan ölüme, geçmişten geleceğe tüm hikâyemizi barındırır. Her adımımız geçmişi takip ederken geleceğimizi gölgede bırakabilir. Ya da tam tersi, geleceğin ışığı olabilir. Bu nedenle kitabımızda geçmişin travmalarından bahsederken aklınızın bir ucunda, hem şimdiden hem de gelecekten bahsedeceğimiz bulunmalıdır. Bu kitap sayesinde zaman geçirmeden, zamanda arayacağız bizi yüklerimizden kurtaracak sebepleri.

Geçmişin Yükleri Nasıl Oluşur?

Bir olayın geçmişin travmasına dönüşmesinin en önemli işareti, çok yoğun ve ağır duyguların normal yaşanmışlıkları yani şimdiki anı düzgün bir biçimde yaşamayı engellemesi ve ruhta ağır izler bırakmasıdır. Yaşamının içinde bir yara alıp onu geçmişinde travma olarak bırakan kişi, o travmayı hatırlatan olaylara geçmişte kaydettiği olayın kendisine yakın bir acıyla karşılık verir. Geçmişteki travma anı unutulsa da beden, tepkisel olarak o travmayı unutmaz ve bugüne bu şekilde taşır. Travma sahibi kişilerin şu anda yaşanan bir olaya verdikleri cevaplar, olması gerekenin çok üstünde ve tepkiseldir.

Birisi arkadan arabanıza çarptığında, bir başkası sizi dinlemediğinde ya da herhangi bir sırada beklerken biri önünüze geçtiğinde verdiğiniz tepki, olması gerekenin çok üstündeyse ve sizi kontrolden çıkarıyorsa işte bunlar geçmişin travmasının izi olabilir.

Geçmişin travmalarını üstünde taşıyan kişilerin birçoğu geçmişte sıkışıp kalmış olduklarını fark etmezler. Geçmişte yaşadıkları o dehşeti geride bırakmaya dair yoğun bir çabaları olsa da bir olayla karşılaştıklarında aynı duygu yoğunluğunu şu anda da yaşıyormuş gibi hissederler. Geçmişi geride bırakmayı başaramadıklarında, tüm yaşam enerjilerini bu uğurda harcarken içinde bulundukları ana dahil olamaz ve bu anları gereği gibi yaşayamazlar.

Geçmişten getirilen travmanın farkında olmadan hayata devam etmeye çalışmanın en acıklı tarafı, geçmişten gelen örüntüyü fark edemeden aynı acıyı yaşamaktır. Hem bu durumun farkında olmazlar hem de sıkışıp kaldıkları o önemli hayat öyküsünü geride bırakıp şimdiki hikâyeyi yeniden yazamazlar. Çünkü şimdiki zamana sağlıklı odaklanamaz, her zaman geçmişin yüklerini taşırlar.

Travmalar üzerine çalışmış bazı uzmanların ortak deneyimi; geçmişten travma yükü taşıyan kişilerin içe dönüş, davranış değiştirme veya akıl yürütme gibi yöntemlere değil, tam tersine hipnotik ve terapi yöntemlerine cevap verdiğidir. Yani geçmişin travmalarının, hipnotik bir trans durumunda yeniden canlandırmayla çözümlenebildiği anlaşılmıştır. Zihinlerinde o ağır travmanın izlerini taşıyan kişiler, eskiden yaşanmış deneyimler, zihinde güvenli bir ortamda yeniden canlandırıldığında ve birkaç kez tekrarlandığında, en sonunda da o kötü deneyim mutlu sonla hayal edildiğinde yaşamlarına kaldıkları yerden devam edebileceklerini fark ederler.

Psikoterapist ya da bizzat travmanın sahibi kişi; geçmişten gelen o ağır travmanın kişide kayıtlı olduğunu ve iyileşmesi için güvenli bir ortamda eskiden yaşamış olduğu aynı kaos deneyimini yeniden canlandıracak bir trans haliyle çözülebileceğini gayet iyi gözlemleyebilir. Çözüme giden yolların birçoğunu bu kitapta tek tek ortaya koysak da önemli olan çözümünden çok sistemin ruhumuza bu travmatik tohumları nasıl attığıydı. İyileşmeye giden en önemli yolun ilk adımı, örüntüyü fark etmek olduğu için sistemin tohumlarını hayatın içinde ilk nerelerde ektiğini ortaya serdik.

Bu bilgilerden sonra kişi, travmanın izlerini sürerek, onu beden ile zihin arasında sıkışıp bırakan izlerin neler olduğunu görmeye ve bu ikisi arasındaki bağlantıyı yeniden kurmaya odaklanmalıdır.

Konu travmatik stres olduğunda, nöroloji araştırmacılarından tüm bilim insanlarına kadar birçok uzman vücudun faaliyetleriyle geçmiş arasında önemli bir bağlantı olduğu konusunda hemfikirdir.

Bir yaşanmışlığın geçmişin travması olması için insan biyolojisinin bu deneyimin etkisiyle çaresizlik içinde hissetmesi, nefes alamaz hale gelmesi ve hatta ezilme hissiyle kilitlenme noktasına gelmesi gerekir.

Yaşanan hadiselerin sonucunu değiştirmek için harekete geçmediğinizde tüm sistemin çökmesi bile olasıdır. Fiziksel eylem ile travma arasındaki ilişki Sigmund Freud'u da etkilemişti. Freud'a göre travmaların tekrarlanma nedeni, kişilerin olan biteni bütünüyle hatırlamıyor oluşlarıydı. Hafıza, baskı ve stres altında olduğunda kişi bastırılmış duygularıyla geçmişe ait bir olayı hatırlamak yerine, şu an yaşanmakta olan bir hadise gibi algılamak zorunda kalıyordu. Kişi bir hatırayı yani geçmişi hatırlamazsa onu dışa vurma eğilimi taşır. O mesele kişide geçmişin travması olarak değil de şu an yaşanmış gibi yeniden üretilir. Tabii ki kişi burada geçmişi tekrarladığının farkında bile değildir.

Kocaman bir yetişkin olduğunuzu sandığınız şu an aslında içinizdeki çocuğa hitap etmeye çalışıyoruz. Çünkü içimizde bulunan ebeveyn, yetişkin ve çocuk parçalarının aynı seviyede olmaması durumunda bu duygular çözülmek için karşınıza çıkacaktır. Zihin sürekli geçmişine geri döner, ilk yara aldığı yeri onarmak ister ve sizi de oraya götürür. O ilk andaki his çözülmeden de durmak nedir bilmez. "Neden benim başıma geliyor?" diye sorduğumuz her sorunun da cevabı burada saklıdır, bilinçdışında.

Zannettiğimiz kişinden başka biri olmamıza neden olan, bizi yönlendiren bilinçdışının temeli erken yaşlarda atılıyor. Sonraki yıllarda bu temelin üstüne kum, çimento atılıp bina sağlamlaştırılıyor. Bu bina duygu ve düşüncelerimizden arınmış bir insan haline gelince ortaya çıkıyor. Bunu fark etmemiz oldukça zor. Çünkü kimi değil neyi anlattığımız çok önemli. Örneğin, annesi tarafından sevilmemiş, onaylanmamış ve hiç değer görmemiş otuzlu yaşlarda yetişkin bir kadının içindeki çocuk, farkında olmadan her cümlesinde, her konuşmasında kısacası enerjisinde ortaya çıkabiliyor. Gittiği iş görüşmelerinde anlamsız saldırılara maruz kalıyor veya partner seçimlerinde sürekli kendini değersiz hissettirecek kişilerle eşleşiyor. "Duygu Hafızası" dediğimiz şey de çocukluğumuzun ilk yıllarında oluşuyor. Karşı taraf size kendinizi değersiz hissettirmiyor, sizin zaten hafızanızda olan o duyguya dokunuyor. Mevzubahis olan kadın, ilk yıllarında kendini değerli hissetseydi bugün karşısına "Nedense hep beni buluyor..." dediği insanlar çıkar mıydı, tabii ki hayır! Bu nedenle hayatı yolunda gidiyor gibi görünen bazı insanlar aslında daha şanslı olanlar değil, hayatlarının ilk yılları daha verimli geçenlerdir. Peki bize ilk yıllarımızda verilen duygulara ömür boyunca mahkûm muyuz? Hayır! Bunu fark ettikçe ve o yılların hesabını sordukça çözümün ilk adımını atmış oluyorsunuz. Tebrikler!

Travmanın kabulü ile ilk adım atılır. Fakat travmanın kabulü için gereken bir ortam vardır. Bu ortam kişinin kendini güvende hissettiği ve iç huzuruna yeniden kavuştuğu bir nitelikte olmalıdır. Böylece kişiler güvenli bir ortamda travmaları ile yüzleşebilir hale gelirler.

Bazı araştırmalar duygusal travmaların fiziksel travmaların çok üstünde olduğunu göstermiştir.

Bir insan gerek bugünün gerekse geçmişin yüklerinden kurtulup önce kendine, sonra da karşıdaki kişilere olumsuz bakmasına sebep olacak düşüncelerini değiştirmezse, zihnini ve bedenini devre dışı bırakarak yeni şeyler öğrenmeyi kendisi için imkânsız hale getirir. İnsan, ancak kendini özgür hissederek alternatif davranış biçimleri geliştirdiğinde iyileşmeye başlar.

İşte o zaman sinir sistemi üzerindeki baskıları kalkar, zihin kendini yeniden onarır ve yeni yaşam kalıpları oluşturmaya başlar.

İnsanın çare arayışındaki en büyük engel, geçmişte saplanıp kaldığı o travmatik durumun etkisinden sıyrılacağını düşündürecek işe yaramaz eylemlerden medet ummaktır.

Hayatta ne yaşarsanız yaşayın, iyileşmeye giden bu yolda size nefes aldıracak yaşam biçimleri oluştururken geçmişin prangalarından da kurtulmayı ilk amaç edinin.

Geçmişin travmalarının yakamıza yapışıp sinsice peşimizi bırakmayan tarafı, yaşadığımız durumlar karşısında sağlıklı bilinç düzeyinde değil de hisler, duyular ve bedenin bilinçdışı hareketleri olarak kendini gösterir. Görünmez bir şeytan gibi yakamızı bırakmayan bu sinsi olaylarla baş edebilmenin bir diğer önemli yolu da, doğuştan gelen yaşam enerjinizin sizi daima tetiklemesidir.

Dememiz o ki, bu bölümün başında bahsettiğimiz kuklalar kadar çaresiz değiliz. Fakat geçmişin üzerimizde büyük etkileri olduğunu kabul etmezsek özgürleşemeyiz. Geçmişin travmalarından kurtulmanın ilk adımı, onu kabul etmektir. Öncelikle ipleri elinde tutan, korkutucu geçmişi görmeliyiz. Göremediğimiz bir canavarla mücadele etmemiz mümkün olmaz. Geçmişi gördüğümüzde, ipler artık bizim elimize geçebilir. Kontrolün görece olarak bizde olmadığı gerçeğini bilmek bizi özgürleştirir. Aksi halde kaçmaya çalışırken ipleri boynuna dolanan ve acı çeken kuklalar olmaya devam ederiz. Bu kitap sizi dibe çeken geçmişin travma yüklerinden bahsedecek. Bu yüklerimizi tanıyabilmek için geçmişle ilgili bütün örüntülerden söz edeceğiz. Sonrasında, dibe çakılmış dahi olsak nasıl ayağa kalkabileceğimizi anlatacağız.

Travma, Beyin ve Beden

Bu kitapta travmanın fiziksel etkilerini değil, geçmişten günümüze uzanan davranışlarımıza yerleşmiş sinsi bir şeytan gibi tetikte bekleyen o büyük etkilerini inceleyeceğiz.

Travma bizlere psikolojik bir kavram olarak gözükebilir. Fakat aslında pek çok psikolojik olgu gibi travmanın da fizyolojik etkileri mevcuttur. Bunu anlayabilmek için öncelikle travmayı yaşayan bir beyinde ve dolayısıyla bedende neler yaşandığına göz atmalı, aynı zamanda travmanın üzerinden zaman geçtikten sonraki yaşamımıza etkilerini de incelemeliyiz. Yani geçmişin travmalarının geleceğimizi nasıl etkilediğine önce beynimizi inceleyerek başlayalım.

Beyin en temelde hayata dair tüm fonksiyonlarımızı yöneten organımızdır. Bunların içinde nefes almak, yemek yemek, müzik dinlemekten hoşlanmak, planlar yapmak ve yaratıcı olmak gibi çok geniş bir spektrumdaki tüm hayat olay ve durumları sayılabilir. Beynin en önemli görevi ise bizi en zor koşullarda dahi hayatta tutmaya çalışmaktır. İnsan beyni yapısal ve işlevsel olarak diğer canlılardan bazı farklılıklar gösterir. Şöyle ki, beyin temel olarak üç gelişim evresi geçirir.

En önce gelişen ve beynin arka kısmında yer alan (beyin sapında) bölüm; nefes almak, uyumak, ısıyı hissetmek, idrar ve dışkı yapmak gibi hayati fonksiyonları düzenler. Bu fonksiyonlar yeni doğmuş bir bebeğin yapabildikleri ile sınırlıdır. Bir sonraki aşamada gelişen beyin bölümü ise genel itibariyle limbik sistem olarak adlandırılır. Bu beyin bölümü ilk gelişen beyin sapının üzerindedir ve bebek dünyaya geldikten sonra gelişmeye başladığı düşünülmektedir. Duyguların işlendiği, tehdit ya da hoşnut olunan durumları ve bazı başa çıkma yöntemlerini belirleyen beyin bölümüdür. Bebeğin dünyaya geldikten sonra gelişmesine bakılarak, bu beyin bölümünün sosyal ilişkilerden çokça etkilendiği ve tecrübe ettiği sosyal ilişkilerce şekillendirildiği sonucuna varılabilir. En üste olan ve en son gelişen, bir kabuk gibi beyin sapını ve limbik sistemi saran bölüm neokorteks veya bilinen adıyla korteks olarak adlandırılır. Bu bölüm diğer canlılarda da bulunmakla birlikte hem boyut olarak hem işlevsel olarak insandaki en gelişmiş halidir. Dil, soyut düşünce, karar verme ve hayal gücü gibi üst düzey işlemlerin gerçekleştiği bu beyin bölümü bizi diğer canlı türlerinden ayıran yegâne bölüm olarak göze çarpar. Yani korteks, sosyalleştikçe ve eğitim düzeyi arttıkça gelişir ve kalınlaşır. Bizi insan yapan en önemli özelliğimiz de budur. Tüm bu gelişim aşamalarından sonra beyin ilkel ve üst düzey işlemleri saniyeden bile daha kısa sürede, bazen aşağıdan yukarıya bazen yukarıdan aşağıya olmak üzere gerçekleştirerek yaşamımızı sürdürmemizi sağlar.

Aşağıdan yukarı ya da yukarıdan aşağı işleyişi bilmek travma açısından önemlidir. Aşağıdan yukarı işleyiş, ilkel beyin bölümlerinin üst düzey beyin bölümlerini etkilemesidir. Örneğin aç olmanız şu an bu kitabı okumanızı etkileyebilir ve odaklanmakta zorlanabilirsiniz. Yukarıdan aşağıya işleyiş ise üst düzey beyin bölümünün ilkel beyin bölümünü etkilemesidir. Önemli ve sevdiğiniz bir proje ile uğraşırken uyumayı unutmanız ikinci işleyişe örnek verilebilir. Bu işleyişler travma mağdurları ile çalışırken oldukça değerlidir. Travma anı söz konusu olduğunda beynin aşağı kısımlarındaki aşırı aktiflik, beynin yukarısıyla yapılan meditasyon, yoga gibi durumlarla minimize edilebilir. Aynı şekilde doğru nefes alma teknikleriyle hem yukarı hem aşağı işleyişi etkileyebiliriz. Böylece travma anındaki beynin adeta devrelerini yakmak üzere olan ateşli durumu söndürülebilir.

Herhangi bir tehdidin ya da hoş olmayan bir durum veya olayın yokluğunda Parasempatik Sinir Sistemi (PSS) aktiftir. PSS aktif olduğunda kalp atış hızı, akciğer bronşlarının genişliği, göz bebeklerin büyüklüğü gibi pek çok yaşamsal fonksiyon normal düzeydedir ve bizler bu sistem aktifken güven içerisinde ihtiyaçlarımızı giderebilir, potansiyelimizi zorlayabiliriz. Bu duruma herhangi bir tehdidin ya da stres yaratıcı olayların olmadığı anlarımızı örnek verebiliriz. Fakat beyin hoş olmayan veya tehdit edici bir durum ya da olayla karşılaştığında beyin beden düzleminde Sempatik Sinir Sistemi (SSS) aktifleşir. Eğer arabalarla ilgili bilginiz varsa Parasempatik Sinir Sistemi rölanti, Sempatik Sinir Sistemi'ni ise alarm durumu olarak düşünebilirsiniz. Bizler sakinken ve herhangi bir tehlikeyle karşılaşmamışken aktif olan PSS, tehdidin ortaya çıkması ile yerini SSS'ye bırakır. SSS'nin aktifleşmesi ile kalp atış hızı artar, göz bebekleri büyür ve akciğer bronşları genişler. Bir diğer deyişle, beden tehdit durumuna karşı bir tepki olarak alarma geçer. Tüm bu fonksiyonlar, bedenin hayatta kalmasını sağlamak üzere ilkel beyin bölgesi tarafından yürütülür. Örneğin gözbebeklerimiz büyür ve biz daha iyi görür hale geliriz. Böylece tehlikeyle ilgili değişkenleri daha iyi görebileceğimiz için kendimizi daha rahat koruyabiliriz. Kalp atışımız hızlanır, dolayısıyla kan dolaşımımız artar ve olası bedensel hareketleri daha kolay yaparız. Bir hayvanın saldırısı, karanlıkta kaldığınızda bilmediğiniz bir canlının size değmesi, yarına yetiştirmeniz gereken bir projenizin olması, trafikte kaza tehlikesi geçirmek, deprem ve sel gibi doğal afetleri yaşamak gibi uğradığınız ağır ve tehlike içeren, hoş olmayan durumlar sinir sisteminizi alarma geçirir. Hoş olmayan bir yaşam olayı olan travma ile karşılaşan beden de aynı tepkiyi verir. "Geçmişin travmaları" ise bu gibi ani gelişen, kısa süreli ama ağır ve olumsuz yaşam olaylarının hayatımızı uzun süreli olarak etkilemesiyle oluşur.

Beyin ve beden düzlemindeki bu alarm durumuna geçiş tüm canlılarda aynıdır. Fakat canlılar ve dolayısıyla insanlar bu değişikliklere farklı davranışsal tepkiler verir. Bu tepkiler savaş-kaç-donma tepkileri olarak toplanabilir. Yani insanlar tehdit edici uyarana bedensel işlevler bazında aynı tepkileri vermelerine karşın, davranış bazında birbirinden farklı tepkiler verebilirler. Mesela bir tehdit karşısında bazı insanlar onunla savaşır, bazı insanlar donup kalır, bazıları ise tehditten kaçar. Seçilen davranış gerçekleşip tehdit geçtiğinde organizma eski hali olan PSS durumuna geri döner. Böylece organizma sağlıklı yaşamak için gerekli bedensel alt yapıya yeniden sahip olur. Beyin-beden ilişkisi içinde, hoş olmayan bir uyarana verilen bu tepkiler, uyaran varlığını yitirdiğinde son bulur. Bu süreci şu örnekle açıklayabiliriz. Diyelim ki ormanda doğayla iç içe güzel dakikalar geçiriyordunuz. Bu süreçte sakin halinizde PSS aktifti. Sonra birden size yaklaşmakta olan bir ayı gördünüz. Beyniniz bu tehdidi algıladığı an SSS aktif olmaya başladı. SSS'nin aktif olmasıyla, tehdidi değerlendirmeye ve gerekli kurtuluş manevralarını yapmaya daha muktedir hale geldiniz. Böylece ayının size henüz çok yakınlaşmadığını fark ettiniz ve kaçma davranışına girişerek oradan hızlıca uzaklaştınız. Ayıdan tam anlamıyla uzaklaştığınızda SSS aktifliğini yitirdi, eski sakin olan PSS halinize geri döndünüz.

İşte bu durum, Travma Sonrası Stres Bozukluğu (TSSB) geliştiren insanlar için farklıdır. TSSB hastaları bu geri dönüşü yapamazlar. Olması gereken, bu sistemin tehdide karşı oldukça hızlı cevap vermesi ve tehditten kurtulduğunda organizmanın eski sakin haline geri dönmesidir. Travma ise özünde ağır ve bazen uzun süreli olduğu için etkisi çabuk geçmez hatta hayat boyu taşınabilir. Bedende ve beyinde geçmişin bu travma yükü saklanır ve insanın hem fizyolojisinde hem de psikolojisinde uzun süre kendine yer bulmayı başarır. Bu durum anksiyete ve panik gibi bazı psikolojik zorlanmalara sebep olabilirken, kronikleşmesi halinde kişinin bedensel açıdan görece zayıf olan noktalarında daha ciddi sağlık problemlerine yol açabilir. Bu problemlerden bazıları, hafıza ve dikkat sorunları ve uyku bozuklukları olarak kendini gösterir. Kişinin örneğin genetik olarak meme kanserine yatkınlığı varsa, fizyolojik ve psikolojik zorlanmaların meme kanseri olma olasılığını arttırması, travmanın bedenin görece zayıf noktalarında meydana getirdiği sağlık problemlerine örnek gösterilebilir.

B. A. Van Der Kolk'un yaptığı bir çalışmada TSSB hastalarına travma hikâyelerini yeniden anlattırılmıştır. Hastalar hikâyeleri anlatırken beyinleri beyin görüntüleme araçlarıyla görüntülenmiş ve hastaların travma hikâyelerini anlatırken beyinlerinin sanki o an'ı yaşıyormuş gibi tepki verdiği görülmüştür. Nöral aktivasyonun (beyin hücreleri olan nöronların aktifliği ve pasifliği) sağ beyinde yüksek olduğu bulunurken, sol beynin aktivasyonun düşük olduğu ve özellikle sol beyindeki dil işleviyle ilişkili Broca alanındaki nöral aktivasyonun normalden daha da düşük seviyede olduğu gözlemlenmiştir. Araştırmacılar bu durumu sağ-sol beynin farklı işlevleri çerçevesinde yorumlamışlar. Sol beyin dil öğrenimiyle hızla gelişmeye başlayan durumları, istatistikleri yorumlayan ve analitik olan beyin lobudur. Sağ beyin ise henüz anne karnında iken gelişmeye başlayan ve dil öncesi evrenin gizemli hikâyelerini dilden bağımsız olarak duygu olarak barındıran sezgisel, duygusal ve dokunsal nitelikteki beyin lobudur. TSSB hastalarının travma hikâyesindeki sağ beyin dominantlığı (baskınlığı) bizlere yaşanılanın 'kelimelerle anlatılamayacak' çarpıcılıkta olduğunu gösteriyor. Dolayısıyla bu beyin görüntüleme araştırmaları bize, TSSB hastalarının travma anını tekrar tekrar yaşadığını ve adeta geçmişte kalarak şimdide yaşamakta sıkıntı çektiklerini göstermiştir. Travma anında kalan hastalar gündelik yaşama karışmakta, pek çok insanın eğlendiği programlardan zevk almakta, hatta uğraşmakta oldukları işleri tamamlamakta zorlanıyorlar. Geçmişte travma yaşayarak ağır anıların, aşırı uyarılmanın altında ezilen insanların beyninde dile dökülemeyen anılar duygusal yoğunluklarıyla ilk günkü tazeliğiyle, bilinçli kontrolden uzak olarak tekrar tekrar yaşanır ve hipokampüste (hafıza ile ilgili olan beyin bölümü) düzenli bir şekilde depolanamaz. Netice olarak, bu travmatik anılar mantık çerçevesinde değerlendirilemez hale gelir; imgeler, sesler ve fiziksel algılar olarak, duyusal ve duygusal izler olarak varlığını devam ettirir. Burada travmanın bizi geçmişe çivilediğini ve kelimelerle anlatılamayan bir duygusal yoğunlukta olduğu için anlamlandırmamızın daha zorlaştığını görüyoruz.

İnsan hayatı, içerikleri çok çeşitli olmak üzere pek çok anıdan oluşur. Bu anılardan hangisini hatırlayıp hangisini hatırlayamayacağımız ise anının niteliğine bağlıdır. Belki 22 Temmuz 2019 Pazartesi gününde öğle yemeğinde ne yediğinizi hatırlamazsınız. Fakat eğer o gün öğle vakti bir trafik kazası geçirmişseniz o an'ı, o an'a dair tüm detayları çok net hatırlarsınız. Bu durum o an'ın bizi ne kadar etkilediğiyle alakalı olarak değişir. Bu etkileniş de kişiye bağlı olarak değişir. Bir kafede oturup kahvenizi yudumladığınız bir an'ı hatırlamayabilirken en sevdiğiniz şarkının çaldığı kafede oturduğunuz an'ı hatırlayabilirsiniz. Burada önemli olan duyumlarınızdır. Aşina olduğunuz, sizin için duygusal anlamı olan görüntüler, sesler, kokular, tatlar, hatta dokunuşlar; o an'ın hafızanızda ne derece kalıcı olacağını belirler.

Günlük rutinlerimizin çoğunu unuturken, 1999 Marmara depremine maruz kalmış kişiler muhtemelen deprem anını tüm detaylarıyla hatırlayacaktır. Anın rutini bozucu nitelikte olması onu zihnimizde daha kalıcı kılar. Özellikle hayatımızı ve o anki fizyolojik ve psikolojik durumumuzu altüst edici nitelikte olan travmalar zihnimizde silinmesi zor, kalıcı izler bırakır. Araştırmalar adrenalini yükselten, kişiye heyecan veren anıların zihnimizde daha kalıcı yer ettiğini göstermiştir. Aynı zamanda travmatik içerikli anıların diğer anılara oranla daha detaylı ve doğru hatırlandığı görülmüştür. Buna, travmanın ağır bir an olması ve yarattığı olağandışı duruma bedenin aşırı odaklanması sebebiyle tüm ayrıntılara pür dikkat kesilmek sebep olur.

Travmatik olay tekrar tekrar yaşanmaya devam ederse kişideki stres hormonları travmatik anının zihinde daha keskinleşmesine sebep olur. Travmatik anıların yoğunluğu sebebiyle kişinin gündelik yaşam olaylarına harcayacak enerjisi kalmaz. Kişi travma an'ında kalır ve yaşamakta olduğu an'a odaklanamaz. Bu durum, yaşamın eğlenceli yanlarına odaklanamadıkları için hayattan tat almalarına engel olabilir. Kişiler adeta geçmişin travmalarının mahkûmları olarak gerçek mahkûmların özgürlükten kopuk olmaları gibi şimdiden koparlar.

Bazı travma mağdurları da olayın net bir biçimde hatırlamak yerine, farklı bir hatırlama ya da hatırlamama süreci yaşarlar. Travmadaki dehşet durumu bazen öyle bir hal alır ki tüm sistem tepetaklak olur ve çöker. Travma mağdurları yukarıda bahsettiğimiz gibi bazen çok fazla şey hatırlarken bazen de çok az şey hatırlarlar.

Geçmişten Gelen Gelecek:
Bellek ve Hafızanın İşleyişi

"Hiçbir şey, unutmak arzusu kadar
yoğun bir şekilde bir anıyı güçlendiremez."

Michel de Montaigne

İnsan aklı canavar beslemek için güzel bir ortamdır. Anıların izleri, duygular ve bir sürü yaşanmışlık kırıntısı... Sırtından yediğin hançerler, aldığın darbeler ve yüzüstü bırakılmaların. Tüm bu deneyimler büyüyüp duygularından da beslenerek beynini yemeye, yedikçe içinde büyümeye başlar ve büyük bir canavara dönüşür. Bu canavarın eti, kanı ve canı yoktur. Tırnaklarını ruhunun etine geçirmiş bu canavara elini uzatsan da tutamazsın, çekip çıkaramazsın. Anılarından en hassas noktana kadar unutmak istediğin ne varsa çıkarıp karşına koymak ve onlarla canını yakmak ister. Anılar çokça üstüne gelmeye başladıkça unutmak istersin... Kafanı sert bir yere vurup unutmak istesen de işe yaramama ihtimali sana o canavarı nasıl yeneceğini düşündürtmeye başlar. Sağlıklı bir şekilde geride bırakmayı başarırsan önündeki yolu yürümek daha kolay hale gelir. Yeni duygular, yeni insanlar ve yeni umutlar yeşerir önünde. Bir şeyleri geçmişte bırakmak için bellek ve hafızanın işleyişini de bilmek gerekir.

Beyin iki temel kabiliyetten sorumludur: Hareket etme ve düşünme. Bu iki beceri beynin öğrendiği öğrenme ile saklama, hatırlama ile geri alma becerisini gerektirir. Bu da genel anlamda hafızamızı oluşturur.

Son yıllarda sinirbilim alanında yaşanan önemli gelişmeler, beynin kabiliyetleri içerisinde aktif hale gelen bazı sistemleri keşfetmemize imkân sağlamıştır. Özellikle yeni yaşadığımız anılardan bahsediyoruz. Hafızamız nasıl çalışıyor ve beynimizde bu süreçte neler oluyor?

Anılar Nerede Depolanır?

Kısa ve uzun vadeli anılar eş zamanlı olarak yaşanır ve sırasıyla hipokampüs ve profrontal kortekste depolanır. Kısa süreli yaşanmışlıkları sakladığımız beynin alanı ile uzun süreli olanları saklayan hafıza biraz farklıdır.

Beynimiz belleği belli türlere ayırmasaydı zihnimiz doğduğumuz andan itibaren bugüne kadar yaşadığımız bütün anları biriktirmiş olacaktı ve kaçınılmaz bir kargaşayla karşı karşıya kalacaktık. Hayatımızı kolaylaştıran bellek türlerinden kısaca bahsedersek, ilk olarak çalışma belleğine değinelim. Çalışma belleği, anlık algıladığımız ve genellikle saniyeler sonra unuttuğumuz bilgileri kapsayan bellektir. Yeni tanıştığımız birine ismini sorduktan sonra sohbetin ortalarına doğru kişinin ismini hatırlamadığımız olur. Burada çalışma belleği işin içine girmiştir.

Kısa süreli bellek ise işleyen bellek olarak gün içerisinde tanık olduğumuz olayları, edindiğimiz bilgileri saklar. Gün içerisinde algımızın yüksek olduğu zamanlarda yani dikkatimizi çeken durumlarda zihnimize yerleştirdiğimiz bilgilerin unutulma olasılığı azdır. Bu bilgilerin bizi etkileme yoğunluğu da hatırlamamızı olumlu etkiler. Uzun süreli bellek işte bu işlevi sağlar yani zihnimize kodladığımız bilgileri kalıcı olarak tutar. Anıların uzun süreli bellekte bu kadar kalıcı olmasının sebebi, anıların birkaç yerde kodlanmasıdır. Yani birden fazla duyu ya da etkileşim, farklı yerlerde kodlanan aynı anıların gün yüzüne çıkmasını sağlar.

Bu üç tür belleğin işleyişi şöyledir; kodlama yani yeni edindiğimiz bilgilerin edinilmesi, depolanan bilgilerin saklanması ve geri çağırma saklanan bilgilerin tekrar akla getirilmesi. Bu işleyiş sürecine yeni bir kavram olarak "sağlamlaştırma" süreci de girer. Bir kişi bir durumu anlamlandırmak için zihninde tekrar ederken bir yandan da onu iyice işlemiş ve sağlamlaştırmış olacaktır. Olumlu ya da olumsuz alışkanlıklar bu duruma örnektir. Bellek bir durumu ne kadar tekrar ederse o kadar sağlamlaştırmış olur.

Sağlamlaştırma kavramını açıklarken, yukarıda bahsettiğimiz geçmişteki bazı önemli olayların hatırlanmaması sizi şaşırtabilir. Burada önemli olan, geçmişin bize hissettirdikleridir. Dolayısıyla beynin hatırlama sistemi bazı faktörlere göre değişiklik gösterir.

Duygusal Bellek

Bu tür bir bellek yapısı yani duygusal hafıza dediğimiz yapı, olumlu ya da olumsuz olaylarla birleştirdiğimiz anları hatırlamamıza yarar.

Duygusal belleği etkileyen en önemli alanlardan biri amigdaladır. Bize korku veren belirli uyaranların aktive edilmesi, bu hatıraların üzerimizdeki etkisini arttırıp varlığını daha da derinleştirir. Yoğun duyguların aynı anda yaşanmasıyla, başımıza gelen olayları daha net bir şekilde hatırlarız. Duygusal tetikleme, anılarımızın hatırlanmasını kolaylaştıran en önemli unsurdur.

Anılar bizim gelişmemiz ve hayatta kalmamız için kesinlikle gereklidir. Ve hatta daha da fazlasını yapar ve geçmişte bize acı veren eylemleri hatırlatarak, karşımızdaki risk hakkında bizi uyarır. Bizi hayatta tutmak ve acıya anlam vermek için, beyin sadece uzun süreli hatıraları saklamak zorundadır. Yani unutulduğu sanılan ama uzun süreli hafızamızda pusuda bekleyen travmalar, bir şekilde hayatımıza yansır.

Hafızamızın çalışma prensibini ne kadar bilirsek, geçmişten gelen travmalara ne kadar maruz kalabileceğimizi de o kadar anlamış oluruz. Umarız aklınız o canavarı beslemek için en elverişli bir yer haline gelmez.

Geçmişin Bilgi Bankası: Bilinçdışı

Bilinç

Bilinç ve bilinçdışı dediğimiz kavramlar tamamen geçmişin bir parçasıdır. Travmalardan bahsediyorsak bilinci ve bilinçdışını etkileyen kavramlara da hakim olmalıyız. Bir başka başlıkta "aktarım" olarak ele alacağımız konu, bilinçdışımızın geçmişi bir şekilde karşımıza çıkaran bir sistemle hayatın biz farkında olmasak da tekrar eden döngüsünü anlatır. Bu döngünün bilinçli ve sağlıklı çalışması için, aktarım temasını anlamadan önce, bilinçdışımızın bize oynayacağı oyunları da bilmemiz gerekir. Bu yüzden önce bilince ve ondan da önemlisi, gizli bir kontrol sistemi gibi olan bilinçdışına bakalım. Bizi geçmiş ve gelecek arasında dönüp durduran, travmaları bazen kontrolümüz dahilinde bazen de kontrolsüzce hayatımıza sokan, beynimizin bilinçdışı yazılımında neler oluyor?

Bilinçdışı

Bilinçdışı kavramı, Psikanalizin babası Freud öncesi bir kavram olmakla birlikte Freud ile birlikte ünlenmiş ve gelişmiştir. Bu kavramı ele alırken Freud'un topografik kişilik kuramından da bahsetmek gerekir. Freud'un topografik kişilik kuramını bir buzdağına benzetebiliriz. Freud, buzdağının suyun üzerinde görünen kısmını bilinç, hemen altındaki kısmını bilinçaltı veya bilinçöncesi, en alt ve en geniş tabakayı ise bilinçdışı olarak adlandırır. Buzdağının görünen kısmı az bir bölümken altta kalan kısım görünmeyen ancak derinde olan bölümüdür. Bilinçdışı da aynı bu şekilde görünmeyen ancak hayatımızı yöneten büyük bir alandır.

Bilinç tamamen farkında olduğumuz şu andır. Bilinçaltı, istediğimizde geri getirebildiğimiz ama bilinç kadar da yüzeyde olmayan kısımdır. Bilinçdışı ise hatırlanamayan ama dürtülerimize yansıyan, farkında olmadan zaman zaman kontrolümüze de müdahale eden bir alandır. Bu arada halk arasında çoğunlukla bilinçaltı denilen kavramdan kasıt, aslında bilinçdışıdır. Bizim burada bahsettiğimiz ise bizatihi bilinçdışı kavramıdır. Bilinçaltı "dilimin ucunda ama aklıma gelmiyor" iken bilinçdışı aklımızda, ruhumuzda hissettiğimiz, bu nedenle de davranışlarımıza, sakarlıklarımıza, beden hareketlerimize, dil sürçmelerimize yansıyan durumlardır.

Bilinçdışından söz edebilmek adına öncelikle bilinci ele alalım. Bilinç; şu anda bildiklerimizi, içinde bulunduğumuz an itibariyle farkında olduklarımızı içeren bir kavramdır. Bu, ruhsal yaşamın çok küçük bir kısmını oluşturur. Bilinçaltı, bilinç ile bilinçdışı arasındaki bir köprü gibi düşünülebilir. Biraz çaba ve dikkatin yoğunlaştırılmasıyla bilinçaltındaki bilgi, yaşantı veya duyguların bilince aktarılabilmesi mümkün olabilir.

Bilinçdışı ise bilinçten gelen iyi, kötü her şeyi aktardığımız bir depo gibidir. Yaşadığımız her olay, duygu veya durum bilinçdışımıza aktarılır ve burada kalıcı bir iz bırakır. Sahip olduğumuz bu depo hem karanlık yanlarımızı, hem ilkel hem de çocuksu yanlarımızı parça parça içinde taşır. Kabul edilemeyen cinsel arzular, mantık dışı istekler, utanç duyduğumuz deneyimlerimizi burada biriktiririz. Bilinci tehdit eden bir yapısı vardır. Dil sürçmeleri, rüyalar, beden hareketleri ve espriler şeklinde açığa çıkabilir, kendini gösterebilir. Kısacası bilinçdışı, zihnimizin kara kutusudur.

Örneğin; şu an bu satırları bilinciniz dahilinde okuyorsunuz. Fakat bunları anlamlandırma işi farkında olmadığımız süreçleri de kapsayan daha kompleks bir yapıda işliyor. İşte burada devreye bilinçdışımız giriyor ve okuduğumuzu anlamlandırıp kişiye özgü bir çıkarımda bulunmamızı sağlıyor.

Biraz daha somutlaştıralım. Önünüzde büyük bir harita olduğunu hayal edin. Bu haritayı incelerken elinizde bir büyüteç olsun. Elinizdeki büyüteçle belli yerlere odaklandığınızı düşünün. İşte bu odaklandığınız yerler sizin şu anki farkındalığınız olsun. Yani bilincinizi yansıtsın. İşte o an incelemediğiniz geri kalan kısım ise bilinçdışınızın temsilidir diyebiliriz. Zamanla haritayı parça parça inceleyerek öğrenir, tümüne hakim olabilirsiniz. Anlatmanız istendiğinde ise bir anda yalnızca bir bölümünü anlatabilirsiniz. İşte bilinç ve bilinçdışı süreçlerimiz de buna benzer. Odağınız bilinç olsa da geri kalan süreçler bilinçdışı ile eşzamanlı bir biçimde çalışır.

Başka bir örnek vermek gerekirse; izlediğimiz filmleri düşünelim. Bilinç, o an ne izlediğimizdir. Bilinçdışı ise filmin takıldığımız her noktasıdır. İnsanlar kendi yaşamlarından izler taşıyan kişi ve objelere daha çok odaklanır ve onlarla daha çok ilgilenirler. Burada önemli olan, o obje ya da bireyin kişiye kendini ne kadar anımsattığıdır. Çünkü insanlar kendi yansımalarını başka yerlerde bulmayı severler. Kısacası bilinçdışını bizim özümüze dokunan, içimizdeki narin yapıyı delerek ulaşılan bir içsel mekanizma olarak düşünebiliriz. O nedenle izlediğiniz filmlerde ya da dinlediğiniz müziklerde size dokunan kısmı sakın ihmal etmeyin. Bir anda aklınıza gelen şarkı, uyandığınızda tekrarladığınız sözler çoğunlukla bilinçdışından gelir. O yüzden bu tarz durumların size ne hissettirdiğine, neyi hatırlattığına odaklanın.

Bilinçdışı Süreci ve Savunma Mekanizmaları

Freud 1960'larda savunma mekanizmalarını, kaygı ve endişe yaratan durumlara karşı bireyin ruhsal dünyasını koruma içgüdüsü ile geliştirdiği mekanizmalar olarak tanımlar. Başlarda bu mekanizmalar patolojik olarak değerlendirilse de daha sonra çatışma hallerinde bilinçdışı olarak işlenen ve patolojik olmayan genel bir ruhsal mekanizma olduğu fark edilmiş ve bir kategori adı olmuştur. Freud'un kızı Anna Freud, savunma mekanizmalarını, egonun reddedilen ve kaygı oluşturan durumlardan ayrışması fonksiyonunun yanı sıra dürtüsel davranışlar, duygular ve içgüdüsel istekler üzerinde kontrol sahibi olmasını sağlayan psikolojik süreçler olarak tanımlar.

Savunma Mekanizmaları

Savunma mekanizmaları, kişinin kaygısı ile baş edebilmesi için sağlıklı bir yapı oluşturma çabasıdır. Geçmişe ayna tutarak bilinçdışı süreçlerimizi görmeye yarar.

Bastırma, bireyin kabul edemediği duygu veya durumları bilinçdışına itme sürecidir. Kişiyi rahatsız eden şey, bastırma sonucunda tamamen unutulur.

İnsan yaşadığı ve geçmişte bıraktığı olumsuz bir durumu inkâr etmeye meyillidir. Bu durumda da inkâr savunma mekanizmasını devreye sokar. Böylece geçmişte kalan olumsuz durum reddedilir, yok sayılır. Bir tür görmezden gelme durumudur.

Yüceltme savunma mekanizması, kişinin ilkel güdüsünden gelen enerjiyi, toplum tarafından kabul edilebilir bir yolla dışa vurmasıdır. Saldırgan tavırları olan bir kişi toplum tarafından kabul edilmekte zorlanır. Fakat bu kişinin saldırganlığını boks gibi bir spor dalında göstermesi ya da kesici aletlerle oynamayı seven veya çocukluğunda saldırı dürtüsüyle hayvanlara zarar veren bir kişinin ileride doktor olması bu duruma verilebilecek en belirgin örneklerdir.

Yer değiştirme savunma mekanizması bireyin temel bir dürtüsünü bastırmasıyla oluşur. Kişi bu dürtüyü ortaya çıkmasına sebep olan nesne ya da kişiye değil, farklı bir yere yönlendirir. Yani; gücü gücü yetene diyebiliriz. Annesinden şiddet gören bir çocuğun, oyuncaklarına şiddet göstermesi buna örnektir. Ya da patronuna kızan bir adamın öfkesini eşine yansıtmasıdır.

Yansıtma savunma mekanizmasında birey kendi hissettiklerini çarpıtıp başka birine aitmiş gibi gösterir. Kendisi için kabul edilemez olan duygularını, diyelim ki kendi içinde yaşadığı saldırganlığı sanki karşı taraf yapıyormuşçasına yansıtır. Bir kişiye mesnetsiz ve haksız bir biçimde yönetilen 'Sen yalancısın' cümlesi, kişinin kendi içinde kurguladığı yalanların karşılığı olabilir.

Bir diğer sık kullanılan savunma mekanizması da gerilemedir. Birey içinde bulunduğu duygu durumunda rahat hissetmediği zaman, kendini güvende hissettiği bir yaş dönemine doğru gerileme yaşar. Buna en sık verilen örnek, kardeş kıskançlığı yaşayan bir çocuğun daha küçük olduğu döneme ait gelişim özelliklerini tekrarlamaya başlamasıdır. Kardeş sonrası parmak emme, altına yapma, annenin yanında yatmak isteme gibi durumlar buna örnektir.

Beden Yaşanan Her Şeyi Kaydeder

Özellikle travma yaşayan bireyler bu savunma mekanizmalarına daha sık başvurabilirler. O yoğun duygu durumundan sıyrılıp yaşama adapte olabilmek için gerek inkâr gerek gerileme gerekse bastırma gibi mekanizmaları işleyişe alabilirler. Bunların hepsi bilinçdışında gelişir.

Travmaların neden olduğu duygular ve duygusal direniş bedensel belleğe kaydedilir. Acının bedene işlemesi gibi beden de ruhsal acıyı taşır ve bir "travmatik bellek" oluşturur. Bu travmatik bellekle birlikte travmanın aktarımı büyük yıkımlardan, katliamlardan da etkilenerek nesiller boyunca sürebilir. Aynı zamanda aile üyelerinin kişisel travmaları da çocuklarına aktarılabilir. İnsan hayatının her döneminde travmatik olaylar yaşayabilir. Fakat özellikle kategorisine, uzunluğuna, meydana geliş şekline göre bazı travmalar sadece yaşayanları etkilemekle kalmaz, kendilerinden sonraki nesillerin üzerinde de ciddi tahribatlara yol açabilir. "Babalarının günahlarını oğulları çeker", "Dedesi koruk yer, torunun dişi kamaşır" gibi söylemler biraz da bu duruma atıfta bulunur. Bu travmalarla çalışılıp döngü kırılmadıkça aktarımın süregelmesi olağandır.

Sonuç olarak demek istiyoruz ki insan, dışarıdan göründüğü gibi ve söylediği sözlerin ilk anlamları ile değerlendirilmez, değerlendirilmemelidir. İster bilinç düzeyinde olsun ister bilinçdışında, DNA'sına kazılı olan travmaları bilmeden, o travmaların hayatına yansıyan istemsiz sonuçlarını görmeden söz söylemek eksik kalır. Bir insanın bilincini, bilinçdışını ve yaşanmışlıklarını bilmeden onun hakkında hüküm vermek, yanlış bir yargı doğurur ve insanın biricikliğine de saygısızlık olur. İnsan bir bütündür. Davranışları, dil sürçmeleri, sakarlıkları, olaylara bakışı, durumlardan etkilenmesi, kendi içinde sorgulama ile keşfedilmesi gereken muhteşem bir varlıktır.

Nesilden Gelen Travmalar

Geçmişte bıraktığımız olayları travma haline getiren en çarpıcı özelliklerden biri, onu kendimize saklayıp açığa çıkarmayışımızdır. Yani en büyük problem, geçmişten gelen kâbusun bugünkü davranışlarımızda görünmemesidir.

İçimizde saklanan ve geçmişe uzanan bu travmalar, tanışık olduğumuz yerlerden gelir ve bir fırsatını bulduğunda kendini gösterir.

Freud'un adlandırdığı 'yineleme takıntısı' teorisi yani bilinçdışının çözülememiş şeyleri 'hatasız yapmak' üzere tekrarlama girişimi, karşımıza çıkan güzel bir örnektir.

Yani, olağandışı bir olay yaşandığında verilmesi gereken tepki verilmez, yaşanan şeyler sıradanlaştırılır ve yaşamın önemli bir parçası olarak görülmezse, mutlaka bir yerlerde kendini gösterir. Bilinçdışından gelen bu dürtüler, aile geçmişindeki kötü bir haberci olarak gelebilir ve gelecek nesillere aktarıcı olarak devam edebilir. Bir binanın temeli sağlam olmadığı zaman üzerine çıkılan katlar da güvenli bir yaşam ortamı sağlamayabilir. Öyleyse büyük etkiler bırakan travmaları tedavi etmek, ileride karşılaşılacak olumsuzlukları azaltmaya destek olur.

Hayatımızın bir bölümünü tıkayan, her şey çok güzel giderken bir şekilde bize engel olan, anlam veremediğimiz ama her yaşadığımız olayda eksikliğini hissettiğimiz durumlar, duygular... Bizi zaman zaman arayış içine sokan, zaman zaman her şeyden kopmamıza sebep olan ve akışı kesintiye uğratan karanlık kutular açılmayı bekler. Doğru zamanda ve doğru yerde, hatta doğru bir uzmanla bu kutuların içinde saklanan travmaları çekip günümüze almayı başarabilirseniz işte o zaman karanlıklar aydınlığa, travmalar da gün yüzüne çıkar.

Geçmişin geçmişte kalmadığı gerçeğiyle yüzleştiren travmatik olayları bugüne çekip çıkardığımızda, geçmiş geçmişte kalmaya mahkûm olur.

Farkındalık kazanıldığında bulanık görünen ve netleşmeyi bekleyen kutular açılarak yolumuza ışık tutmaya başlar.

Aile Geçmişinden Gelen Travmalar

Travmalar, öncesinde de belirttiğimiz gibi çoğunlukla aile geçmişinden gelir. Ebeveynler farkında olmadan anne babalarından gördükleri ebeveynlik tarzını çocuklarına aktarırlar. Annemiz, kendi annesinden aldığı annelik özelliklerini farkında olmadan bize aktarabilir. Ona aktarılan annelik özelliğinin arkasında da kendi annesinin geçmişte yaşadığı travmalar, kayıplar, zorluklar ve çektiği acılardan yola çıkarak tecrübe edilen bir annelik yatar. Ailemizin bize aktardığı özelliklerin bir parçasıyızdır bir bakıma. Bu özellikler biz farkında olmasak da bize geçmiştir ve beyin de bilinçaltındaki bastırılmış seslerini duyurmak için bir şekilde kendini gösterir.

Travmatik deneyimler genellikle bildirimsel olmayan (bilinçli hatırlama olmadan işlev gösteren) bellekte depolanır. Ayrıca biz bir kara kutu gibi atalarımızın bile çözüme kavuşmamış travmatik anılarını zihnimizde barındırırız. Böyle geçmişten gelen, atalarımızdan bize miras kalan ve zihnimizde barındırdığımız travmaları, sözcüklerle ifade edemediğimiz duyguların yoğun yaşandığı bir durumda dile döküyor olabiliriz. Bu yoğun duygulanım anlarında, şimdiki zamanda yaşadığımız bir olayın kendisine vereceğimiz tepkiden çok yüksek bir duyguyla travmaların dışa vurumu gerçekleşebilir.

Bugüne ait belli duygusal durumlarla mücadele ederken bir terapist desteğine ihtiyaç duyup uzman karşısına çıktığınızda, o uzmanın yapacağı en doğru şey, sizin haykırmaya çalıştığınız duygu durumunun köklerinin nerelere kadar uzandığını çekip çıkarmak olmalıdır.

Çekirdek Dil Yaklaşımı ile Geçmişin İzini Sürmek

Geçmişin dehlizlerinde dolaştığımız bu yolculukta bu konularda hatırı sayılır bir yol kat etmiş Psikolog Mark Wolynn'in ortaya attığı "Çekirdek Dil Yaklaşımı"ndan da bahsederek konuyu biraz daha açalım: Dil, içimizdeki duygu yoğunluğunun dışa vurumu ya da anlık zamanlarda kullandığımız yani kelimelere döktüğümüz ifadelerdir. Bazen bir şey anlatmak isteriz, kurduğumuz cümleler geçmişten gelen gizli anahtarları barındırır ve o anahtar sözcükler duygumuzun karşılığını ifade eder. Bu anahtar kelimeler doğru okunduğunda ve geriye doğru takip edildiğinde bizi uçları geçmişe uzanan travmatik olaylara götürebilir.

Travmalarımızı ve korkularımızı tanımlamak için seçtiğimiz kelimeler genellikle kendi atalarımızın geçmişiyle ilişkilidir; Hansel ve Gratel masalındaki ekmek kırıntıları gibi bizi geldiğimiz yere götürürler. Geçmişin yüklerini fark ettirmeden üstünde taşıyan bu kelimeler, kimsenin konuşmak istemediği ve konuşulduğunda bile tüyleri diken diken eden o kaos ortamına işaret eder. Ailemizden çok nadir duyduğumuz o hazin olayın izleri farkında olmadan yaşantımıza, hatta kelimelerimize yansır. İşte bu bağlantıyı kurmamıza yarayan Çekirdek Dil Yaklaşımı, geçmişin yükünü üstünde taşıyan kelimeleri takip ederek travma ile bağlantı kurmamıza yarar. Bulutların buhar damlalarını toplayıp yağmuru oluşturması gibi geçmişe uzanan bu parçacıklar, çoğu zaman günlük hayattaki kelimelerimizde gizlenir ve bize resmin genelini gösterir. Olayı bir bütün olarak ele almak ve o anki kelimelerin köklerinin izini sürmek de bir görme işidir. Görebildiğiniz ölçüde travmayı fark eder ve onunla yüzleşirsiniz.

Kişinin geçmişteki o ağır travma anına benzer bir olayla karşılaştığında, olayın kendisi gerçekleşmeden topladığı buhar parçacıklarını yağmur olarak hayata yağdırması da bu yükün ağırlığıyla ilgilidir. Yeri gelir fırtına koparır, yeri gelir sel gibi önüne kattığı her şeyi alır götürür ve yutar.

Doğum ve Öncesi

Geçmişten gelen travmalar, hatta bugün üzerinizde taşıdığınız öfke ve stres yükü doğum öncesine, annenize, babanıza, büyükannelerinize... dayanabilir. Ya da sizi rahatsız eden bir hastalık, geçmişte bir akrabanızın başına gelmiş ve size aktarılmış olan hikâyede sizi başrol yapmış bile olabilir. Hatırlanmayan ve büyük bir bölümü zihnimizden silinen anıları bir yerde toparlamak, bizden önce yaşamış aile üyelerimizin hikâyesini sunar. Bugün bilim, geçmişte yaşanan ve unutulan bir travmanın bile adını panik atak olarak koyabiliyor.

Adını ve geçmişini bildiğimiz bir hikâyenin baş karakteri olmak, bize hikâyenin sonuna kadar nasıl bir rol almamız gerektiğini de gösterecektir. Rol almanın ön koşulu, birçok kez dile getirdiğimiz gibi 'farkındalık' oluşturmak yani hikâyenin nerelere dayandığını net bir biçimde anlamaktır.

Hepimiz, dünyaya gelmeden önce ve biz dünyaya geldikten sonra da hâlâ etkisini üzerinde hissettiğimiz, inkâr edilemez bir döngünün içinde yaşıyoruz. Karşı karşıya olduğumuz bu yaşam döngüsünde, döngüyü oluşturan olumlu olumsuz durumları değiştiremesek de içinde bulunduğumuz ilişkileri değiştirmek bizim elimizdedir.

Dilin Dünyası ve İyileşme

Ağzımızdan çıkan her sözün bize hissettirdiği duygu yoğunluğu farklıdır. Belli durumlarda içimizden gelerek söylediğimiz; içinde belki bir öfke, belki bir sitem ya da bir ukde barındıran kelimelerin bizim için çok önemli bir yeri ve geçmişi vardır.

Geçmişimiz keşfedilmeyi beklenen kelimeler ve anılarla doluyken bunların görünür yüzü de dilimizde saklıdır. Dile dökülebilen her duygu hapisten kurtulan bir mahkûmun sevinci gibi içimizde hapsolmaktan kurtulur ve serbest kalır. Duyguları serbest bırakabilmenin ön koşulu, ne hissettiğimizi bilmek yani duygularımızın farkında olmaktır.

Adı konulmamış bir problem çözüme kavuşamaz, problemin tanımı da konulamaz. Zihnimizdeki karmaşık gibi gözüken bir labirentin içinde yolumuzu bulabilmenin sırrı, içimizde bizi rahatsız eden ve sürekli dürten duyguya yoğunlaşmaktır. Aileyi derinden tanımak ve büyük iz bırakan olayları bilmek, travmayı hissettiren duyguyu bilmemize yardımcı olur. Duygularımızı, adını koyup farkında olarak kontrol edebilirsek iyileşmenin ilk adımını atmış olabiliriz.

Onu takip eden diğer adım da travma anında dağınık ve düzensiz halde bulunan olayları zihinde toplamaktır. Duygularımızın açığa çıkmasına fırsat vermediğimiz zaman iyileşme sürecinin de olumsuz etkileneceğini unutmamak gerekir.

Doğal bir akış olarak, yaşanan sorunları adım adım takip edersek bu akışta istediğimiz yere varırız. Akışın içinde bize aktarılan DNA'ları vücudumuzda taşıdığımız için geçmişten gelen stres faktörleri de bu akışın bir parçası haline gelir. Akışta bize yardımcı olacak güç, bu tür faktörlere hazırlıklı olmak için hayatta kalmamızı kolaylaştıracak birtakım araçlarla doğmamızdır. Bu araçlar, yani tehlike anında verdiğimiz "savaş, kaç, don" tepkileri, yeri geldiğinde en önemli silahlarımız olur. Bir tehlikeyle karşı karşıya kaldığımızda beynimiz kendini korumak için bunlardan birini kullanır ve böylece tehlikeli durum en güvenli biçimde atlatılabilir hale gelir. Ayrıca savaş-kaç durumunun kendini göstermesi, tehlikeyle karşı karşıya kalan bir insanın enerjik hissetmesini de sağlar. Geçmişte travma yaşamış kişilerin olası bir tehlike anında daha canlı ve çok daha atik olması da bu yüzdendir.

Köklerden Kopuş: Göç

Göç kavramını, insanların kökleştikleri yerden başka bir yere taşınma veya sığınma, yer değiştirme hareketi olarak tanımlayabiliriz. Daha kapsamlı bir göç tanımı yapmak gerekirse sosyo-kültürel, politik ve bireysel etkenler sebebiyle kısa-orta ve uzun dönemli bir hareketin, geçici veya sürekli olarak yerleşimi amaçlayan yer değiştirme sürecini kapsadığını söylemek de mümkündür. İnsanlık tarihi ile birlikte gerek savaşlar gerekse var olan kaynakların tükenmesiyle toplumlarda göç olayları yaşanmıştır.

İnsanoğlu Arapça, İngilizce, Çince ya da Türkçe bilerek dünyaya gelmez. Nerede doğarsa o toprakların dilini, örflerini, âdetlerini, coğrafyasını, tadını ve kokusunu içselleştirir. Buna göre kök verir, meyvesinin tadı bile buna göre şekillenir. İnsanın kök saldığı ve alışageldiği, atalarının ve kendi nesillerinin de ortak anılarının biriktiği topraklardan kopmak, yani nesillerdir sürdürülen bir düzenden ayrılmak ve bunun duygusal yüküyle baş etmek hiç de kolay değildir. Tüm bu kopuşa genel olarak göç dersek, 'göç etmek' önemli bir travma sebebidir.

Türkiye'de göç 1950'li yıllarda sanayileşme ve tarımda makineleşme süreciyle birlikte hızlanır. Sosyoekonomik alandaki gelişmeler iç göçe ve sonrasında dış göçe neden olur. Türkiye'de göçün öncelikli nedeni olan ailevi durumlar tüm göç evreleri için en önemli göç nedenidir. Bireysel ve ekonomik sebeplerden kaynaklanan göçler ikinci ve üçüncü en yüksek payı oluşturmuştur. İlerleyen zamanlarda bireysel sebepli göçler artış göstermiş, salt ekonomik sebeplerden yapılan göçlerde ise azalma görülmüştür.

Göç; nedenine, amacına ve uygulanış biçimine göre farklılıklar gösterebilir ve buna göre etkileri de başkalaşır.

Nedenlerine göre göç, önce zorunlu veya gönüllü göç olarak ayrılabilir. Zorunlu göçler, bir yerden bir yere gitmeye mecbur kalma veya mecbur bırakılma ile yapılan yer değişimleridir. Bir kişinin, hayatının doğal seyri dışına çıkarak yerinden, yurdundan ve güvenli alanından birden mahrum edilmesi hatta sahip olduğu birçok eşyasını da geride bırakarak yaşamını yeniden kurmaya çalışması zihin için oldukça yorucu bir işlemdir ve hasarları da kalıcıdır. Bu, kişinin hayatına ciddi anlamda etki ederken hayatın bu şekilde aniden kesilmesi, nesiller boyu devam edebilen psikolojik bir savaşa dönebilir. Göç durumları arasında etkileri en ağır olanlar içinde, doğal afetler, savaşlar veya yurttan sürülme gibi sebeplerle yapılanlar sayılabilir. Örneğin, hepimiz için çok sıcak bir konu olan Suriyeli mültecilerin yaşadıkları zorunlu göçe dahildir. Bu türlü göçlerin insan ruhu üzerindeki yıkımı azımsanmayacak kadar yüksektir. Bu insanların birçoğu hayata yeniden başlamak durumunda kalırken hiç tanımadıkları bir ülkede, tanımadıkları bir kültürde hayata devam etmeye çalışmaktadırlar.

Gönüllü göçlere baktığımız zaman ise bir düşünsel süreçten, istek ve karardan söz etmek mümkündür. Bu kararın alınmasına neden olan sıklıkla yaşam şartlarını iyileştirme dürtüsüdür. Bireyin bu dürtüyle seçim yaparak, gönlüyle dahil olduğu süreç gönüllü göçler olarak tanımlanabilir. İşçi göçleri bu bağlamda ele alınabilir.

Amaçlarına göre göçleri incelediğimizde, zorunlu göçlerde amaç hayatta kalmak ve sığınmaktır. Gönüllü göçlerde ise yaşam koşullarını iyileştirme ve çalışma diyebiliriz.

Göçü yöntemine göre ele aldığımızda, yasal veya yasal olmayan yollarla yapılan göçleri inceleyebiliriz. Göçün bütününe baktığımızda görülen, zorunlu ve amacın hayatta kalmak, korunmak olduğu göçler insan ruhunda ciddi hasarlara yol açar. Yöntemine göre yasal olmayan yolla yapılan göçlerle yüklü miktarda strese maruz kalmak ve stresin etkileri ile baş etmek bireylere duygusal yönden zorlayıcı gelir. Göç bir süreçtir ve bu süreçlerde birey farklı stresörlerle çevrelenir. Göç esnasında yakalanma ve girişimin başarısız olması korkusuyla yapılan hamleler yıllar geçse de etkisini sürdürebilir. Örneğin; sahte pasaport ve yasal olmayan yöntemlerle göç eden bir bireyin, hazırlanmış olan sahte ismi unutmamak için parmağı ile yazıyormuş gibi kendine hatırlatmaya çalıştığını düşünelim. Sınırdan başarılı olarak geçse de bu travma bedensel reaksiyon olarak devam edebilir. Ruha yansıyan o anki anksiyete, şifalanmak için adım atana dek kişinin bedeninde de seyir gösterebilir. Göçün küçük ölçekte bazı olumsuz nedenleri olsa da hayati nedenlerden ötürü mecburen atılan göç adımları geçmişten gelen önemli bir travma olarak sonraki nesillerde dahi kendini gösterebilir. Olumsuz göç koşullarının her biri, insanın hayatı boyunca unutamayacağı travmatik yaralara yol açabilir.

Göçün Sağlık Üzerindeki Olumsuz Etkileri

Ani bir çevre ve örüntü değişimi yapan göçün travmasal etkileri de kişiden kişiye farklılık gösterir. Çünkü evrendeki her olay, her duygu, her etki ve tepki kişinin biricikliği ile örtüşür. Kişinin ait hissettiği alandan ayrılması yalnızlaşma, kendine yabancı olma hali, özdeğersizlik, yakın çevreyi geride bırakma gibi faktörlerden ötürü hissedilen suçluluk duyguları bireyi yoğun bir biçimde etkiler ve aşırı stres yaşamasına sebep olur. Çünkü birey yalnızca evini ve çevresini değil, yaşam tarzını da orada bırakmıştır. Yapılan araştırmalar göç etmiş ailelerde ve bireylerde birçok sağlık sorunun ortaya çıktığını, özellikle; psikiyatri alanında depresyon ve kaygı ile ilgili bozuklukların yanı sıra somatoform bozukluklar ve uyum bozukluklarının baş gösterdiğini söyler. Bunlara ilaveten, travma sonrası stres bozuklukları, bağlanma ve kökleşememe sorunları görülebilir. Göçmenlerin asimilasyon korkusu ve yurt özlemi ciddi psikolojik rahatsızlıklar olarak yansıma yapabilir. Köksüzlük hissi bireyi intihara kadar sürükleyebilen bir olgudur. Aynı zamanda yaşanan ötekileşme, hem bireysel hem de toplumsal travmaya yol açabilir.

Göçmenlerde yaşadıkları kültür şoku ve öteki olma hali ile strese eşlik eden şüpheci semptomlar görülebilir.

Göçmenler, aitlik hislerini ve kendi kültürlerindeki öğeleri yaşadıkları konutlara yansıtarak bir toplumsal aidiyet çabasına girişirler. Bunu yapmalarının nedeni, kök bilinci oluşturmak istemeleridir.

Ait olunan yerin yitimi yalnızca fiziksel bir gerçekliği değil, bağlılık ve kendilik duygusu gibi birçok derin anlamı içine alır. Birey bu derinliğin içinde kayıp gitme riski ile yüz yüze kalır. İnsanın önemli ihtiyaçları içerisinde olan bu aidiyet hissiyle ilgili yoksunluk, göç eden bireylerin en büyük ihtiyaçları arasındadır. Ait olmak bireyi harekete geçiren dinamo gibidir. Dinamosu eksik olan biri nasıl harekete geçmekte zorlanırsa göç etmiş bir kişinin de içinde bulunduğu toplumda harekete geçmesi aynı zorlukta olabilir. 1980'li yıllarda Almanya'ya iş için göç eden Türklerin hem ülkemizde hem de yaşadıkları ülkede gösterdikleri uyum sorunları buna örnek verilebilir. Alman gençliğiyle birlikte yetişen Türk gençlerinde oradaki dazlak kültüründen esinlenme gözlenirken, her iki tarafla da tam bir bağlılık yaşayamamaları duygusal bölünmüşlüğün, göçe bağlı travmaların en önemli göstergelerindendir. Göçmenler bu süreçte, hem fizyolojik ihtiyaçlarını gidermekte zorlanmakta, hem güvenlik hissiyatını tam anlamıyla yaşamakta güçlük çekmekte, hem de aidiyetle birlikte kimliklerini sorgulama süreci içine girmektedirler.

İnsanın yerleşik olduğu toprakları, yuvasını bırakma mecburiyetinin neden olduğu travma, oldukça karmaşık bir yapıdır. Evini, yaşam bölgesini, sevdiklerini bırakan bireylerin adeta kökleri sökülmüş olur. Bu kökünden koparılmışlık hissi, kişinin yurtsuzluk psikolojisine girmesine neden olur. Kök, bir ruhun yaşamsal olarak ilk beslendiği yerdir. Ve bir ruh ait olduğu topraklardan beslenemezse uçan bir yaprağın savrulması gibi kendi içindeki rüzgâra kapılacaktır. Sığınmak zorunda olmanın getirdiği öteki olma hali, kişiyi anonimleştirir. Bu durum ileride boşluk hissine ve bağlanma problemlerine yol açabilir. Göç sonrası, yaşam boyu oluşturduğu değerlerini geride bırakan bireylerin kendilerine güvenlerinde de azalma görülebilir. Aynı zamanda bu kişiler geleceğe dönük belirsizlik hisleri ve risk almama yönünde eğilim sahibi olabilirler. Yardım almayan birey ve çocukların yeterince ifade edilemeyen duyguları anlamlandıralamayan kaygıya veya anksiyete ataklarına dönüşebilir. Özellikle çocuklarda duygusal belirtilere eşlik eden davranışsal bozulmalar görülebilir.

Sonuç olarak nedeni ve oluş biçimi ne olursa olsun göç eden bireylerin birçoğu, psikolojik ve psikiyatrik sorunlarla karşı karşıya kalmışlardır. Göç travmalarının tedavisinde, en yaygını EMDR (Göz Hareketleri ile Duyarsızlaştırma ve Yeniden İşleme) olmak üzere aile dizimi ve farklı yöntemler uygulanabilir. Göç etmiş bir kişi, bunları okuduğunda kendinde eşleştirdiği olumsuz duyguları ve psikolojik sıkıntıları hemen göç travmalarına bağlamamalıdır. Her ne kadar bunlar göçle ilgili genel bir bakış verse de her biri biricik olan insanoğlu için kesin bir kanıda bulunmak eksik kalır. Her insanın ruhu ve duyguları kendine özgü ve farklıdır. Bedeniniz nereye göçerse göçsün, ruhunuzun daima kök salmaya, güvende olmaya ve geçmişiyle barışık olmaya ihtiyacı vardır.

Anne Karnındaki Yaşam: Doğum Öncesi Travmalar

Anne karnındaki bebeğe Kur'an-ı Kerim dinleten ninelerimizi hatırlar mısınız? Ya da bebek daha doğmadan "Çocuğun yanında böyle şeyler konuşmayalım" diye sizi uyaran büyükleri? Sizce geçmişin kadim bilgilerine sahip büyükleri, anne karnındaki bebeğin dış dünyayı ne kadar algıladığına dair neler biliyorlardı?

Bir insanın hiçbir bilgisi olmasa bile, anne karnındaki bebeğin dış dünyadan etkilenebileceğini tahmin etmesi pek de şaşılacak bir şey değildir. Hayatımızın ilk evresi, anne karnında geçirdiğimiz 9 aylık dönemdir. Geçmiş travmalarımızın miladı, varoluş hikayemizin başlangıcıyla yaşıttır.

Bebeklerin anne karnında, 5. ayından itibaren bizleri duyabildiği, 6. ayından itibaren ise duyduklarını bilinçaltına kaydedebildiği artık bilimsel bir gerçek. Anne karnındaki bebeğin annenin sesini ayırt edebildiği, annenin sesinin tonuna göre fiziksel değişimler yaşadığı da gözlemlenebiliyor. Annenin stres altında salgıladığı hormonlarla birlikte bebek de içeride gerilebiliyor ve bu gerilme tepkileri gözlemleniyor. Anne mutlu ise bebek gevşeme hareketleri yapıyor. Yani mutlu annenin bebekleri mutluluğun tadını bilerek doğarken, kaos içindeki bir annenin yaşadıkları bebeğin bilinçaltına bir bir kodlanıyor. Son yirmi yılda yapılan çalışmalar ve ortaya atılan bazı tezler, anne karnı deneyimlerinin bazılarının yaşam boyu sürecek etkileri olduğunu, bazılarının da hatırlandığını gösteriyor.

İkizler Örneği

Alessandra Piontelli *From Fetus to Child* adlı kitabında, anne karnında farkındalığa yönelik birçok vaka örneğinden bahseder. Bu kitabın bir bölümünde, ikiz bebek bekleyen anneyle bebeklerinin birbirlerinin farkında olarak dört aylık etkileşimleri anlatılmıştır. İkiz bebeklerden biri uysal iken diğeri oldukça agresifti. Bu durum anne karnında bile görülebiliyordu. Baskın olan ikiz diğerine ne zaman vursa ya da iteklese uysal olan bebek kendini geri çekmekte, sakin bir şekilde başını kendisini çevreleyen plasentaya yaslanmaktaydı. Bebekler dünyaya geldikten sonraki 4 yıllık süreçte de aynı tavırları sergilemeye devam ettiler. İkizler arasında ne zaman bir gerilim veya anlaşmazlık olsa, pasif olan ikiz, odasına çekilip başını tıpkı zamanında plasentaya yasladığı gibi yastığına yaslar ve bu şekilde sakinleşirdi. Anne karnında tepki aldığında geri çekilen bebek, normal yaşantısında da bir çıkışla karşılaştığında aynı çekilme refleksini göstermiştir.

Piyanist Örneği

Bir başka örnekte de bir piyanist, bir şarkı bestelediğini söyleyerek annesinin yanına gidiyor. Şarkıyı çaldığında annesi ona "Bu, senin bestelediğin bir şarkı değil" diyerek şarkıyı daha önce dinlediğini söylüyor. Çocuk ne zaman dinlediğini sorduğunda, annesi çocuğa hamileyken dinlediğini söylüyor.

Bu çalışmayla ve diğer birçok örnekle anlıyoruz ki anne karnındaki bebekler hiç de sanıldığı gibi bilinçsiz değil, hayatın farkında ve bilinç sahibi canlılar.

Anne Karnındaki Günlerin Hatıralar Üzerindeki Etkisi

Avusturalyalı Doktor Graham Farrant, doğum öncesi anılarını birçoğunu doku ya da kas-iskelet merkezli değil de hücre düzeyinde yaşaması karşısında hayrete düştü. Sonraki araştırmalarında geçmişe yönelik anılarından hücresel hafıza olarak bahsetmeye başladı. İngiliz bir Psikiyatrist olan Frank Lake de 1975 yılında, anne karnındaki hatıraların virüs hücrelerinden kaynaklandığını, bu virüslerin doğum öncesi travma esnasında oluşan pirimitif hücreler olduğunu ve travmatik anıları üstünde taşıdığını ortaya koymuştur. Bu yüzden anne karnındaki hatıralardan hücre düzeyindeki hatıralar olarak bahsetmiştir. Doktor Frank hücre biyolojisi alanında önemli çalışmalar gerçekleştirmiştir. Bu çalışmaların neticesinde hatıraların hücrelerin üzerinde kodlandığını ileri sürmüştür.

Anne rahminde başlayan refleksler hayatın ilerleyen yıllarında varlığını sürdürebilir. Bu konuda yapılan birçok araştırmada da (örneğin David Chamberlain'ın *Babies Remember Birth* ve Elizabeth Noble'un *Primal Connections* çalışmaları) görülebildiği gibi, anne karnındaki bebekler bilinç sahibidir ve rahimde gösterdikleri davranışları hayatlarının ilerleyen yıllarında da gösterirler.

Anne Karnındaki Yaşamın Duygularımıza Etkisi

Anne karnındayken algıladığımız dünyayı bilinç düzeyinde hatırlamasak da bu mesajları algılayıp kaydederek kendi iç dünyamızı şekillendiririz. Öyle ki anne karnındayken maruz kalınan mesajlar, ileride kişinin kendiyle alakalı görüşlerini etkiler. Mutlu ya da mutsuz olmak, agresif ya da uysal olmak gibi özellikler dahi kişilerin henüz anne karnındayken edindikleri mesajları benliklerine işlemelerinden etkilenir. Kuramcılar anne karnında öğrenilenlerin öneminden bahsederler.

Anne, bebeğin birebir bağlı olduğu tek varlıktır. Öyle ki bebek, annenin dışsal olarak gözlemlenen her davranışının yanında, içsel olan dinamiklerine de vakıftır.

Bebek, annenin yediği, sindirdiği tüm besinleri ve annenin duygu ve davranışlarını yöneten hormonlarını göbek bağı yardımıyla bizzat hisseder. Hal böyle iken bebeğin annenin olumlu ya da olumsuz duygulanmalarından etkilenmeyeceğini düşünmek doğru olmaz.

Bazı Asya ülkelerinde insanlar yaşlarını söylerken, 9 ay anne karnında oldukları süreyi de hesaba katarlar. Gerçekten de doğum öncesi evrenin yaşama dahil bir zaman dilimi olarak sayılması hiç de mantıksız değildir.

Artık henüz anne karnındayken de aktif bir duygusal yaşama sahip olduğumuzu biliyoruz. İçerisi karanlık dahi olsa görebiliyor, dışarıdaki sesleri duyabiliyor ve plasenta sıvısının içerisinde dahi tat alabiliyorduk. Tüm duyuların yanında, duyumsadıklarımızı algılayabiliyor, hatta algıladıklarımızın sonucunda öğrenebiliyorduk. Anne karnındaki bebekler kendileriyle alakalı mesajlar rahatça duyar ve sezerler. Dil öncesi bir dönem olduğu için bu durum size tuhaf gelebilir. Japon bilim insanlarının su üzerinde yaptıkları bir deneyde, suya söylenen olumlu sözlerin suyun moleküler yapısında düzgün, olumsuz sözlerin de çarpık bir dizilim ve tepkime oluşturduğu gözlemlemiştir. Üçte ikisi su olan insanın da anne karnındayken bile dış dünyadan rahatça etkilenebileceğini bu deneyden de anlayabiliriz.

Demek ki travmatik anılarımız doğum öncesinden yani anne karnındaki hayatımızdan başlayabiliyor. Yani çocuğun anne karnındayken şahit olduğu tartışmalar, küslükler, kavgalar, şiddet ve kaos olayları onun geleceğine etki edebiliyor. Bugün birçok uzmanın regresyon terapisi ya da hipnoz gibi yöntemlerle doğum anı ya da doğum öncesi travmalarını çözmeye çalışması, bu gerçeğin psikoloji dünyası tarafından da kabul edildiğini gösteriyor.

Köprüden Önce Son Çıkış: Doğum Travması

Bir insanın hayatındaki ilk ve en büyük travması doğum anıdır. Bebeğin güvenli ve korunaklı bir ortamdan zorlanarak çıktığı bu an, daha çok anne ve çevre için önemsenirken asli önemi bebeğin ilk anları olmasıdır. Bu, birçok bireyin unutarak arka plana attığı bir gerçek olsa da doğum anı aslında hayatımıza yön veren ilk ve en önemli anlardandır. Çünkü birey, güven ve sevgi gibi en temel duyguları bu anlarda tadar. Bu anlar zihnimize ve dolayısıyla hücrelerimize kadar kaydolur. Fark edemediğimiz temel anılarımızın ilkidir.

İnsanı seçenek sunmadan dünyaya gönderen bu yol, tek bir noktada herkese eşit davranır; o da anne karnıdır. Her çocuk için anne karnı korunaklı, sıcacık bir mekân iken, doğum anı da her insan için en büyük ve ilk travmadır. Damarlarındaki kandan nefes alacağı ciğerlerine kadar her şeyi yaratılmış ve çalışır hale geldikten sonra, o en güvenli ortamdan dünyaya geliş her bebek için büyük bir şaşkınlık ve geri dönüşü olmayan bir değişimdir.

Anne karnıyla normal dünyayı kıyasladığımızda görürüz ki iki farklı yaşam formu arasındaki geçişin en büyük travma olması kaçınılmazdır. Bazıları hayatı boyunca bu travma ile karşılaşmaz iken bazıları yaşam boyu bunun izlerini taşır. Yetişkin bir birey için bu ilk travmanın geçmişin yükü haline gelmesi şaşırtıcı değildir.

Doğumun anne, bebek ve çevresinde yarattığı değişiklikler farklıdır. Anne için hayatını değiştirecek yeni bir rol anlamına gelirken toplum için yeni bir üye, yeni bir can, kan ve soluk demektir. Peki bebek için doğum neyi ifade eder? Asıl önemli olan budur. Çünkü anne için heyecan ya da deneyimler nedeniyle korku içeren o anlar bebek için bir bilinmezlik halidir. Bebeklerin kendini ifade edememesi ve bu anları kaydedemediğimizin düşünülmesi nedeniyle doğum anının hayatımızı ne kadar etkilediğini bilmemiz oldukça zordur. Ancak özellikle dinlenilen doğum hikâyeleri sonrasında bile görüntü olarak hatırlanmasa dahi kişilerin bu anların etkilerini hissetmesi mümkündür.

Bebeğin Gözünden Doğum Anı

Doğum anını öncelikle bebek açısından düşünelim. Bebek annesinin rahmine düştüğü ilk andan itibaren insanın olabileceği en güvenli alanda yaşar. Bu güvenli alan yeterince sıcaktır ve bebek orada ne açtır ne de diğer fizyolojik ihtiyaçları tarafından rahatsız edilir. Yetişkin halimizle hayal bile etmemizin mümkün olmadığı bir sükûnetten bahsediyoruz. Doğum, rahimde bulunan ve bebeği rahatlatan suyun gitmesiyle başlar. Suyun azalmasıyla bebeğin etrafı daha dar bir halkadan oluşur ve muhtemelen tüm bedeni annesinin iç yapısıyla sarılır. Bu durum belki sarmalamasıyla bebeğe kendini hâlâ güvende ve iyi hissettirir. Fakat sonra bebek her kasılmayla biraz daha sıkışır ve o dar alanda hareket etmeye başlar. Yani sancı bebeği zorlu bir yola sokarken hayatının ilk stres anlarını yaşar. Suni sancı, bebeğin doğal olmayan bir sancı ve dışsal stres faktörü ile karşılaştığı ilk anlardandır. Suni sancı ile doğan bebeklerde daha çok gaz problemi olma ihtimali ve hayatındaki zorluklar karşısında daima zorlanınca harekete geçme durumu gözlemlenebilir. Bebek huzurlu ortamındayken hazır olmadığı bir anda aniden gelen bu kimyasal uyarımın, onu epeyce huzursuz etmekte olduğunu tahmin edebilir ve sonraki etkilerini gözlemleyebiliriz. Bebeğin o dar alanda stres içinde kalışı belki de saatler sürer. Yolun sonunda kendisine dokunan buz gibi ameliyat malzemeleri ya da plastik eldivenler vardır. Onu doğumun en dar kısmı olan doğum kanalından çıkışı ile birlikte bir boşluğa düşüş bekler. Bebek artık korunaklı anne rahminin olmadığı soğuk bir doğumhanededir. Bu anlarda bebeğin istediği ilk hal, kokusunu daha içeriden hissettiği, hiç tatmasa da tadını aylardır bildiği ilk besin annesidir. Ten tene temas, çocuğun ilk güven duygusunun temelini oluşturur.

Sıcak, güvenli ve sıkışık bir ortamdan hava ile çevrelenmiş koca bir boşluğa doğmak, açık bir travma olarak bebek tarafından yaşanır. Bebek, anne karnındaki güveni, aynı sıkışıklığı ve sıcaklığı bulamazsa zaman içerisinde kendini güvensiz hisseder. Kültürümüzde yer alan kundağın önemi buradan gelir. Kundakla bebek sarmalanır ve aynı anne karnındayken hissettiği gibi sıcak, sıkışık ve güvenli bir ortam oluşmuş olur. Günümüzde tam kundaktan ziyade yarım kundak, hem güven hissini sağlayıp hem tam kundak kadar bebeğin gelişimini engelleyici olmaması ile tercih edilmelidir.

Bebek için yaşadığı ortamın değişimi öylesine şaşkınlık verici ve anlaşılmazdır ki, ilk 3 ay boyunca sanki anne karnındaymış gibi hisseder. Hatta bazı kuramcılar doğumdan sonraki ilk üç ayı bebeğin anne karnındaki son ayları olarak sayarlar. Dış dünyaya alışamama sürecini, en güzel Moro refleksi kanıtlar. Moro refleksi, bebeğin kendini güvensiz hissettiği her anda bedenen sarsılması durumudur. Her bebekte görülebilen temel refleks olan bu durum ilk 3 ayda olup zamanla kaybolur. Bebek mütemadiyen anne karnındaki güven ortamını aradığı için, güvensizlik hissettiği anlarda bu duruma tüm bedeni ile tepki verir. Aslında tek istediği annesiyle bir bütün halini almaktır.

Bireyin en temel güven duygusunu oluşturma süreci 0-1 yaş sürecini kapsar ve bu dönem Erikson tarafından Güven-Güvensizlik evresi olarak tanımlanır. Bu evre ile bebekler yaşadıklarından edindikleri çerçevesinde, dünyaya ve hayata güvenip güvenmemeyi öğrenirler. Bebeğin anne ile kurduğu temel bağ onun hayata, kendine, dünyaya ve yaslandığı kişilere güvenmesine, bu bağı kuramazsa da güvenememesine yol açar.

Doğum, sağlıklı gerçekleşmesi halinde bile bebek için ağır bir fiziksel travmadır. Alışık olunan ortamın değişimiyle dünyası altüst olan bebek için bu krizle başa çıkmak oldukça zordur. Bu sebeple bebek ilk doğduğunda dahi etraftaki tüm bileşenlere dikkat eder ve dünyayla ilgili ilk resim zihninde oluşur. Bu sebeple doğumun kolaylığı-zorluğu ve doğum sonrasında bebeğin maruz kaldığı muamele dünya ile ışığın göründüğü ilk anı olarak hatıralarımıza kazınır. Işık benzetmesi birçok yerde ölüm için söylense de ışık ölene değil, doğana görünür.

Kimimiz bu durumun etkilerini hayatımızda görmezken, bazılarımız da gelecek yaşantısında ciddi sorunlarla karşılaşabiliriz. Bugün birçok psikolojik problemin altında, acı verici yöntemlerle dünyaya gelmeseler dahi doğum anı travmasının izlerini görebiliyoruz. Psikoterapist ya da psikiyatrist, herhangi bir sorunun kaynağının doğum anından geldiğini düşünüyorsa, o anın etkilerini yok etmek üzerine çalışır.

Doğum anı travmasının, normalin üstünde acı verici yöntemlerle gerçekleştiğinde, kişinin ileriki yaşantısına nasıl yansıdığına bir göz atalım. Örneğin doğumda kordon dolanması yaşamış bir kişinin nefes almakta zorluk çekmesi, hayatta hep durduruluyormuş gibi hissetmesi olasıdır. Diğer doğum hallerinin sebep olduğu duygusal etkileri ve davranışsal sorunları şöyle açıklayabiliriz:

Acil doğum: Hayatta her şeyi acele yapmaya çalışmak.

Doğum kanalından çıkış (doğum kanalında kalmış): Kritik durumlarda donakalma eğilimi.

Makat geliş (ters doğum): Herhangi bir yere gelmek istememe.

Forseps (vakum) ile doğum: Son dakikaya kadar bekleme.

Sezaryen: Çalışmaların meyvesinden zevk alamama. Fiziksel temasa aşırı aç olma.

Suni sancı ile doğum: Yaşamda bir şeyler başlatmak için yardıma ihtiyacım var duygusu.

Zor doğum: Çalışmaktan kaçınma, başarısızlık düşünceleri olma.

Yaşadığımız ilk büyük değişiklik olarak zihnimize kazınan doğum travmalarımız herkes için farklıdır. Her olayda olduğu gibi burada da, herkes olaydan ziyade kendi içinde yaşadığı duyguya odaklanır. Her bebek aynı duyguyla doğmaz. Ancak biz burada hissedilmesi ve ilerleyen yaşlarda ortaya çıkması muhtemel durumları anlatmaya çalıştık. Bir bebeğin kendi isteğiyle doğumu başlatması bile hayata dair birçok algının farklılaşmasına neden olabilir. Biz tabii ki herhangi bir sorunla karşılaşılan hallerde illa ki doğum travmasına bakılmasından bahsetmiyoruz. Hatta acı verici yöntemlerle dünyaya gelen bir bebeğin ileride yaşayacağı muhtemel sorunlar düşünülerek boş yere kaygıya girilmemelidir. Ancak bu denli önemli bir durum göz ardı da edilmemeli, çözümsüz sanılarak kulak ardı edilmemelidir.

Bazılarımız için doğum anı bazı komplikasyonların geliştiği zor bir zaman dilimi olabilir. Bu zorluk elbette bizi etkiler ve zihnimizde çizdiğimiz hayata dair ilk resmi biraz olumsuz hale getirmiş olabilir. İlk izlenimimizin olumsuz olması, bizim dünyaya olan merakımızı söndürmez. İlk travmamız çok sarsıcı olsa bile etrafımızda gördüğümüz gülümseyen yüzler, bizi avutmaya çalışan sıcak dokunuşlar ve karnımızı doyurup ihtiyaçlarımızı sevgiyle gideren annelerimiz olduğu müddetçe tablomuz iyileşecektir.

Bebeğin duygusal gelişimi üzerinde doğduğu andan çok daha etkili olan şey, hayatının ilk yıllarında ona karşı sergilediğiniz tavırlardır. Travmatik doğum deneyiminin ardından, bakım verenlerin olumsuz davranışlarına maruz kalan bebeklerin dünyaya dair negatif inançları kuvvetlenecektir. Bu olumsuz tutumlara örnek olarak, bebeğin ihtiyaçlarını yeterince karşılamama ve bebeğe sevgi ile dokunmamayı gösterebiliriz. Dolayısıyla bebek hayatı tehdit edici olarak yorumlamaya devam eder.

Annenin Gözünden Doğum

Esas konumuz bebeğin doğum anı travması ve bunun gelecek yaşantısındaki olumsuz etkileri olsa da anneyi de unutmamak gerekir. Doğum anı anne için de bir travma olabilir ve annenin duygusal ve fiziksel problemleri yine bebeği doğrudan etkileyebilir. Özellikle annenin kendi doğum travması çözümlenmemişse, doğum anne için kendi travmasının tekrarı niteliğinde olacağı için yeni bir travmaya dönüşebilir. Yani annenin, bebeğini doğururken hissettikleri, kendi doğum anında hissettikleri ile bağlantılıdır. Örneğin, annenin kendi annesi ile yaşadığı problemler, kendi annesini kabul etmemesi ya da nefret etmesi gibi duygular gebelikte mide bulantılarına sebep olabilir. Aynı şekilde annenin kendi doğumu zorlu ve acı verici bir doğum idiyse, kendisi doğum yaparken bu korku tekrar edebilir ve böylece bir noktada yaşanan travma nesiller boyu aktarılabilir.

Doğum anının zorluğuna ve dehşetine rağmen annelerin çoğu, bebeklerini gördükleri ilk anda hayatlarında sonsuza kadar farklılaştıran bu değişime hemen uyum sağlarlar. Fakat kimi anneler bu olağanüstü değişime ayak uydurmakta zorlanabilir. Psikolojik anlamda meydana gelecek zorlanmaların çoğu birkaç hafta içerisinde geçebilecek küçük zorlanmalar olabilirken ciddi psikolojik yardım alınması gereken klinik durumlar da söz konusu olabilir.

Bunları üç başlıkta inceleyebiliriz:

Annelik Hüznü: Doğum yapan annelerin yarısından fazlasında görülen bir durumdur. Sık görülen bir durum olmakla birlikte doğumu takip eden iki hafta içinde belirtileri geçer. Annelik hüznü, duygu durumunda ani değişimler, ağlama, kaygı hissetme ve sinirlilik hali gibi bazı belirtilerle kendini gösterir. Anneler aynı zamanda odaklanmakta sıkıntı çekebilir ve keder diye bahsedilen duygular hissedebilirler. Annelik hüznü herhangi bir ilaç tedavisine ihtiyaç olmaksızın süreç içerisinde geçer.

Doğum Sonrası Depresyon: Annelik hüznünden daha nadirdir. Doğum yapan annelerin yaklaşık %10'unda bu durum görülebilir. Nadir bir durum olsa da bu depresyonu yaşayan anneler ve çevreleri için oldukça zorludur. Anne, çökkünlük hissi gibi pek çok depresyon belirtisini gösterebilir. Bunun yanında bebeğine yeterince faydalı olamamasından ötürü suçluluk da hissedebilir. Suçluluk hissi annenin yaşadığı duyguları gizlemesine sebep olur. Dolayısıyla doğum sonrası depresyonun fark edilmesi zorlaşır. Bu depresyon halinin fark edilmesi ve ciddiye alınması gerekir. Özellikle hamilelik döneminde anne adayları bu konu hakkında bilgilendirilmelidir. Sürecin bebek ve anneye hasar vermemesi için gerekirse psikolojik destek alınmalıdır.

Doğum Sonrası Psikozu: Şu ana kadar bahsedilen iki rahatsızlıktan daha ağır bir tablodur. Burada anne, annelik hüznünde olduğu gibi ani duygu geçişleri ve ağlamalar yaşayabilir. Aynı zamanda doğum sonrası depresyonda olduğu gibi dikkat ve uyku problemlerinden de şikâyet eder. Fakat diğer ikisinden farklı olarak doğum sonrası psikozu yaşayan anneler, bebekleriyle ilgili olumsuz düşüncelere sahiptirler. Psikoz sebebiyle hezeyanlar üretebilirler ve bu hezeyanlar anneyi bebeğine zarar verecek hale getirebilir. Olabildiğince çabuk müdahale edilmesi gereken bir durumdur.

Doğum anı, travmatik deneyimlerin başını çeken ve her insanın bir şekilde geçtiği bir süreçtir. Korunaklı ortamdan koca bir bilinmezliğe yapılan yolculuk, henüz yaşamın ilk dakikalarındaki bebek için ağır bir yüktür. Fakat insan olmak bir yol olarak düşünüldüğünde ilk tepenin zorlu olması hiçbirimizi pes ettirmez. Hatırlamadığımız doğum travmasının izlerini bizler yetişkinken dahi gözlemleyebiliriz. Hiç ihtimal vermediğimiz ilişkisel problemlerimiz ya da kişilik problemlerimiz derinlerde gizlenen doğum travmamızda saklı olabilir. Doğum travması tüm bu yönleriyle ilk ve en büyük travmaların başında gelir.

İlk İlişki: Bağlanma

İnsanın hikâyesi, tek bir hücreyle başlayan ve yaklaşık 30 trilyon hücreyle sonuçlanan muhteşem bir hikâyedir. Rakamlar konuşulduğunda her şey basit gibi görünse bile oldukça karmaşık ve olağanüstüdür. İlişki denilen şey, insanlık tarihinin binlerce yıllık geçmişinde en eski konu olmakla birlikte geçmişin izlerini taşıma ve geleceği şekillendirmede ilk sırada yer alır.

İlişkinin ne kadar değerli olduğunu daha dünyaya geldiğimiz ilk andan itibaren birincil bakıcımıza olan muhtaçlığımız üzerinden bile anlayabiliriz. Bizler birincil bakıcımıza diğer hiçbir canlıda olmadığı kadar muhtaç doğarız ve hayata adapte olmamız yıllar sürer. Doğduğumuz andan itibaren bir başımıza kalmış olsak, ne kendi başımıza beslenebilir ne barınabiliriz. Birkaç güne kalmaz ölür gideriz. Doğduğumuz anda kopardığımız o yaygara, çaresizliğimizin en önemli göstergesidir. Bir avuca sığan o küçük bedenin kopardığı çığlık, en ilkel isteklerimize bir cevap olarak bizi bir elin beklemesini istediğimiz içindir. Bizi alıp sarmalaması, doyurması, altımızı temizlemesi en temel ihtiyacımızdır o anda. Duyurabileceğimiz en büyük işaret, kelime ve iletişim dili sadece o yaygaradan ibarettir. Eğer şanslıysak biri bizi duyar, yardımımıza koşar, besler ve barındırır. Karnımız tok, sırtımız pektir.

İlk başta fiziksel ihtiyaçların karşılanması yeterli görünse de bir süre sonra başka ihtiyaçlar devreye girer. Bakım veren kişinin bizimle göz teması kurması, bize sevgiyle dokunması ve hayatı öğretmesi gerekir. Eğer şanslıysak bizi hem fizyolojik hem sosyal olarak doyuran en az bir kişi olur. Hayata geldiğimiz ilk andan itibaren fiziksel ve duygusal ihtiyaçlarımız karşılanıyorsa Psikanalist Winnicott'un ifadesiyle 'yeterince iyi bir anne'ye sahibizdir.

Yeterince iyi anne olmayı iyi anlamak gerekir. Winnicott; annelerin, bebeklerine ilk doğduğu andan itibaren maksimum düzeyde ilgi duymalarını ve ihtiyaçlarını görmelerini sağlayacak birincil annelik meşguliyeti evresinde olduğunu söyler.

Bunun sayesinde bebek iliklerine kadar duyduğu ilgi ve bakıma kavuşur. Bu meşguliyet bebeğin gelişim aşamaları ilerledikçe zayıflar ve anne yeterince iyi bir anne olma sürecine girer.

Yani her şey doğal sürecinde ilerlediği müddetçe, bebek ile anne ilişkisi yakınlaşma ve yeterli uzaklaşmaların dengesinde sağlıklı bir yapıda olur. Yeterince iyi anneden kasıt, çocuğun tüm istek ve arzularına ışık hızıyla cevap veren anne ya da bebeğin hiçbir çağrısına cevap vermeyen duygusal açıdan orada hiç olmayan anne değildir. Bebeğin ihtiyaçlarına gerekli olduğu kadar ve yeterli sürede cevap veren ve en önemlisi duygusal olarak orada olan annedir.

Sosyal işaretlere, iletişim esnasındaki her türlü uyarıcıya tümüyle dikkat kesilen beyinlere sahip bebekler, annenin gülmesini değil gerçekten onunla orada iken mutlu olmasını önemserler.

İlk dönemdeki bu iletişim bizi biz yapar ve kalan hayatımızdaki tüm ilişkilerimizi önemli ölçüde etkiler.

İlk yıllarımızda, hatta aylarımızda edindiğimiz ilişkiler adeta, 'İnsanlar arası ilişki nasıl oluyormuş?' sorusunun cevabıdır. Bizi dünyaya getiren annemizle ilişkimiz ne ise ileriki hayatımızı da bu şekillendirir. O yüzden gelecekte yaşadığımız her ilişki, her duygu durumu ve her sorun, ilk ilişkimizin gölgesinde kalır. Yani geçmiş geçmişte kalmaz ve bazen güzel deneyimlerle bazen de travma olarak ileriki yıllarımızı etkiler. Bu yüzden hayatımız boyunca yeni ilişkilerimizi de ilk ilişkinin yazgısıyla yaşarız.

Bağlanma

Sırtımızı yaslayabileceğimiz güvenilir bir ilişki, olumsuz hayat olaylarına karşı tampon etkisi yaparak bizi korur. Psikolojide 'bağlanma' olarak adlandırılan bu kavram, Psikolog John Bowlby tarafından ortaya atılmıştır.

Bowlby, çocuğun güvenli bir ortamda birincil bakıcısıyla kurduğu bağlanma ilişkisini ele alır. Çocuğun güvenli ortamında sağlıklı bir bağlanma yaşaması halinde, etrafını hem fiziksel hem duygusal olarak keşfetmekte daha etkin olduğunu, aynı zaman çocuklukta edinilen bu bağlanma stilinin yaşam boyu diğer insanlarla olan ilişkilere de yansıyacağını savunur.

Bağlama stilleri, gelecekteki partner veya partnerlerle olan ilişkilerden tutun, bir terapistle olan ilişkiye kadar insan hayatındaki pek çok karşılıklı ilişkiyi etkiler. Bowlby'nin öne sürdüğü bağlanma kavramı, sonraki araştırmacılar tarafından da incelenmiştir. Özellikle başka bir Psikolog olan Ainsworth, bağlanma stillerinin düzenlenmesini sağlayacak bir deney yöntemi kurgulamış ve bu olayı daha da ileri taşımıştır.

Ainsworth'un yaptığı çalışmaya 'yabancı durum deneyi' denir. Deney, anne ile bebeğin bir yabancıyla bir odada bulunmasıyla başlar. Anne bir süre sonra dışarı çıkar ve bebek yabancıyla baş başa kalır. Yabancı kişiyle baş başa kalan bebeğin tepkilerine göre bazı bağlanma stilleri belirlenir.

Güvenli Bağlanma

Güvenli bağlanma yaşayan çocukların anneleri dışarı çıktıktan sonra etrafa baktıkları ve annelerini aradıkları görülmüştür. Bu çocuklar, annelerinin olmadığını görünce ağlamış fakat anneleri içeri girince onların yanına giderek kısa sürede sakinleşmişlerdir. Sonrasında da, annenin ihtiyacı olduğunda ona temas edeceğini bilerek ve bir yandan da annesinin yanında olduğunu kontrol ederek oyun oynamaya devam etmişlerdir. Annesinin yanında olduğunu hisseden bu çocuklar, etraflarını keşfetme konusunda daha cesaretlilerdir. Başkaları ile iş birliğine açık, sosyal bağları düzenlidir. Güvenli bağlanan kişiler yakın ilişkilerinde sahiplenici olurlar ve kendi duygularını, ihtiyaçlarını kolaylıkla ifade edebilirler.

Güvensiz Bağlanma

Güvenli bağlanma, tek bir başlık altında ele alınsa da, ileriki yaşamda yaşanan sorunlar üzerinden bakıldığında güvensiz bağlanma kendi içinde üçe ayrılır. Bunlar kaygılı bağlanma, kaçıngan bağlanma ve korkulu-karışık bağlanmadır.

- Kaygılı Bağlanma

Kaygılı bağlanan çocuklar, anneleri dışarı çıkar çıkmaz yüksek seviyede endişe göstermişlerdir. Annelerinin yokluğundan dolayı yoğun olarak ağlamış, duyulmamış, duyguları hasar almış hissetmiş, anneleri geri döndükten sonra da ağlamaya devam etmişlerdir. Uzun süre sonra sakinleştiklerinde ise oyuna dönmekte zorlandıkları görülmüştür. Bu bağlanma stiline sahip kişiler, ilerleyen yıllardaki ilişkilerinde sürekli samimiyet ve güven ihtiyacı duyar, partnerinin kendisini sevip sevmediğini sıklıkla sorgularlar. İlgilenilme ihtiyaçları umutsuzca devam eder.

- Kaçıngan Bağlanma

Kaçıngan bağlanan çocuklar annelerinin odadan çıkışını pek umursamazlar. Yabancı biriyle kalmaktan dolayı endişe duysalar dahi bu endişelerini anneleriyle gideremeyecekleri için kendi kendilerine sakinleşmeye çalışırlar. Bu çocuklar anneleri geri döndüğünde yine umursamamaya devam etmişlerdir. Kaçıngan bağlanan kişiler sağlam sosyal ilişkiler kurmakta zorlanırlar. Bu kişiler ilişkilerde soğuk ve uzaktırlar. Yakın ilişkileri boğucu bulabilir, bağımsızlıkları için tehdit olarak algılayabilirler. Birine bağlanmakta sıkıntı çekebilir, ilişkiler ilerlediğinde kopmak isteyebilirler.

- Korkulu ve Karışık Bağlanma

Korkulu ya da karışık bağlanma olarak geçen bağlanma türü ise çözülmemiş travma ve kayıplara maruz kalan çocuklarda görülebilir. Bu çocuklar hem annelerinin yanında hem anneleri yokken duygusal ve fiziksel bir kaos içindedirler. Kimse onları sakinleştiremez. Bu bağlanma türüne sahip kişilere ilişkiler korkunç görünebilir. İstismar ve ihmal mağduru kişiler genellikle bu bağlanma stiline sahiptirler. Bu kişiler, nasıl iletişim kuracaklarını bilemezler. Özellikle ihmal ve istismarın bakım veren ya da verenler tarafından yapılması durumunda bu kişilerin ilişki yürütmesi daha da zorlaşır.

Yani çocuk için, temel ihtiyaçlarını karşılayan, onu besleyip büyüten kişi ile korkularının ve endişelerinin nesnesi aynı kişidir. Çocuk bu iki taraflı durumda ne yapacağını bilemez. İlişkilerde ne yaklaşabilir ne de uzaklaşabilir. Bu sebeple diğer insanlarla ilişkilerinde sürekli dalgalanır. Bazen oldukça samimi olabilirken bazen kaçmak ister. Bu kişiler ilişkilerini sürekli bir korku içindeymiş gibi yaşarlar.

Tüm bu bağlanma stilleri güvenli bağlanma ve güvensiz bağlanma olarak iki başlık altında toplanabilir. Kişinin gelecekte kuracağı ilişkilerin niteliğini anlamak için bu temel ilişki düzeyine, yani geçmişten getirilen bağlanma stiline bakmak gerekir.

Bir bebeğin doğduğu andan itibaren yaşadığı bağlanma türleri kadar çocukluk çağında maruz kaldığı olaylar da geleceğini etkiler. Bunların bir kısmı travmatik anı olarak kalır ve geleceğini kâbusa çevirir, bir kısmı da bağlanma türlerindeki sorunlar olarak yine geçmişten gelen yük olarak karşısına çıkar.

Yapılan araştırmalarda güvensiz bağlanma stillerinin bazı psikolojik bozukluklara sebep olabileceği bulunmuştur. Özellikle kaygılı bağlanmanın anksiyete bozuklukları ve depresif bozukluğa, kaçıngan bağlanmanın davranış bozukluklarına ve korkulu bağlanmanın disosiyatif bozukluklara yol açabileceği görülmüştür.

Güvenli bir ilişki, bir çocuğun dünyasındaki en güvenli limandır. Bu güvenli limana sahip olan çocuklar sadece kendileri için değil çevreleri için de faydalı olacak özelliklere sahip olurlar. Araştırmalar güvenli bağlanma yaşayan çocukların başkasının durumunu anlama, empati kurma gibi olumlu sosyal özelliklerinin de gelişmiş olduğunu gösteriyor. Böylece güvenli bağlanan çocukların çevreleriyle daha uyumlu bir hayat sürmeleri kolaylaşıyor. Aynı zamanda güvenli bağlanan çocuklar, kendileriyle ilgili iyi hissettiren ve kötü hissettiren şeyleri deneyimleme ve keşfetme olanağını da daha kolay buluyor.

Eğer geminiz güvenli bir limandaysa ve sizi limana bağlayan ip sağlamsa, etrafı keşfetmeyi ve geminin potansiyelini fark etmeyi düşünebilirsiniz. Fakat geminiz güvensiz bağlanma yaşayan çocuklarda olduğu gibi dalgalı, hatta fırtınalı, güvenilmez bir limandaysa ve sizi limana bağlayan ip kopmak üzereyse tek düşüneceğiniz canınızı kurtarmak olur. Böyle bir senaryoda oluşacak kaosu hayal edebilirsiniz. Bir de bunu dünyayı henüz tanımakta olan bir canlı için düşünün. Dünyanın kaostan ibaret olduğunu öğrenmek, gelecekle ilgili algının da bu şekilde olmasına yol açar. Güvenli bağlanan çocuklar keşiflerle dünyayı tanırken, güvensiz bağlanan çocukların keşfettiği tek şey, limanın ne kadar güvenilmez olduğudur.

Şanslı bir çevreye sahip olan insan, bir başka insan tarafından cesaretlendirilmenin, bir başka insanın gözünde kendini görmenin ve o insan tarafından anlaşılmış olduğunu bilmenin ne kadar haz verici bir şey olduğunu tatmıştır.

Böylesine güvenli bir alana sahip olan her insan, başı sıkıştığında ya da kendini kötü hissettiğinde çevresinin desteğini arar.

Mesela bir çocuk parkta oynarken düşerse ağlayarak annesinin yanına gelir. Annesi çocuğu güzel sözlerle ve belki dizindeki yarasına üfleyerek sakinleştirir. Fakat bir başka çocuk aynı şekilde düşüp ağlayarak ebeveyninin yanına geldiğinde "Ağlamayı kes," gibi çocuğu sakinleştirmekten uzak hatta onu duygusal olarak incitecek bir tavırla karşılaşırsa bu çocuk kendini sakinleştirmek için başka yollar bulmak zorunda kalır. Sükuneti güvenli bir ötekiyle ilişkide değil farklı yerlerde arayan biri için ilerleyen yıllarda bu yollar bazen uyuşturucu, alkol ve madde kötüye kullanımı, bazen de sürekli yemek yeme gibi tekrarlayıcı ve bağımlılık yaratan davranışlar olabilir.

Güvenli bağlanan çocukların bir sorunla karşılaştıklarındaki tavrı güvensiz bağlanan çocuklara kıyasla daha olumludur. Güvenli bağlanan çocuklar, sorunlar karşısında aktif olmayı başarırlar. Güvensiz bağlanan çocuklarsa ne kadar ağlarlarsa ağlasınlar annelerinin gelmeyeceğini öğrendikleri için sorunlar karşısında daha çabuk pes eder ya da gerektiğinden çok daha sert tepki gösterirler.

Araştırmalar (Tronick ve arkadaşları) bebeklerin birincil bakıcılarıyla olan uyumlu ilişkilerinin fizyolojilerini etkilediğini gösterir. Bakım vereniyle daha uyumlu ve güvenli ilişkisi olan bebeklerin kalp atış hızları, hormon düzeyleri gibi fizyolojik değişkenleri normal düzeydedir ve ani bir durumda kendi iç dengelerini düzenlemekte daha başarılıdırlar.

Sahip olunan bağlanma stilinin genel olarak ebeveynden çocuğa geçtiği görülmüştür. Bir çocuğa nasıl davranacağımıza, bize çocukken nasıl davranıldığını baz alarak karar veririz. Bu sebeple bağlanma stilindeki bu genetik aktarım bize normal gözükebilir. Fakat iyi bir haberimiz var. Yapılan bazı çalışmalarda ebeveyn olduklarında ya da ebeveyn olmadan önce kendi bağlanma stilleri üzerine çalışan ya da bağlanma kavramından haberdar olan kişilerin kendi çocukları ile aynı güvensiz bağlanmayı sürdürmek zorunda olmadıkları görülmüştür.

Biraz bilgilendirme ve destek ile kişilerin bağlanma stilleri değişebilir ve güvensiz bağlanma stillerini çocuklarına aktarmak zorunda kalmazlar.

Bağlanma hayatımız için çok önemli bir kavram olsa da bunun kaderimiz olmadığını bilmemiz gerekir. Özellikle istismar ve ihmal gibi travma yaşamış ebeveynler, çocukları için gerekli güvenli ortamı sağlamakta zorlanabilirler. Yaşadıkları travma sebebiyle çocuklarına karşı tutumları tutarsız olabilir. Bu sebeple travma mağduru olan ebeveynlere çocuk yetiştirme sürecinde destek verilmelidir.

Güvenli bağlanma yaşayan çocukların, yetişkin olduklarında kendi güvenli bağlanma stillerini çocuklarına da aktardıklarını söylemiştik. Tabii bu kişilerin yaşama olan uyumlarını altüst eden bir travma ile karşılaşmadıkları sürece. Eğer bir travma ile karşılaşmaz ve hayatlarını belirli bir duygusal düzeyde sürdürürlerse, kendi iç dengesini sağlayabilmiş; sosyal ve fiziksel çevreyle uyumlu yetişkinler olurlar. Aynı zamanda çevrelerindeki değişimleri izleyip bir şeyin ya da kişinin kendileri için zararlı ya da faydalı olacağıyla ilgili doğru çıkarımlarda bulunabilirler.

Bir araştırmada, kızgın yüz ifadesinden üzgün yüz ifadesine uzanan geniş bir yelpazedeki insan yüzü resimleri çocuklara gösterilir. İhmal ve istismar mağduru çocuklar en ufak bir öfke emaresine bile aşırı tepki verirler. Yani travmatik anılara sahip bu çocuklar, gerçek hayatta bizler için tehlikeli olmayacak derecedeki uyaranlar karşısında bile ani savunma reflekslerine geçebilirler. Bu çocuklar uyaranlara karşı hassasiyetleri sebebiyle arkadaş ortamlarında da zorlanabilirler. Bu durum onların sosyal çevrelerinden uzaklaşmalarına sebep olurken, sosyalleşmek yerine teknolojik aletlerle daha fazla zaman geçirmeyi tercih edebilirler. Genel olarak bakıldığında sosyalleşmeden kaçmak insan hayatı için pek mümkün değildir. Bu çocukların da eninde sonunda sosyal ortamlara girmeleri gerekecektir. Sosyalleşme durumunda kaldıklarında büyük olasılıkla sahip oldukları travma anılarının etkisiyle sağlıklı olmayan iletişim yollarına başvuracaklardır. Sağlıklı olmayan yollar derken, kavgacı bir iletişim tarzı ya da ilgisizlik ve hatta kopukluğu kastediyoruz.

Buradan baktığımızda faillerin neredeyse hepsi mağdurdur ama mağdurların hepsi fail değildir. İşte bu yüzden geçmişin mağdurlarının geleceğin faillerine dönüşme ihtimali üzerinde durursak geleceği daha güzel şekillendirebiliriz.

Çocuklar dünyayı kendilerinden ve en yakın çevrelerinden yola çıkarak tanırlar. Anne babamız bize dünyanın en güzel/yakışıklı, en akıllı, en uslu çocuğu olduğumuzu söyleseler, buna inanırız ve gerçekten böyle olduğunu düşünürüz. Bu düşünceler zamanla bizim temel düşüncemiz halini alır ve yaşayacağımız olumsuz olaylar bile temeldeki bu iyi düşünceyi değiştirmez. Yani bizi olumlu telkinlerle yetiştiren, düştüğümüzde elimizden tutan ebeveynlerimiz varsa korkmayız. İlerleyen yıllarda zorluklar yaşasak bile iyi olduğumuza inancımız her zaman baskın çıkar. Bunun tersine, çocukluk döneminde istismar ve ya ihmal görmüş, olumsuz söylemlerle büyütülmüş çocukların temel düşünceleri kendilerinin değersiz olduğu yönündedir. Kendimizle ilgili içsel haritamız, ebeveynlerimizin ya da çevremizdeki diğer insanların bizim hakkımızda söyledikleri ile şekillenir. Söylenenlerin olumsuz olması halinde, benlik algımız kendini küçümseme üzerinden oluşur. Bu durum olumsuz karakterleri çekmemizle, hatta kendimizi buna layık görmemizle sonuçlanabilir.

Eğer ebeveynseniz ya da ebeveyn olma hayalindeyseniz okuduklarınızdan korkmuş ve çekinmiş olabilirsiniz. Sizinle çocuğunuz arasındaki ilişkinin tartışılmaz etkileri, bağlanma kuramları ve olumsuz sonuçları sizi endişeye düşürmüş olabilir. Ama işler sanıldığı kadar zor değil. Hayatı normal akışında yaşarsanız her şey yerli yerine oturuverir.

En başta çocuğun güvenli bağlanması için gerekli olan şeyin mükemmel ebeveynler olmadığını anlamalısınız. Arada sırada çocuğun ihtiyacına doğru cevabı verememek, çocukta kalıcı etkiler uyandırmaz. Çünkü çocukların da hayal kırıklıkları ve olumsuzluklarla belli düzeyde baş etmeyi öğrenmeleri gerekir. Burada önemli olan, ebeveynlerin ya da birincil bakım veren kişilerin çocuk için güvenli bir ortam oluşturmasıdır. Güvenli liman, asla fırtına kopmayan hatta yağmur bile yağmayan bir yer anlamına gelmez. Fırtına da kopsa, hava günlük güneşlik de olsa çocuğunuzun sağlam halatlarla sizin limanınıza bağlı olduğunu bilmesi yeterlidir.

Bir çocuğun istismar ve ihmale uğraması karşısında insani olarak şaşkınlık ve öfke duyuyor olabilirsiniz. Bir insanın kendi çocuğuna bu denli olumsuz davranışlarda bulunması sizi şaşırtabilir. Ancak araştırmalar, kendi çocuklarına ihmal ve istismar uygulayan ebeveynlerin çoğunun bizzat istismar ve ya ihmal mağduru olduğunu söyler. Yani öfke biraz da öğrenilen bir davranış olduğu için, kişi zamanında gördüğü bu muameleyi aynen kendi çocuklarına da yansıtabilir. Bazen de tam tersi olur. Kendisi mağdur olan bazı kişiler çocuklarına aşırı hassas davranırlar.

Güvenli ilk ilişkimize kadar geri gidersek, güvenli bağlanma yaşayan çocukların geleceklerinde her türlü ilişkide çok daha sağlıklı davrandıklarını söyleyebiliriz. İlk ilişkiden itibaren geçmişin örüntülerinin gelecekteki ilişkileri etkilediğini de bağlanma örüntüleri üzerinden rahatça görebiliriz. İlk ilişkilerinden başlayarak güvenli bağlanma yaşamış tüm bireylerin; kendi iç dengesini sağlayabilmiş, duygularını çok daha kolay kontrol edebilen, sosyal ve fiziksel çevreyle uyum içinde yetişkinler olabileceklerini söylemek mümkün.

İstismar ve İhmal

İstismar ve ihmal, toplumun en çok gizlenen, geri planda bırakılmaya çalışılan ve en ağır kanayan yaralarının başında gelir. Bugün birçok psikolojik problemin, hastalığın ve ters yüz olan ilişkilerin geçmişine gittiğimizde maalesef istismar ve ihmal durumlarını gözlemliyoruz.

Bu kavramlar size oldukça soğuk ve uzak gelmiş olabilir. Bunun nedeni günlük hayatımızda istismar ve ihmalden pek bahsetmememizdir. Fakat bizler bahsetmesek bile, istismar ve ihmalin oldukça yaygın biçimde insanların hayatını altüst eden travmalar olduğunu acı bir gerçek olarak biliyoruz. Bir çocuğun babasından yediği tokat, patronunuzdan duyduğunuz hakaret ya da bir kadının cinsel tacize uğraması. Tüm bu istismarların hepsi belki saniyeler içerisinde gerçekleşir. Lakin hepimiz biliyoruz ki etkileri asla saniyelerle geçmez. Koca adam olur, hâlâ o tokadın acısını çekeriz. Mesleğimizde çok başarılı olduğumuz halde patronumuzdan duyduğumuz o haksız hakaret tüylerimizi ürpertmeye devam eder. En acısı da uğradığımız cinsel tacizin etkisiyle hâlâ her erkeğe korkuyla bakıyoruzdur. Tüm bu ihmal ve istismar örnekleri insan eliyle yaşanan travmalardır. Anlık durumların çarpıcı etkileri varken, uzun süren ve yıllara yayılan ihmal ve istismar durumlarının etkileri depremlerden bile ağırdır. Çocuk yaşta okuldan alınıp çalıştırılan bir çocuğun ömrü boyunca yaşadığı bu ihmal, çalıştırılıp evin yükünün üzerine verilmesinin yaşattığı bu istismar, hangi travmadan daha hafiftir? İlkokula devam etmesi gerekirken o yaşta konfeksiyona verilip yıllarca görülmemek... Evin geçimindeki sorumluluğu yüzünden yediği dayaklar ve baskı... İhmalin ve istismarın çocuklar üzerindeki etkileri geçmişin en önemli travmalarındandır.

Yukarıda bahsettiğimiz örneklerin hepsi birer ihmal ve istismar örnekleridir. Bu örneklerde yaşanan olayların hepsi kişinin geleceğini derinden etkiler. İhmal söz konusu ise ihtiyacımız olan ama yaşayamadıklarımızın etkisinden çokça bahsederiz. Ailesi tarafından yeterince sevilmeyip ilgi gösterilmeyen bir insan, kışın ince bir kıyafetle sokağa gönderilen çocuk ya da ergenlik çağında olduğu halde cinsel gelişimiyle ilgili gerekli bilgilendirmenin yapılmadığı ergen. Tüm bu örnekler ihmal olarak adlandırılır. İhmal, istismardan daha farklı ve hafif olarak algılanabilir. Fakat ihtiyaç duyduğu sevgiyi alamayan insanın, soğuk kış gününde tüm arkadaşları sıcak kıyafetler içindeyken üşüyen çocuğun ve bedenindeki değişimlerden dolayı ne yapacağını bilemeyen ergenin ihmal edilmesi küçük ya da büyük ölçekte hayatlarını etkileyecektir.

Kısacası geçmişin insanın sırtına yüklediği ağır yaşam olayları olan travmalardan bahsederken çocukluk çağı istismar ve ihmal hikâyeleri önemli bir yer tutar. Öncelikle bu iki kavramı açalım.

İstismar

İstismar Türk Psikoloji Sözlüğü tarafından; bir kişinin diğer bir insana ya da hayvana zalim, vahşi veya küçük düşürücü şekilde davranması olarak tanımlanır. Girişimsel nitelikte olan bir davranıştır ve genellikle fiziksel kötü muameleyi ifade eder. Ancak cinsel ya da psikolojik (duygusal) kötü muameleyi de kapsar. Bu bağlamda istismarın üç alt türü olduğunu görüyoruz. Bu türler arasında ülkemizde ve dünyada en çok rastlanan, duygusal istismardır. UNICEF'in 2010 yılında yaptığı çalışmada çocuk istismarı ve aile içi şiddet konu edilir. Bu çalışma sonuçlarına göre 7-18 yaş grubundaki çocukların %51'inin duygusal istismar, %43'ünün fiziksel istismar ve %3'ünün cinsel istismar gördüğü ortaya çıkmıştır. Grafikte en az görünen kısım cinsel istismar olsa da toplumun en büyük kanayan yarası, en çok gizlenip üstü kapatılan kısmı da burasıdır. İstatistiğe yansıyan kısmı şimdilik bu kadar. Bir de yansımayanları var, o ayrı bir konu.

Duygusal İstismar

En sık rastlanan istismar türü olarak öncelikle duygusal istismardan bahsedelim. Anne ya da babanın veya çevredeki diğer yetişkinlerin çocuğa yönelik aşağılayıcı, küfür, bağırma, yalnız bırakma, korkutma, tehdit etme içeren, duygusal ihtiyaçlarını karşılayamayan tavırları duygusal istismara örnek olabilir.

Aynı şekilde çocuğun o yaşında görülmesi zor beklentiler içinde olmak da çocuk üzerinde baskı oluşturacağı için duygusal istismar olarak kabul edilir. Bu tür davranışlara maruz kalma çocukta değersizlik duygularına yol açabilir. Çocuk, istismar edildiği ortamdan uzak kalmak ister ve gergin hissedebilir. Duygusal istismar özellikle aileden geliyorsa çocuk için daha da zorlayıcıdır. Çünkü aileden gördüğü olumsuz değerlendirmeler kendi kişiliğini oluşturmasını da etkileyecektir.

Duygusal istismar diğer iki istismar türünden daha az görünür olduğu için dışarıdan fark edilmesi çok daha zordur. Aileler fiziksel ya da cinsel istismarın farkına varıp bunları iyileştirmeye çalışılsalar bile duygusal istismar farkındalığı zor olması sebebiyle daha geç düzeltilebilir. Özellikle çocukların söylenenlerden etkilenmeyeceğine dair eski inançlar bu durumu daha da zorlaştırır. Örneğin önceki nesillerde çocukların etkilenmeyeceği düşünülerek yanlarında kötü olaylardan rahatça bahsedilirdi. Fakat bugün çocukların bu söylemlerden etkilendiğini biliyoruz. Yeni anlayış şeklinin eskinin yerini alması zaman alacaktır ama neyse ki günümüz ebeveynlerinin bu konuda daha dikkatli olduğunu da söyleyebiliriz.

Fiziksel İstismar

İkinci sırada sık rastlanan fiziksel istismar, çocuğun kaza dışı yaralanmalarını içerir. Daha çok elle ya da bir nesneyle vurma, sarsma ya da itme ile çocuğun bedeninde olası yaralanmalara yol açacak davranışların hepsi çocuğa uygulanan fiziksel istismar içindedir. Ülkemizde ise fiziksel istismar bir disiplin yöntemi olarak düşünüldüğü için sıkça rastlanılabilir bir durumdur. Fiziksel istismar, çocuğun bedenine vereceği zararların yanında, duygusal ve bilişsel anlamda da incitip hasar bırakan bir durumdur. Fiziksel istismara maruz kalan çocukta alt ıslatma, parmak emme, bazı gelişimsel bozukluklar, uyku bozuklukları, öğrenme güçlükleri, konuşmada gecikme, okul başarısızlığı, yakın ilişki kurmada güçlük ve öfke patlamaları gibi kısa dönemli problemler görülebilir. Uzun vadede ise travma sonrası stres bozukluğu, bazı kişilik bozuklukları, alkol ve madde kullanımı ve disosiyasyon gibi sorunlar ortaya çıkabilir.

Cinsel İstismar

Duymanın bile tüylerimizi ürperttiği çocuğa uygulanan cinsel istismar, henüz cinsel olgunluğa erişmemiş çocuğun ya da ergenin bir yetişkin tarafından kendi cinsel istek ve ihtiyaçlarını karşılamak için zorla ya da kandırarak kullanılmasıdır. Yaygınlığı diğer iki istismar türüne göre daha az olsa da etkisi oldukça yıkıcıdır. Cinsel istismar diğer türlere nazaran tespit edilmesi zor bir istismar çeşididir ve çoğu zaman gün yüzüne çıkarılmaz. Bunun sebebi, duygusal istismar gibi görünür olmaması değildir. Aksine cinsel istismar görülür ve doğru bakıldığında kolayca sezilebilir. Fakat kabul edilmesi öylesine ağırdır ki, sadece istismara uğrayan kişi değil tüm çevresi bu olayı inkâr etmek ister. Aynı zamanda çocuklar, yaşadıkları cinsel istismarı kendi günahlarının bir cezası olarak görürler. Çoğunlukla fail de çocuğa durumu böyleymiş gibi lanse eder. Böylece çocuk yaşadığı cinsel istismarı kimseye söyleyemez.

Cinsel istismar genellikle çocuk üzerinde fiziksel bir iz kalmasıyla fark edilebilir. Oransal olarak az görülmesi bu yönüyle birlikte değerlendirilmelidir. İstismar, özellikle çocuk ve ergenler için kullanılan bir ifadedir. Kültürel olarak cinsel istismar inkâr edilen bir gerçekliktir. Tıpkı yetişkin bir kadının uğradığı tacizi en yakınları olan ailesine haber verdiğinde beklemedik bir şekilde olayı saklaması yönünde baskı görmesi gibidir.

Cinsel istismarın çocuklar üzerindeki etkisi çok yönlüdür. Çocuklar bu travmalar karşısında kendilerini ihanete uğramış, aciz ve damgalanmış hissederler. Yaşadıklarını kimseye anlatamamaları ve kendilerini suçlu görmeleri sebebiyle depresif duygu durumu içine girerler. Aynı zamanda olayın tekrarlanabileceği ya da insanların öğrenip kendisini damgalayacağı kaygısıyla anksiyete yani ağır endişe hissederler. Yaşadıkları travmatik cinsel deneyim, cinsel hayatlarını da ilişkilerini de direkt olarak etkiler. Çocukluğunda cinsel istismara uğramış kişiler, yetişkin olduklarında normal olmayan cinsel yaşantılara sahip olabilirler. Aynı şekilde cinsel istismar mağduru çocuklar iki uçta denebilecek davranışlar sergileyebilirler. Örneğin bu çocuklar ya çok dağınık olurlar ya da çok titiz. Özellikle erkek çocuklarında cinsel istismar sonucu saldırgan davranışlarda artış gözlenir. Kız çocuklarında ise değersizlik düşünceleri ve kendilerine zarar verici davranışlar gözükebilir. Bir de tekrarlayan istismar ve ihmal durumları olduğunda bu ağır travma çocuğun kişiliğini etkiler. Kimi zaman farklı cinsel tercihlerin zemininde bile geçmişte yaşanmış cinsel istismarların ağır izleri görülebilir.

Cinsel istismar genellikle aile içinden ya da çok yakın kişilerden geldiği için çoğu zaman gizli kalır. Bunun hem mağdur hem mağdurun çevresi açısından kabul edilmesi zor bir istismar türü olduğundan bahsetmiştik. Aileler bazen istemli bazen istemsiz olarak olayı örtbas etmeye çalışırlar. Fakat istismarın atlatılmasında ilk adımın travmanın kabul edilmesi olduğunu söylemeliyiz. Henüz varlığı kabul edilmeyen bir olguyla savaşmak mümkün olamaz. Özellikle cinsel istismara uğrayan kişilerin yakınları bu yanılgıya düşmemeye dikkat etmelidir. Her ne kadar rıza ve tahrik gibi çocuk ve ergen için kabul edilemez açıklamalarla örtbas edilmeye çalışılsa bile yukarıdaki cinsel istismar tanımına uyan hiçbir olaya kesinlikle taviz verilmemelidir.

İstismara uğramak zaten kişinin yaşantısını altüst eder. Böyle iken yakınların destek ve kabulünün olmaması kişiyi iyice zora sokar. Olayı inkâr etmek kişinin içine düştüğü ateşi körüklemek gibi olur. Yanan biz olmasak bile, cinsel istismarın kavurucu ateşi hepimize bir şekilde ulaşır. Bu durumda sükûnetimizi koruyarak ateşi söndürmeye odaklanmak gerekir. Bu ateş, istismarı örtbas etmeye çalışmak yerine mağdura verilecek sosyal destek ile sönecektir. Böylece mağdurun hem şimdiki hayatını hem de geleceğini kurtarmak mümkün olur.

İstismarların çoğu tek seferde olup biten türde değildir. Bazı çocuklar istismarcı çevreleri sebebiyle defalarca her türlü istismara uğrayabilirler. Aile içerisinde kronik istismara maruz kalan çocukların ilişki sistemleri de büsbütün bozulur. Bu çocuklar sürekli olarak potansiyel istismar işaretlerini ararlar. Bu işaretleri aramakta o kadar hassastırlar ki istismarcı ebeveynin bazen ses tonundan bile neler olabileceğini tahmin edebilir hale gelirler.

İçinde kendilerini güvende hissedip tehlikeli dünyaya açılmaya cesaret edebilecekleri aileleri, tehlikenin ta kendisi olmuştur. Bu tehlikelere rağmen çocuklar yine de ailelerine karşı büyük bir bağlılık geliştirebilirler. Onlara olan bağlılıkları sebebiyle kendi konforlarını hiç düşünmeden hayatlarını hiçe sayabilirler. Bu çocuklar başlarda anlamlandıramadıkları bu ağır durumdan ötürü daha sonraki yaşamlarında ilişki problemleri yaşarlar. Hatta sosyal hayatlarının gayet canlı olduğunu düşündüklerinde bile, ilişkilerini yapay olarak hissetmeye devam ederler.

İhmal

İstismar söz konusu olduğunda çocuğa verilen zarar oldukça somuttur. Ortada dayak, hakaret ya da cinsel içerikli bir davranış vardır. İhmal durumunda ise durum tam tersidir. Yani ihmal ile istismarı ayıran en önemli nokta, istismarda olumsuz bir eylem varken, ihmalde olması gerektiği halde olmayan bir fiilden bahsederiz. İhmal kelime olarak çok basit bir mesele gibi dursa da yıkıcı etkileri düşünüldüğünde bir çocuğun gelecekteki hayatını altüst edebilecek kadar etkili bir olay olabilir.

İhmal kavramı, çocuğa bakmakla yükümlü olan kişilerin, çocuğun yeme, barınma, eğitim, ilgi, ekonomik ve güvenlik ihtiyaçlarını yeterli düzeyde karşılamadığı durumlar için kullanılır. Bu konuya da geçmişin yükleri olarak baktığımızda çocuğun geleceğini doğrudan etkilediğini görürüz.

İhmal kendi içinde üç alt türe ayrılır. Gerekli sosyal imkânların sunulmaması, çocuğun yoksun bırakılması fiziksel ihmal olarak değerlendirilirken, çocuğun cinsel istismara karşı korunmaması, cinsel gelişim aşamalarıyla ilgili gerekli bilgilerin verilmemesi cinsel ihmal türüne girer. Duygusal ihmal ise çocuğun gerekli duygusal desteği almaması, sevgi ve ilgiden yoksun bırakılmasıdır.

Burada duygusal ihmale ayrı bir parantez açmak istiyoruz. Bazen ailemizin ya da arkadaşlarımızın yanında aidiyet hissetmeyiz. Ya da çoğunlukla yalnız olmayı tercih eder, başkalarından yardım istemekte zorlanırız. Hatta kendimize herkesten çok kızabilir, herkesten daha fazla eleştiririz. İşte bu gibi durumlar, bize görülmeyen fakat neredeyse tüm psikolojik bozuklukların temelinde yer alan duygusal ihmali düşündürmeli. Duygusal ihmal, yaşarken pek fark edemediğimiz bir durumdur. Duygusal istismar gibi olsaydı daha fazla fark edebilirdik. Yani biri bize bağırsa ya da hakaret ederek bizi aşağılasaydı bunu duyar ve fark ederdik. Fakat sevilmeyi arzu ettiğimiz biri tarafından sevilmemek ya da bizim için önemli olan biri tarafından duygularımızın görülmemesi ve önemsenmemesi daha hafif bir acı olarak gözükebilir. Lakin durum zannettiğimiz kadar hafif değildir. Hatta bazen görülmeyen bir üzüntümüz, bize edilen hakaretten daha fazla yakar canımızı.

Hayatımızda bir hayalet gibi olan duygusal ihmal bizi hayal ettiğimizden daha fazla etkiler. Duygusal ihmal mağduru çocuklar geçmişlerinden bahsederken gayet güzel bir çocukluk geçirdiklerinden, ailelerinin onların her türlü maddi ihtiyacını karşıladığından bahsederler. Fakat yolunda gitmeyen bazı şeyler olduğunun içten içe farkındadırlar. Şu an içinde bulundukları huzursuzluğu anlamlandıramazlar. Duygusal ihmal mağdurları öyle bir hayalet tarafından çevrelenmişlerdir ki hayatlarının gayet yolunda olduğunu düşündükleri halde içleri sanki bomboştur. Bir şeyler onları huzursuz eder, ilişkilerden uzak kalmaya çalışırlar ve eğer bir ilişki içindelerse kendilerini bu ilişkide sahte hissederler. Bu kişilerin adeta duyguları bir rafa kaldırılmıştır. Konuşan yani kendini ifade eden yalnızca düşünceleridir.

Duygusal ihmal konusunu diğer ihmal türlerinden daha fazla vurgulamak istememizin sebebi, duygusal ihmalin böylesine zor fark edilebilmesidir. Genellikle pek fark edilmeyen duygusal ihmal aslında çok sık yaşanan bir durumdur. Kişiler bunu farkında olmasalar da, duygusal ihmalin insanın hayatında ne kadar etkili olduğunu pek çok hikâyede görüyoruz.

İstismar ve ihmal; gündelik hayatımızda pek karşımıza çıkmayan kavramlar olabilir. Bu kavramların gerçek manada çalışılması son yüzyılda yaygınlaşmıştır. Fakat maalesef istismar ve ihmalin son yüzyılda daha fazla çalışılması, öncesinde daha az yaşandığını göstermez. Aksine, geçmiş yüzyıllarda çocuklara yönelik muameleler çok daha sertti. Geçmişte çocuklar, ailesi için iş gücü olarak görülürken, onları malları olarak kabul edenler bile vardı. Çocukların psikolojik ihtiyaçlarının farkına varılmıyordu. İslam öncesi toplumlarda kız çocuklarının diri diri gömülmesi ya da Asya'da bazı ülkelerde çocukların nehre atılması gibi davranışlar eski insanların çocuklarına karşı tutumları hakkında bize önemli fikirler veriyor. Tarım toplumlarında çocuklar tarlalarda çalışacak iş gücü olarak görülüyor, fiziksel zayıflıklarına tahammül gösterilmiyordu.

Son yüzyılda gerek psikoloji alanında gerek diğer sosyal bilimlerde yaşanan gelişmeler, çocukların psikolojileri üzerine daha fazla araştırma yapılmasını sağlamıştır. Global araştırmalar geçmişin travmalarının çocukların geleceğini nasıl kökten değiştirebileceğini ortaya koyuyor.

Bizim kültürümüzdeki kimi gelenek ve alışkanlıklar da istismar ve ihmalin varlığını sürdürmesine zemin oluşturuyor. Özellikle geleneğimizde fiziksel istismar bir terbiye yöntemi olarak kullanılabiliyor: "Dayak cennetten çıkmadır", "Eti senin, kemiği benim" gibi atasözleri fiziksel istismarı meşrulaştırır. Bu geleneklere dair farkındalığın sağlanmaya başladığı şu son yıllarda, çocuk istismarını ve ihmalini tanımlayıcı pek çok araştırma ve önleyici yöntemler üzerine çalışıldığını söylemek mümkün.

Son yıllarda yapılan farkındalık çalışmalarına rağmen, ülkemizde çocuk ihmali ve istismarı rakamlarının azalma eğiliminde olmadığını üzülerek söylemek zorundayız. Yapılan araştırmalar Türkiye'deki çocukların %40'ının hafif olarak fiziksel şiddete, %5'inin ise zaman zaman ağır fiziksel şiddete maruz kaldığını gösteriyor. Bir önceki neslin fiziksel şiddete maruz kalma oranının %70 olduğu düşünüldüğünde, fiziksel şiddette oransal bir azalış görülse de hâlâ çocukların yarısına yakını fiziksel şiddete maruz kalıyor. Özellikle istismar ve ihmalin çocuklar üzerindeki yıkıcı etkisi düşünüldüğünde bu oranın azalması, sağlıklı nesillerin yetişmesi için oldukça önemlidir.

İstismar ve ihmalin yaygınlığına rağmen toplumsal açıdan bahsedilmeyen ya da üzeri örtülmek istenen meseleler olmasından da söz edelim. Bu durumu Herman, vahşete verilen en doğal tepkinin onu akıldan çıkarıp atmak olduğu şeklinde açıklar. İstismar ve ihmaller sosyal ortamımız için oldukça yıpratıcıdır. Bu sebeple istismar ya da ihmali yüksek sesle söylemeye cesaret etmek güçtür. Hatta bunu akıllara getirmek dahi korkunçtur. İstismar ve ihmal durumu da 'kelimelerle anlatılamayacak' kadar ağırdır. Fakat bu vahşet kendini her zaman göstermek ister. Yani bir yanda insanların bu travmayı inkâr etme arzusu bir yanda da travmanın inkâr edilemeyeceği gerçeği vardır. Bu çatışma içerisinde travmanın kendini kabul ettirmeyi başarması, durumun etkilerinin çözülmesine yönelik ilk adım olacaktır. Böylece hem sosyal düzen hem de travma mağduru kişilerin iyileşmesi başlayabilir.

Herman'ın bahsettiği çevrenin topluca yaptığı bu inkâr savunması ülkemizde de oldukça yaygındır. İstismar ve ihmale karşı bilinçlenmeyle inkârın azalmaya başladığını, travma sonuçlarının da daha fazla fark edildiğini gözlemleyebiliyoruz. Fakat hâlâ özellikle de yakın çevresi tarafından istismar veya ihmal edilen çocukların hikâyelerini kabul etmekte ve dışarı vurmakta zorlanıyoruz. Araştırmalar ve gözlemler ülkemizde istismar veya ihmal rakamlarının çok daha fazla olduğunu söylese de kayda geçen ve hukuki işlemlerin devam ettiği vaka sayısı bir hayli azdır. Görünüşe göre, toplu inkâr mekanizmamız işlevsel olmadığı halde varlığını sürdürüyor. Travma gibi ağır yaşam olaylarına verdiğimiz bu tepki, hem mağdur açısından hem de toplumsal açıdan iyileşme yolumuzu kapatıyor. Bu sebeple istismar ya da ihmale tanık olduğumuzda, 'aile arasında bir mesele, bize düşmez' gibi tavırlarla meşrulaştırıcı söylemleri bir yana bırakmalı ve bu konuda bir şeyler yapmalıyız.

Araştırma sonuçlarına göre, istismar ve ihmalin daha fazla rastlandığı bazı durumları da size aktarmak istiyoruz. Özellikle istismar ya da ihmali gerçekleştiren kişilerin –bu kişiler çoğunlukla anne baba oluyor- sosyoekonomik durumunun düşük olduğu görülüyor. Bunun yanında çocuğun istenmeyen bir bebek olması da istismar ya da ihmal ihtimalini artırıyor. İstismar ya da ihmal gösteren ebeveynlerin bakım vermeye dair yeterince bilgisi olmayan, çocuk gelişimi hakkında sınırlı bilgiye sahip ve cezayı bir disiplin yöntemi olarak sıkça kullanan kişiler olduğu görülüyor. İstismar ya da ihmal mağduru çocukların çoğunlukla çabuk sakinleştirilemeyen, çokça ağlayan bebekler oldukları da görülen bir durumdur.

Çocuklarına karşı istismar ve ihmalde bulunan ebeveynlerin ruhsal bozukluklarını araştıran bir çalışmaya göre, bu ebeveynler çocuklarına karşı kızgınlık ve öfke hissediyorlar. Sahip oldukları hayal kırıklığının etkisiyle çocuklarını kabul etmekte zorlandıkları görülüyor. Bunlar neden sonuç araştırmaları değildir. Yani bu ebeveynlerin, çocukları tarafından hayal kırıklığına uğratıldıkları için istismarda ya da ihmalde bulundukları söylenemez. Fakat ebeveynleri istismarda veya ihmalde bulunma açısından etkileyen duygular arasında öfke ve hayal kırıklıkları olduğu görülüyor. Araştırmalarda istenmeyen gebelikler de önemli bir yer tutuyor. Araştırma sonuçları, anne babaların, istemedikleri çocuklara karşı daha fazla istismarda ya da ihmalde bulunduklarını gösteriyor.

İstismar ya da ihmalin çoğunlukla aile içinden geldiğini söylemiştik. Hatta bu konuda yapılan araştırmalar %60 ila %80 arasında bir oranla çocuğun uğradığı istismar ya da ihmalin aile içinden ya da çok yakın akrabalardan geldiğini gösteriyor. Bu durum çocuklar için travmayı çok daha korkunç hale getiriyor. Çünkü belki dışarıda olan kötü olsa bile içeride yeterince güvendeysek iyi hissedebiliriz. Dışarıda olan dışarıda kalabilir ve biz içeride emniyette hissedebiliriz. Fakat eğer kötü olan içerideyse, güvenebileceğimiz hiçbir alanımız kalmaz. Hele bir çocuk için bu katlanılması çok zor bir durumdur. Çocuk bu durumun korkutucu sonuçlarını ilerleyen yıllarda muhakkak görür.

Bir çocuğun sığınacak yerinin olmamasının ne kadar korkunç olduğunu hayal etmek bile güçtür. Biz insanlar çok uzun süreler anne babalarımızın korumasına ihtiyaç duyarız. Bu muhtaçlık hem fiziksel hem psikolojik açıdan geçerlidir. Güvenle sırtımızı dayayıp dünyaya göğüs germemiz gereken insanlar bizzat korkumuzun kaynağı olur. Çocuk için en güç olan da budur.

Bu sebeple istismar ve ihmali aile kavramıyla birlikte incelemek gerekir. Çocuk fiziksel yaralanmalara olduğu gibi psikolojik travmalara da belli düzeyde dayanıklılık gösterir. Fakat istismar ve ihmal gibi ağır travmatik bir durum söz konusu olduğunda aileden aldığı destek ve çevresinin rehberliği ile sağlıklı bir gelişim gösterebilir.

Çalışmalar çocukluk çağında yaşanan istismar ya da ihmalin pek çok psikiyatrik bozukluğa yol açabileceğini acı bir şekilde gösterir. Bunlar; depresyon, travma sonrası stres bozukluğu, disosiyasyon, cinsel işlev bozuklukları, davranış bozuklukları, kişilik bozuklukları, alkol ve madde bağımlılıkları ve öğrenme güçlükleri olarak karşımıza çıkabilir. Psikiyatrik etkilerinin yanında istismar ve ihmal mağduru çocukların duygu düzenleme becerilerinin de etkilendiği görülüyor. Yani çocuklar istismar ve ihmal sebebiyle duygusal bir kaosun içinde duygularını tanımlamakta ve denge içerisinde yaşamakta zorlanıyorlar. Aynı zamanda kimlik problemleri yaşıyorlar.

İnsanı İnsan Yaralar

İstismar ve ihmalin nasıl geçmişten gelen travmalar olarak bugünkü hayatımızı altüst edeceğine değinirken enteresan bir karşılaştırmayı da aktarmak istiyoruz. Yaşanan ağır olayların gelecek yıllarımıza etkilerini inceleyen araştırmalardan biri göstermiş ki deprem, sel veya yangın gibi doğal afetlerin travmatik etkisi insan eliyle yaşanan travmatik olaylardan daha azdır. Yani insan elinden çıkma ağır yaşam olaylarının etkisi biz insanlarda daha kalıcı ve yıkıcı nitelik taşır.

Bir insanın doğal sebeplerle gelişen deprem ya da selin meydana gelmesini kabul etmesiyle insan eliyle uğradığı zararı kabul etmesi arasında ciddi bir fark vardır. Çünkü bu olaylar doğanın seyrinin bir parçasıdır. Biz doğayı böyle kabul ederken insanı en güvenmek istediğimiz varlıklar olarak seçeriz. Hele ki en yakınlarımız, annemiz, babamız, kardeşlerimiz, akraba ya da sevdiklerimiz... En çok da bu en yakın çemberden gelen yaraların izi geçmez ve geleceğe ağır bir şekilde taşınır. Birçok yetişkinin bir konu açıldığında; örneğin annesinin ona kendisini istemediğini hissettirmesi, kardeşlerinin kendisinden daha değerli olduğunu vurgulaması, çocuk yaşta okuldan alınıp çalışmak zorunda kalması, yetişkin olduğunda bile gözyaşları içinde bırakır insanı. Hele bir de en yakınlarımızdan gördüğümüz ihmal ve istismarın kötü etkileri var ki DNA'dan enerjiye, insanın etinden düşüncesine, kalbinden ruhuna her neresi varsa yakıp yıkarak geleceğe ulaşıyor ve geçmişin travmaları olarak en acı şekilde kendini gösteriyor.

Demek ki insanı en çok beklemediği yerden, güvenmesi gerektiği insanlardan aldığı darbe yaralıyor.

Sosyal varlıklar olarak biz insanların yarattığı acılar, en büyük depremlerden daha yıkıcıdır.

Bu sebeple insana olan güvenimiz, istismar ve ihmal ile yok edildiğinde kişinin hayatını ve hayata bakışını sonsuza dek değiştirebilir.

İstismar ve ihmal biz yetişkinler için bile zor kavramlardır. Böyle iken henüz savunmasız olduğumuz çocukluk çağımızda istismar ya da ihmale maruz kaldığınızı düşünün.

İstismar kelimesi akla ilk cinsel istismarı getirebilir. Zaten cinsel istismarın ne denli ağır etkilerinin olduğuna yukarıda değinmiştik. Fakat burada bahsettiğimiz ihmal ve istismar cinsel olan istismar değil. Hayatta yaşadığımız her türlü psikolojik kaosun, ortaya çıkmış hastalıkların ve bir türlü yakamızı bırakmayan, tekrar eden üzücü olayların altında çocuklukta yaşadığımız ihmal ve istismar zinciri yatar.

Bu gözle bakarak çocukluğunuzu yeniden bir düşünün. Bugüne geçmişin yükü olarak neleri getirdiğinizi anlamlandırmaya çalışın. Bugün yaşadığınız ve aslında sizin de adını tam koyamadığınız problemlerinizi şöyle bir geçmişle ilişkilendirin. Çocukken belki kendinizi suçladınız yaşadıklarınız için, belki kaçmak istediniz ama kaçacak yeriniz yoktu. Olabilecek en çaresiz durumdaydınız. Belki de evin bütün yükü sizin omuzlarınıza verilmişti. Fakat artık bilmemiz gerekiyor ki bir çocuk her ne koşulda olursa olsun ne istismar ne de ihmal edilmeyi hak eder. Bunları yaşamanız sizin suçunuz değildi.

Eğer istismar veya ihmale maruz kaldıysanız tüm kötü anılar hayat yolundaki adımlarınızı bir pranga gibi etkiler. Bu kötü anılar, özellikle travmatik anılar olarak sizde ağır izler bırakmış ise gelecek için atacağınız her adım sizin için eziyete dönüşebilir. Hayatınızı zorlaması ya da altüst etmesi bir yana, o anıların ağırlığı her şeyden çok canınızı yakabilir. Bu durumda adımlarınızı yavaşlatan ve hayatınızın yerinde saymasına neden olan geçmişinizin ağır yükleri ile yüzleşmeniz gerekir. Bu yüzleşme çok zor olacaktır. Fakat unutmayın ki henüz varlığını kabul etmediğimiz ve adamakıllı karşınıza alıp hesaba çekmediğiniz bir durumla savaşamazsınız. Bu başlıkta geçmişten gelen ve bugün canınızı yakan birçok ihmal ve istismarın ağır sonuçlarını inceledik. Geçmişin geçmişte kalmadığını, bugünü ve geleceği karartabileceğini anlatmaya çalıştık. Kitabın çözüm önerileri kısmındaki tüm bilgiler bireysel çaba ile durumu fark etmenize ve kendi savaşınızı vermenize yardımcı olabilir. Fakat yine de bireysel çabanızın yeterli gelmeyeceğini düşündüğünüz durumlarda bir uzmandan destek almakta hiç tereddüt etmeyin.

Proje / Amaç Çocuk

'Proje çocuk' tabirini kısaca anne babanın bir amaç için yaptığı çocuk olarak tarif edebiliriz. Örneğin evliliğinde çatışmalar yaşayan bir çift, boşanma aşamasına gelmişken, boşanmaya engel olması için bir çocuk yaparsa, çocuk bu amacı hisseder.

Bu çocuk büyüdüğünde pek çok defa anne babasının onun doğumu yüzünden boşanmamasının yansımalarını görür. Eğer anne babası hâlâ mutsuz bir evliliği yürütüyorsa, çocuk bundan dolayı kendini suçlar. Koca bir insan olsa dahi, geçmişinden gelen bu yük sebebiyle hayatı hissettiği suçluluk duygusundan önemli ölçüde etkilenecektir.

Proje çocuğun dünyaya getiriliş amacı her zaman evliliği kurtarmak olmaz. Çocuk bazen bir veliaht arayışıyla, bazen çokluk göstergesi olarak, bazen de bir ünlünün fenomen olma yolunda içerik malzemesi olarak dünyaya getirilebilir. Çocuğun aileye katacağı rengin dışında proje amacı olduğunu hissetmesi onun hayatı için potansiyel bir travma sebebidir.

Yapılan birçok araştırmada ebeveynlerin yaşadığı duygusal travmaların çocuğa yansıyan kalıcı etkileri ortaya konmuştur. Anne karnında büyüyen embriyo; ortamın ambiyansını, projeleri, işleri, çatışmaları, travmaları aynen sistemine alır, kaydeder. Çocuk ebeveyninin hissettiği, düşündüğü, söylediği ne varsa hepsini; deneyimlediği olayları, yaşadığı duyguları kayıt altına alır. Stresi, ihmali, yaşanılan her türlü duyguyu kendine çeker. Projenin yani amacın başından itibaren çocuk, ebeveyninin başına gelen her şeyi kişisel algılar. Bilinçsiz olarak bu projeyi üstlenir ve bunu kendi yaşam amacı olarak tanımlar. Proje-amaç çocuk, ana rahmine düştüğü andan hatta öncesinden itibaren ailesinin hayatında olan biten her şeyi kaydeder (doğumun 18 ay öncesinden bir yaşına kadar olan süre; toplam 30 ay). Bütün bu kayıtlar onun yarınını oluşturur.

Aslında herkes için, "biyolojik ebeveynleri" tarafından onun adına programlanan bir amaç vardır. Bu programlama ebeveynin bilincindekilerle yapılmaz. Ebeveynler bu amacı bilinçsiz olarak hazırlar ve bebeği farkına varmadan bir amaca bağlarlar. Bu programlama ebeveynin bilinçdışındadır; bilincinde değil. Bilinç düzeyine çıkmadığı sürece de birey bu amaca bağlı kalmaya devam eder. Bu her anne-babanın yaptığı bir şeydir. Yalnız, projelerin bazılarını yerine getirmek hoş olsa da bazıları korkunçtur. Ve bu durum bebeği cidden kaotik bir hayata sürükler.

Bizi utandıran, çözemediğimiz herhangi bir problem... Henüz anne karnındayken kaydedilen bu hikâye yetişkin hayatımızın senaryosu haline gelir ve biz farkına varana kadar durmadan tekrarlanır. Ancak farkındalıkla bundan özgürleşme ve değiştirme izni veririz kendimize.

"Bilincimize çıkmayan her şey kaderimize dönüşür" sözünü söyleyen Carl G. Jung da tam olarak bahsettiğimiz konuya işaret etmiştir.

Örneklerle kişinin yaşam kalıplarını, nasıl bir kaderi olacağını, işlerini, hastalıklarını, hayattaki amacını nasıl belirlediğine bir göz atalım.

Binlerce şekilde istismar ediliriz. Yetişkin olduğumuz zaman, çocukluğumuzda maruz kaldığımız istismarları, bir başka istismara neden olacak şekilde yeniden oluşturma eğilimi içindeyiz. Zihinsel istismarlar, dil istismarları, duygusal istismarlar, cinsel istismarlar, maddi istismarlar, varoluş istismarları...

Birisi bana var olma, kendim olma imkânı vermedi, kim olduğumu görmedi, farklı olmamı istedi, bana bir hayat verdiler ama bu hayat bana ait değildi, erkek çocuk istemişti ama ben kızdım.... Birileri görmeme, dinlememe, söylememe izin vermedi, işittiklerim ise benim için doğru değildi.

Cinsel istismara gelince, bu düşünüldüğünden daha da yaygın olandır. İstismarın yanında suç atma listesi de oldukça uzundur: "Evlenmemiz senin hatan, bana yük oluyordun, hayatım senin yüzünden mahvoldu, ayrılmak istedin, bize ihanet ettin, bizim gibi düşünmüyorsun, bizi gölgede bırakmak istiyorsun"... İşte tüm bunlarla başarısızlık ve değer düşürme şeklini alan istismar oluşur. Ve tüm bunlara maruz kalan bebek, hayatının akışında farklı bedeller ödemek zorunda kalır.

Bu dünyaya yanında kocaman bir bavulla gelmiş olabilirsin, çok ağır bir bavul... Suç yok, suçlama yok, suçlu yok. Duygusal yük yüklemek de yok. Bunlar olmazsa değersizlik inancıyla travma sahibi olan bir çocuk da olmaz. Başta bunlar olmazsa geleceğinde değersizlik sarmalına düşmüş ve sürekli acı çeken bir insan da olmaz. Mutlu bir gelecek için geçmişe travmatik tohumlar ekmeme şartı vardır.

"Mutlu bir çocukluğa sahip olmak için asla çok geç değildir."

Geçmişin Hasarlı Duygusu Bugüne Yansıdığında: Aktarım

Psikolojik açıdan "aktarım"; geçmişteki hasar almış duyguları bugüne taşıma, yaşamımızda eski senaryoları devam ettirerek şu an ilişkide olduğumuz kişilere yükleme durumudur.

Aktarım, çok yüksek oranda ebeveynlerimizden bize kodlanmış olsa da çözüme kavuşmayan problemlerimizi yüzeye çıkaracak her türlü ilişkiye bu hasarlı duygular yansıyor olabilir.

Geçmişten kurtulup önümüze bakmayı istesek, geçmişte yaşanan acı dolu duyguları geride bırakmayı arzu etsek de bunların çoğundan kendiliğinden kurtulamayız. Travmatik anıyı taşıyan her ruh, geçmişte yara aldığı duyguyu düzeltmeye çalışır. Sürekli olarak tekrarlamaya programlanmış gibidir. Geçmişten bugünümüze uzanan bu temayı eşimiz, sevgilimiz, arkadaşlarımız veya iletişim halinde olduğumuz herkeste gözlemlememiz mümkündür. Ve bunu fark etmeden yaparız.

Sistem eskide kaldığını düşündüğü acı dolu duyguyu, kendi içinde saklı tutarak bugün hayatında var olan yeni bireylere aktarırken, birçok farklı duyguya da girebilir. Bu bazen bir öfke, bazen bir utanç, bazen de saplantılı bir sevme hali olabilir. Sevilmeme, küserek sevdiğini saklama, hakaret ederek öfke gösterme gibi her türlü duygu, aktarımın ana temasını oluşturabilir. Geçmişte hasar alan duygunun gelecekte aynı duyguyla eşleşmesi diye bir zorunluluk yoktur. Yani sevgi görmemiş bir kişi sevgi göstermeyecek anlamına gelmez. Bazen geçmişte sevgi göremediği için şimdi eşine küserek sürekli sevgi ister ve bu yıllarca sürebilir. Bu örüntü sadece duyguyu geçmişten alıp gelecekteki kişiye yapıştırmak şeklinde de olmaz. Aktarım örüntüsü; isteklerin, algıların, tepkilerin, yaklaşım ve yargıların bilinçsiz bir şekilde yer değiştirerek duygularımız aracılığıyla şu anda ilişkide olduğumuz insanlara yönelmesidir. Eşimize olan hayranlığımızın aktarımı, eski sevgilimize benzemesi de olabilir, onu babamız gibi görüyor olmamız da. Burada hasarlı duygunuzun kime yansıdığını düşünmek kadar farkında olmadan kimi kimin yerine koyduğunuza da bakmak gerekir.

Bu konu size "tekrar etme zorlantısı"nı hatırlatabilir ama ikisi aynı şey değildir. Orada, bir örüntünün eskiden öğrenilip bilinçaltının aynı şeyi gelecekte tekrar tekrar yaşatarak çözümlemeye çalışması vardır. Burada ise eskide kalan travmatize olmuş bir duygunun farkında olmadan bugünün olaylarına yansımasından bahsediyoruz.

Çıkmaz bir sarmal haline gelen ilişkimize dair hissettiğimiz çözülmemiş duygular, bugünkü hayatımızı da şekillendirir. Şekillendirmesi bir yana, en olumsuz travmaların ve ağır sonuçlarının duygularını sistem daima ileriye taşır. Örneğin kardeşinizin eski kıyafetleriyle büyümek size çok ağır gelmiş ve hakkınızın yendiği duygu temasıyla büyümüşsünüzdür. Yetişkin bir birey olduğunuzda trafikte anlamsızca yaptığınız kavgalar "hakkım yeniyor" temasıyla sizi saldırganlaştırır. O kavganın veya sinir harbinin sizi içine attığı tehlikeleri, riskleri ve ruhsal bozuklukları düşünürken bu duygunun ruhunuza önceden giydirildiğini fark etmezsiniz. Yani eskiden canınızı yakmış o duyguyu bugüne böyle aktarırsınız.

Bir başka açıdan baktığımızda, iletişim kanallarının tamamı kapanmış, tükenmiş ama boşanamamış bir annenin bütün ilgisini oğluna aktarması da aktarımın başka bir örneğidir. Oğlu ile sinemaya gitmek, onunla uyumak ve tüm sosyal hayatını ona göre programlamak... İlginin olumlu görünmesi sizleri yanıltabilir, ancak zamanında hasar almış bir duygu ile bugün çocuğa aktarılan ilgi, çocuğun hayatını altüst edebilir. Yoğun baskı altında kalan ve sürekli annesinin eşinden alamadığı ilgiyi ona vermesi istenen bir çocuk, ya da sevme ihtiyacını karşılamak için kocaya verilemeyen sevginin çocuğa akıtılması... Çocuk annenin ilgisine kendini kaptırıp sosyal hayattan uzaklaşabileceği gibi, tam tersine bu yoğun ilgiden boğulup evden kopmak da isteyebilir.

Aktarımla gelen hiçbir duygu sağlıklı değildir. Aktarımla gelen hasarlı duyguların saplantılı olma ihtimali de vardır.

Örneğin babanızın sizi daima eleştirmesi üzerine hissettiğiniz güçsüzlükle bugün patronunuzun yaptığı eleştiri karşısında hissettiğiniz güçsüzlük aynı aktarımın eseridir. Önyargı bile bundan kaynaklanır. Siz bunun geçmişinizden gelen bir durum olduğunu çözümlemezseniz patronunuza, babanıza hissettiğiniz öfkenizi aktarabilirsiniz. Ne yazık ki aktarım, en çok ikili ilişkilerimizde ortaya çıkar ve hayatımızı zorlaştırır. Bir yandan da derinden "farkına var artık" diyerek bizi düzlüğe çıkarmak isteyen bir mekanizma gibidir.

Geçmişin faturalarını şu ana kesme durumunun en etkili panzehri farkındalıktır. Farkındalık kolay gibi görünen ve her problemin çözümüne sıkıştırılan bir kelime gibi dursa da kolay bir şey değildir. Geçmişten gelen, özellikle de hasar almış duyguların olduğu yerde içgörü çok zor olur.

Hasar almış duygu kırıklarının toplamı geçmişin travmasını oluştururken sizin kırık parçaları fark etmeniz, onları toplayıp yapıştırmaya yetmez. Hem fark edip hem de toparlamayı başarırsanız o değerli duygu yeniden açığa çıkar ve geçmişi tarihe gömebilirsiniz. Bunu bazen bir terapist, bazen de bir kitabın rehberliğinde yapabilirsiniz.

Geçmişten gelen tecrübeleriniz, duygu ve yaklaşımlarınız ne denli olumsuz olursa olsun o karanlıktan bize yeni duygular uyandırabilmesi mümkündür.

Böylece her karanlık geçmişin değerli bir özünün olabileceğini ve her yaşantının ruhsal farkındalığımızı derinleştirebileceğini kavrayabiliriz.

Aktarımlarımıza ilişkin ne kadar çok farkındalık kazanırsak, kendimize dair keşfimiz de o kadar derinleşir. Böylelikle geçmişten gelen açlıklarımızı geçmişe gömmemiz de bir o kadar mümkün olur.

Bugün yaşadığımız korku ve beklentilerimiz, genellikle geçmişimizi oluşturan anılarımızla ilintilidir. Biz farkında olmasak da pek çok an'ı yaşarken aktarım içerisinde oluruz. Bunun bir nedeni de, çocukluğumuzda ve yetişkinliğimizde yaşadığımız çözümlenmemiş ilişkilerimizi tekrar yaşamanın yolunu aramamızdır. Çünkü hiçbir duygu gizli saklı kalarak bize zarar vermek istemez. Zihinsel ve fiziksel mekanizmamız, bizi daima iyiliğe taşımak ister. Bu çaba, gizli kalmış dertlerimizi açığa vuracak ise kendimizi keşfetmemiz adına fayda da sağlayabilir.

Umuda dayalı aktarımda, sevdiğimiz kişilerin geçmişimizde eksik kalan şeyleri bize vermelerini bekleriz. Umutsuzluğa dayalı aktarımda ise geçmişimizdeki başarısızlıklarımızın yinelenaceğini düşünürüz. Zamanında anne ve babamız veya çok değer verdiğimiz bir kişi bizi hayal kırıklığına uğrattıysa eşimizin veya başka bir değerli arkadaşımızın da şu an aynısını yapacağını düşünür, bundan korkar ve kendimizi değersiz görürüz. Hatta yeni kişiyi olmayan bir şeyle bile suçlarız. Bu tarz ilişkilerimiz bizi acabalar ile dolu, zorlantılı bir tekrara düşürür.

Aktarım, zorlantılı tıkanık ilişkilerimizin şu anki yaşamımıza nasıl taşındığına ve ilişkilerimizi nasıl etkilediğine dair ipuçları içerir. Vereceğimiz örnekler konunun daha iyi anlaşılmasına ve kendi hayatımızda da benzer kesitler bulmamıza yardımcı olacaktır.

Ani Öfke Patlamaları

Ani öfke, genellikle bir aktarımın dışa vurumu olabilir. Örneğin kişinin çocukluğunda her hareketi annesi tarafından sürekli kontrol altında tutulmuşsa; özgürce hareket etme imkânı verilmemişse, kişi kendini baskı altında kalmış olarak tanımlar. Yetişkin yaşamında maruz kaldığı ilk baskıda, bu duygunun aktarımı açığa çıkar.

Mesela kişi rahat bir şekilde evinde otururken içeriden eşi seslenir: "Orada ne yapıyorsun?" Adam bu sesi duyunca bir anda anlamsız bir şekilde çıldırabilir. Çünkü yine bir kadının haksız baskısına ve denetimine maruz kaldığını hisseder ve eskiden gelen o birikim ile duyguyu karısına aktarır. Tabii bunun farkında bile değildir. Halbuki kişi durumu iyi değerlendirebilirse bu ani ve aşırı tepkisinin geçmişten gelen bir aktarım olduğunu anlayabilir. Yapması gereken, karısını suçlamak ve öfkesini ondan çıkarmak yerine, annesiyle olan sorununa yönelmek ve onu çözmeye çalışmaktır. Normal hayatta farkındalığı yüksek kişiler dahi bu örüntüyü fark edemeyebilirler. Bu yüzden bir uzmandan destek almak, geçmişin böyle bir yükünü üstünden atmayı sağlayabilir.

Bir başka örnekte ise bir kadın, eşinden genelde nazik davranışlar görse de, eşinin zaman zaman kendisine kaba davrandığını ama bunun nedenini bir türlü çözemediğini söyler. Yıllar boyunca neden böyle davrandığını anlamayan adam, eşiyle ilişkisi hakkında düşünürken aklına annesiyle yaşadığı ve aynı temayı taşıyan bir anının gelmesiyle aydınlanma yaşar.

Düşüncelerinde annesiyle eşini çoğu zaman karıştırdığını hatırlar ve annesinin ona gösterdiği kabalığın intikamını, hayatındaki bir diğer kadın olan eşinden aldığını fark eder. Burada kişi yaptığı aktarımı fark etmiş ve anlam veremediği çıkışların adını koymuştur. Bu farkındalıktan sonra yaptıklarının bilinçli olmadığını eşine açıklar ve yaşattıkları için özür diler. Fark ediş sonrası özür dileyip gerekeni yapma niyeti kişiyi düzlüğe çıkaracak en önemli adımdır.

Bir adam karısının, oğluna değer verdiğini, ona şefkat gösterdiğini, takdir edip sevdiğini görür ve kıskanabilir. Buradaki aktarım, karısının oğluna gösterdiği ilgi ve şefkatin ona annesi tarafından esirgenen şefkati hatırlatmasıdır. Bunun sonucu olarak da kıskançlık ortaya çıkmıştır. Babanın kıskançlığının ortadan kalkması, hayatındaki bu eksikliğin yasını tutmasıyla mümkündür. "Kayıp ve Yas" başlığında bu konunun çözümüne ilişkin farklı bilgiler bulabilirsiniz.

Aktarım, hayatın her döneminde ortaya çıkabilir. Bazen tetikleyici etmenlere gerek kalmadan yaşadığımız ikili ilişkilerde hemen bu ortamı hazırlayabiliriz. Neden? Çünkü insan zihni daima tanıdık olana gitmek ister. Tanıdık olan, bizim için hem en güvenilir hem de en basit olandır. İnsan, organizması gereği daima acıdan kaçarak hazza yönelir. Ve ilk yıllarda öğrendiği mekanizma her ne ise o ona haz verir. Örneğin çocukluk yıllarında duyguları daima acı mekanizmasıyla yoğrulmuş bir çocuk, yetişkinlik yıllarında da nöral bağlantıları gereği zorlu durumlar karşısında kendisine acı çektirmek isteyecektir.

Çocukluk dönemimizde başkaları tarafından suçlanmış isek, şimdi biri bize haklı olduğu bir öfke yöneltse bile suçlandığımızı hissederiz. Faydalı geri bildirimlerde dahi bizi eleştirdikleri duygusuna kapılırız. Ortada bir suçlama olmasa dahi kendi kendimizi suçlu ilan ederiz. Çünkü içimizden gelen ve bize tanıdık olan his budur. Gerçek olmasa bile bizim en büyük gerçeğimiz de budur!

Aktarım, yolunda gitmeyen ilişkileri neden ısrarla sürdürdüğümüzü açıklayabilir. Bu ilişkiye devam ederiz çünkü çocukluğumuzun loş ışıklarından ayrılmak istemeyiz. Oysa acı ve yarım kalmışlıklarla dolu olan geçmişimizi kenara bırakmak için geçmişin kederini yaşayıp onunla vedalaşmak gerekir.

Aktarım ile gelen her duygu, yeşeren her ilişki sakat doğmuştur. Geçmişte o duyguyu sakatlayan travma, geleceği de aynı şekilde etkilerken gözünü bile kırpmaz.

Aktarım yoluyla seçtiğimiz eşlerimizi, çocukluğumuzun yaralarını sarmak zorunda olan kişiler olarak görür ve onlardan bunu bekleriz. O halde kendimize şunu sormalıyız: Ruhum onda bu beklentiye girmeme sebep olan ne gördü? Belki de o kişi geçmişimizin karanlığını örtecek en iyi örtüydü. Yarım kalmışlıkların örtüsü. Peki kendine ait bir kişiliği ve hayatı olan birinden başkasının eksik bıraktıklarını tamamlamasını beklemek gerçekçi mi?

Kimliğimiz bir başkasının kimliğiyle iç içe girmişse, o kişi ile olan ilişkimiz yolunda gitmese bile ilişkiyi sonlandırmamız zor olacaktır. Bu, kendimizden pek çok şeyi karşımızdakine aktarmamızdan kaynaklanır. Bu sebeple, ilişkiye son verirsek hayatta kalamayacağımızı düşünür ve bundan kaçınırız.

Geçmişte yaşanmış otorite ile ilgili sorunlar, ani tepki gösterme veya sorgusuz sualsiz boyun eğme şeklinde kendini gösterir. Bu durumun sonucunda da kimseye güvenmeme ya da aşırı güvenme sorunu oluşur. Buna benzer tepkiler kişilerin ebeveynleri ile ilişkili aktarım işaretleridir. Yüksek beklenti içinde olan otoriter veya kontrolcü baba, çocuğunda öfke doğmasına neden olur ve bu öfke kişinin yetişkinliğinde başka bir otorite figürüne yönelir. Kızgınlık duruma özgü iken, öfke uzun yıllar süregelme potansiyelinde olan bir duygudur. Öfke gücünü hiçbir şekilde dile getirilmemiş ve telafi edilmemiş aşağılamalardan, haksızlıklardan ve hayal kırıklıklarından alır. "Sus, konuşma, bağırma, ağlama" tarzında engellemelere maruz kalmak ve yaşanan duyguyu ifade etmeye imkân bulamamak, yetişkinlik döneminde bastırılmış öfkenin şiddetli şekilde açığa çıkmasına neden olabilir.

Geçmişin travmalarıyla yüzleşip onları bir şekilde geride bırakmadığımız sürece, unuttuğumuz her anı kaçmaya çalıştığımız duygu olarak peşimizi bırakmaz. Geçmişimizde olanları, oldukları gibi kabul edip arkamızda bıraktıktan sonra günümüze odaklanabilir ve kendi öz farkındalığımızı arttırıp başarılı ilişkilere adım atabiliriz. Çoğumuz geçmişten kurtulmak ister fakat geçmişi tekrarlamaktan da vazgeçemeyiz. Bilinçsiz aktarımlarımızı fark etmedikçe de devam eder dururuz.

Aktarım tüm bu kaçınmalara ve susmalara rağmen hikâyenin anlatılmasına imkân sağlar. Haykırarak dile getiremediklerimizi davranışlarımızla dile getiririz. Ebeveynimizin veya hastalıklı ilişki yaşayıp tıkandığımız kişilerin bize vermeyi reddettiği şeyleri bilinçsiz şekilde eşimizden, sevgilimizden ya da en yakınlarımızdan bekleriz. Bize bunu vermesi için de farkında olmadan yoksun bırakıldıklarımızı uzun uzun anlatırız.

Bazen de sevgi konusunda cimri davranarak soğuk bir duruş sergiler ve ne kadar sevgisiz bırakılmış olduğumuzu herkese göstermek isteriz. Halbuki yetişkinlikteki ilişkilerimizde; çektiğimiz dikkate alınma, şefkat görme, takdir edilme, olduğumuz gibi kabul edilme özlemi dokunaklıdır ve geçmişin boşluklarını ortaya koyar. Bu boşluk hissi, geçmişin en büyük travmalarından biridir.

Önemli olan boşlukları tıkamak değil, boşlukların farkına varmak ve onların üzerine çalışmaktır. İşte o zaman yanımızdaki insanlar muhtaç olduğumuz için değil, gerçekten o olduğu için sevdiğimiz insanlar olacaktır.

Aktarım, bizim geçmişe dair sessizliğimizin şifresidir. Geçmişin bu sessiz çığlığında çözülmeyi bekleyen kodlar, anne babamızdan veya eski eşimizden, arkadaşımızdan geçmişte görmeyip şu anda hayatımızda olan kişilerden beklediğimiz davranışlar olabilir. Aktarımın en bariz göstergeleri; bir ilişkiyi yürümediği halde devam ettirmek, takıntılar, ani tepkiler, karşımızdakini nedensiz şekilde uzak veya çok yakın görmek, yapılan her hareketi üzerimize almak ve anlam çıkarmak, bütün eşlerin veya sevgililerin birbirine benzemesi, istemesek de anne-babamız gibi davranmak, filmlerdeki sahnelerde nedenini bilmeksizin fazla tepkiler vermek... Tüm bunlar kendi hikâyemizin yansımalarıdır. Bu duygular bize kendi olumlu veya olumsuz gizli niteliklerimize, hayallerimize, özlemimize, eksikliklerimize dair bilgiler verir.

Yapılması gereken, bu yansımaları bilinçdışına hapsetmek yerine fark etmektir. Amacımız aktarımı sonlandırmaktan önce, aktarımların altında yatan kodları ortaya çıkarmaktır. Aktarım çözüme giden yolda bizim için en iyileştirici etmenlerden biridir ve oldukça kıymetlidir. Birey, terapistine bir aktarım yapıyorsa orada iyileştirmeye açık bir yarası var demektir. Nasıl bir yaraya yavaş yavaş yaklaşıyorsak buna da aynı şekilde yaklaşmalı ve incitmeden pansuman yapmalıyız. Zaman içinde kurulan güven bağı sayesinde yarayı sararak onarmaya çalışırız.

Örneğin kişiyi annesi terk etmişse size de daima kendisini terk edeceğinizi düşünerek yaklaşır. Güven duymaz, sürekli bir kaçınma hali yaşar, randevuları unutur vs vs... Bazen fiziksel özelliklerimizle benzetiliriz, hatta bundan rahatsız olduklarını söylerler. "Sizin bu yapınız beni çok rahatsız ediyor," cümlesi ile bazen gözlerinizi, bazen fiziğinizi, bazen ellerinizi kendince eleştirir. Profesyonel bir kişi, kendi duygu durumlarını ve aktarımlarını çözümlediği için karşısındaki kişinin söyleminin kendisine dair olmadığını bilir. Bunun gerçekte kime dair bir duygu olduğunu merak eder ve sorusunu yöneltir. "Ellerim sana kimi hatırlatıyor?" Böylece geçmişten günümüze gelen bu kayıtların etkisini yumuşatabilir, hasar gören yanlarımızı bu kayıtlarla ortaya çıkarabiliriz. O zaman kendimizin elinden tutabilir ve destek olabiliriz.

Alfred Adler aktarımı, kendimizi kendi gücümüzden yoksun bırakmak ve bu gücü bir başkasının ellerine teslim etmek olarak tarif etmişti. Adler'in tanımı da aktarımın kendinden kaçarak yetişkin hayatında bile hissettiklerini başkasına yüklemek olduğunu anlatıyor. Eşimiz tarafından hissettirildiğini düşündüğümüz suçluluk duygusu nedeniyle ona yöneliriz, "Sen beni suçluyorsun," diye. Belki ortada bir suçluluk bile yokken bu hisse kapılırız. Ya da belki de cidden hata etmişizdir ama bunu görmezden gelerek karşımızdaki kişiye odaklanırız. Halbuki yetişkin bir insan kendi yaptıklarının sorumluluğunu alarak büyük olduğunu gösterir. Karşı tarafı suçlamak, bir ergen davranışıdır.

Geçmiş olayları bastırmaktan kurtulmak ve onları su yüzüne çıkarmak ilk anda şiddetli bir etki oluşturabilir. Yıllar boyu kabuk bağlayan bir yarayı açmak çok zordur. Tıpkı bir çocuğun odasına kilitlendikten sonra dışarı çıktığında öfkeli olması gibi farkına vardığımız her olay bizde şiddetli tepkiler oluşturabilir. Bunun nedeni, o olayları gerçekmiş gibi aktarmamızdır. Buradaki tüm örnek ve bilgiler kadar bir uzmanla gireceğiniz terapötik süreç bütün bunları ayırt edip anlamanızı sağlar.

Çözüme Giden Yoldaki Düşünceler

Farkındalık yolculuğumuz ilk olarak eldeki sorunu belirlemekle başlar. Sonrasında bu sorunun üzerinde çalışmak ve onu çözümlemek gerekir. Adını koyduğumuzda sorunumuzu da belirlemiş oluyoruz. Sonrasında eleştirel değil, dostane bir bakışla sorunun daha açık seçik şekilde ortaya serilmesini sağlarız.

Eşimiz-sevgilimiz, ilişkimizi etkileyen bir sorunun adını koymak veya çözümlemek konusunda çaba göstermeyi reddettiği zaman, yüzleşmek istemeyebileceğimiz bir durumla karşılaşırız. Eğer bu uzun süredir devam eden ve üzerinde konuşulamayan bir sorunsa geçmesini beklemek kendimizi geçici olarak yatıştırmaya yarar.

Çok uzun zamandır her türlü orta yolu bulma teklifini reddetmiş ve kesinlikle bununla ilgili bir şey yapmak istemeyen, aynı zamanda psikolojik desteği de reddeden bir eş, kişiye başka söz bırakmaz.

Bu durumda "Belki değişir," diye beklemek yerine, "Ben şimdi ne yapacağım?" sorusunu sormamız gerekir. Mevcut duruma yapışıp kalmanın ve uyuşturucu etkisinden kurtulmanın yolu cesaret ve farkındalıktan geçer. "Farkındalık" geçiştirici hatta topu taca atan bir kelime gibi görünse de gerçekten böyle başlar. Böylece kendimizde sorunun üzerinde çalışma cesareti buluruz. Hissedip de göremediklerimizin sorumluluğunu alırız, sonrasında bugün yaşadıklarımızın geçmişle bağlantısını anlarız. Duygularımız artık hem geçmişe hem de bugünümüze dair çifte işlev görür. Bilincine vardığımız her mesele, çözümlemeye açık hale gelir. Bu da bizi harekete geçirir. Artık farkına varılan her mesele şifalı bir dönüşüm şeklinde çözümlenmeye başlar. Basamaklar bilinçli olarak kat edildiğinde etkin bir değişime ulaşmamız mümkün olur ve hayatımızı yeniden şekillendirebiliriz.

Aktarıma Yenilmeden İlişki Kurma

Gerçek bir ilişki; korku, arzu, yargılama ve denetleme isteği, kuruntular gibi zihniyetimize ilişkin şeyleri işe karıştırmadan karşımızdakini dikkate almak, şefkat göstermek, kabul etmek ve olduğu gibi olmasına izin vermekle gerçekleşir. Belki de bu, bize karşı da gösterilmesini istediğimiz şeydir. Belki zihniyetimizin doğasını söküp atmamız mümkün olmaz fakat bu öğeleri iç dünyamızın öznesi ve dayanağı yapmadan paranteze alabiliriz. Tepkilerimizi fark edip adını koyduğumuzda bunu başarırız.

Aktarımların gözümüzü bağlamasına izin vermeden veya onlara yapışıp kalmadan şimdi ile ilişki kurabiliriz. Bilinçli olmak bizi geçmişin aktarımlarından, korktuğumuz veya arzu ettiğimiz gelecekten kurtarıp bugüne ulaştıran yegâne yoldur. Düşüncelerimizi direnç duygusu yaratmadan tanımladığımızda, adrenalin salgılamamıza yol açan tepkiselliğimizi yatıştırmamız mümkün olur.

Karşımızdakine ne hissettiğini, ne söylediğini sorarız ya da söylediklerinden bizim ne anladığımızı tekrarlarız. Böylece doğru anladığımızdan emin oluruz. Bu davranış, gerçekliğe sızmış olabilecek herhangi bir kuruntu veya aktarımı ortadan kaldırır. Böylece aktarımımızı bilinçli hale getirir ve aktarımımızın asıl öznesinin farkına varırız. Başkalarında bulmaya çalıştığımız şeyin çocukluğumuzda eksik kalan şey olduğunu anlarız.

Eleştirel Yaklaşım Hayatının Bir Parçası Olmuşsa

Geçmişte otorite sahibi karakterle yaşanılan deneyimlere dair yarım kalmış duygular işyerinde kendini açığa vurur. Bunu keşfetmek için çalışma arkadaşınıza veya patronunuza ilişkin iki olumlu iki olumsuz özellik düşünün. Sonrasında kendinize bu özelliklerin ailenizden birine, eski patronunuza/eski çalışma arkadaşınıza, eski eşinize/eski sevgilinize uyup uymadığını sorun. Örneğin patronunuz size karşı çok eleştirel olabilir ya da yaptıklarınıza çok değer vermiyor olabilir. Bu durumda annenizin size karşı çok eleştirel olduğunu veya babanızın yaptığınız hiçbir şeyden memnun olmadığını hatırlıyor olabilirsiniz. Örneğin bize psikolojik destek için gelen bir doktorun başhekimin masasına asla oturamaması durumunun altından babasına hissettiği korku çıkmıştı. Çünkü babasına dair hissettiği bu korkuyu diğer bir otorite figürü olan başhekimine aktarmıştı.

Eleştirildiğimiz zaman duyduğumuz üzüntüden dolayı duraklarız. Bizi üzen geribildirim içindeki gerçek kırıntılarını aradığımızda onu geçmişle ilişkilendirebilir ve aradaki enerji bağını anlayabiliriz. O zaman duygusal tepkimiz yatışır ve yerini aydınlanma alır.

Çevremizdeki insanlar tarafından sürekli eleştiri oklarına maruz kalıp aşağılanma ve yargılanma dolu bir hayat yaşadıysak bunu kabullenmiş olabiliriz. Bu eleştiri ve yargılarda bizi kıran ne varsa içimize atar, saklı tutar ve zamanla bunların bizden kaynaklandığına inanmaya başlarız. Kendi iç sesimizle de tüm bunları onaylamış oluruz. Aslında biz başkalarının okları ile kendimizi yargılar ve derinden yaralarız. Yedi yaşına kadar kişinin eleştiri yeteneği gelişmez. Bundan dolayı çevresinden gelen her türlü eleştiriyi kabul eder ve sorgulamadan öyle olduğuna inanır. O yaşta bir çocuk, nelerin ruhuna girmesine izin vereceğini seçmek için gerekli olan farkındalıktan yoksundur. Bu eleştirileri içimize alır ve orada muhafaza ederiz. Sonra da daha baştan kabullendiğimiz bu eleştirileri hayatımızın her döneminde kendimize yöneltiriz. Kendimizin yargıcı ve celladı oluruz ve bunu fark etmeden alışkanlık haline getiririz.

Tehlikeli olan şey, bu eleştirilerin hayatımızın vazgeçilmez parçası haline dönüşmesidir. Esas tehlike, annemizin eleştiri oklarından ziyade bizim hâlâ o okları içimizde taşımamız ve onun gibi davranacak, bize eleştiride bulunacak kişilerin arayışında olmamızdır. Tuhaf bir şekilde, ailemiz tarafından hakkımızda söylenenleri onaylayabilecek ve bunu devam ettirecek eşler ve ilişkiler ararız. Bu eleştiriler çözümlendiğinde, büyük etki yaratan şey eski gücünü kaybeder, geçmişin etkisi azalır. Dinginliğe, ruh sağlığına giden aydınlık ve dolaysız bir yola adım atılır. Bu ilk adım, bir şeye inanmaktan vazgeçip tersine inanmaya başlamamız değil, bu inancın tersinin *inanılabilirliğinin* içimize tesir etmesine izin vermemizdir.

Zor veya tacize uğrayarak geçmiş bir çocukluk, bizi kaçıp kurtulmak ve kalmak arasında sıkıştırıp bırakmıştır. Bu sıkışıp kalma hali, yetişkinlikte zıtlar arasında tereddütte kalma, güçsüzlük durumu olarak baş gösterebilir. Bu durumda kendimizi güçsüz diye tanımlamak yerine eskiden gelen yükün yansımalarından sıyrılmamız gerekir. "Burada harekete geçen nedir? Karanlık tarafım mı, benliğim mi, aktarımlarla tekrar yaşadığım çocukluğum mu?" Örneğin içimizdeki ses bize sevilmeye layık olmadığımızı söylüyorsa biz sevilmeye layık olduğumuz düşüncesinin nüfuz etmesine izin veririz. "Daha önce tehlike ve aşağılanmanın hüküm sürdüğü iç dünyamda şu an sevinç ve güvende olma duygusu yükseliyor" cümlesini tekrarlayarak aldığımız yolu hızlandırırız.

Sonuç

Aktarım sadece bir ilişki konusu değildir. Abinize olan öfkeniz, onun eskilerini giymenin verdiği hakkınızın yendiği teması, trafikte hakkım yeniyor temasına aktarılabilir. Ya da çocuğunuzu eşinizden kıskanmanız, annenizden alamadığınız sevginin aktarımı olabilir. Bu örnekler çoğalır gider. Yersiz biçimde ortaya çıkan her duygunun temasını doğru okumak gerekir. Çünkü altında geçmişin ağır bir yükü, aktarımı saklanıyor olabilir. Anlamsız yere trafikte önünüze geçen adama öfkeleniyorsanız temanın ne olduğunu kendinize sorarak çözüme başlayın. Kendi çocuğunuzu eşinizden kıskanmak size de anlamsız geliyorsa yine bu duygunun temasını sorgulayın. "Hayatındaki yeni kişinin nesine tahammül gösteremiyorsun?" sorusuna baktığınızda cevap ne ise onun geçmişteki izdüşümünü sorgulayın. Ya da bugün onun her türlü saçma davranışını bile kabul edip sakin kalabiliyorsanız yine aynı temanın geçmişteki halini sorgulayın.

Geçmiş geçmişte kalmadığı gibi bugünün her duygusuna, her zerresine sinerek bugününüzü berbat eden o büyük düşman olabilir.

Değersizlik İnancı

İnsanoğlu yaşamı boyunca iç kütüphanesini, hayat ve kendisiyle olan bilgilerini ve inançlarını barındıran kitaplarla doldurur. Tüm bu bilgiler ve inançlar dünyanın nasıl bir yer olduğuyla ilgili temel fikirlerimiz, o raflara koyduğumuz kitaplar ile oluşur. Burada en önemli olan, kendimize dair geliştirdiğimiz inanç rafıdır. "Ben değerli miyim?", "Yapabilir miyim?", "Seviliyor muyum?" sorularına verdiğimiz cevaplar biz farkında olalım ya da olmayalım, aynada kendimize olan bakışımızı etkiler. İşte kendimize dair edindiğimiz değersizlik inancı, henüz yapmadıklarımızdan tutun yaptıklarımıza duyduğumuz inanca kadar hayatımızı kökten etkiler.

Geçmişin yükleriyle birlikte gelen ve bugünkü hayatımızın seyrini tamamen değiştiren bu örüntünün çıkış noktasını bulup özgürleşme yollarını biraz açalım.

İnanç deyince akla yetişkinlikte öğrenilip zihne oturan bir kavram gelse de öyle değildir. Bizler henüz dünyanın ne olduğunu anlayamadığımız yaşlarımızda bile, dünyaya ve kendimize dair inançlar geliştirmeye başlarız. Bu yolculuk, anne karnındayken başlar.

Uzmanlar ve bilim bir bebeğin henüz anne karnındayken bile, annenin duygularını ve söylemlerini açıkça yorumlayarak kaydettiği konusunda hemfikir. Bu da demek oluyor ki bebek daha anne karnındayken bile olan bitenin farkında.

Bebek daha anne karnındayken kendisi hakkında olumsuz sözlerin söylenmesi değersizlik inancının ilk tohumlarıdır.

Olumsuz düşüncelerle dünyaya getirilen bir bebeğin göreceği davranışlar da hiç şüphesiz aynı yönde olacaktır. Annesi ya da babası tarafından istenmeyen bir bebek ve hakkında olumsuz söylemlerde bulunulan bir çevre, doğmamış bebeğin bilinçaltına olumsuz sinyaller yerleştirmek için yeterli bir zemindir. Bebek bu 9 aylık yaşam süresince kendiyle ilgili tüm bu olumsuz söylemleri duyar ve bilinçdışının temellerini teker teker oluşturmaya başlar.

İnsanın hayat hikâyesinde hatırlanamayacak kadar geçmişte bulunan bu kayıtlar değersizlik inancının temelini oluşturur.

Henüz anne karnındayken kendiyle alakalı olumsuz söylemleri kaydetmesinin ardından bebek dünyaya gelir. Dünyaya geldiğinde tüm sözlerini işitebilmesinin yanında artık insanları görebiliyordur. Tüm duyu organlarıyla dünyayı tanıyordur. İstenmeyen o bebek doğduktan sonra da yeterince ilgi ve sevgi göremediğinde değersizlik inancı büyür. İlgisiz tavırlar, susturulmak için doyurulmak, bir telefona esir edilmek ve sürekli komşu ya da akrabalara bırakılmak... Bebek, olan bitenin farkında değil gibi görünse de farkındadır. Tüm bu hisler, bir kartopunun yokuş aşağı yuvarlanırken büyümesi gibi büyüyerek kocaman bir inanca dönüşür. Değersizlik inancının ilk adımı anne karnındayken atılır demiştik. İkinci adımı, bebek daha 3 yaşına gelmeden atılır. Üçüncü adımı 7 yaşına kadar ona yapılan hakaretlerle, dayak ve "Sen ne anlarsın" sözleriyle atılır ve beton iyiden iyiye çocuğun üstüne dökülür. Son adım da evinde gördüğü muamele yetmiyor gibi, 12 yaşına kadar okuldan ve çevreden aldığı darbeler ile atılmış olur. Çocuğun bütün bu çocukluk serüveninde aldığı hasarların etkilerini fark eden aileleri, eşleri ve iş arkadaşları onun canını iyiden iyiye yakar ve bu değersizlik inancı devam eder. Kişi bazen bu inancı ergenliğinde, çoğu zaman ise evlendikten sonra eşi ve çevresinden duyduğu sözlerle fark eder.

Geçmişin ağır yüklerinden olan değersizlik inancı, geleceğe kurulu bir saat gibi gününü ve zamanını bekler. Bulduğu her fırsatta kişinin tavırlarına sızarak görünüşünden tavırlarına, iş hayatından aile hayatına her alanda kendini acımasızca gösterir.

Çocuklukta Bu İnancın Örülmesi

Değersizlik duygularının bebek için birleşerek bir inanca dönüşmesi pek çok davranış tarafından tetiklenir. Bunlardan en önemlisi, çocuğa yüklenen beklentilerdir. Çocuk kendisinin muhtaç olduğu ve en değer verdiği insanlar olan anne babasını sürekli olarak memnun etmek ister. Bu yüzden sürekli gözlerinin içine bakar. Anne babalar da çoğu zaman, fark etmeden çocuklarına kendi geçmişlerinden getirdikleri beklentileri yüklerler. Bu beklentiler bir de çocuğun yaşından beklenmedik şeylerse çocuk çaresiz kalır. Beklentiler karşılanmadığında ebeveynlerin tutumu çocuğu değersiz hissettirecek hareketler ise çocuk kendini değersiz hissettikçe boşluğa düşmeye başlar. Kendini değersiz görmeye başladığı için "ben yapamam" düşüncesine kapılarak yapabildiği işleri de başaramamaya başlar. Yapamadıkları için bu sefer daha ağır sözler işitir ve bu süreç bir kısır döngüye dönüşür. Görüldüğü gibi değersizlik inancı birikerek devam ediyor. İlk aşamada beklentiler, sonra beklentilerin karşılanmaması ve sonrasında ebeveynin tepkisi. Tüm bu aşamalardan birinde bile ebeveyn bu durumun farkına vararak değişseydi, değersizlik inancı çocuğun kaderi olmayacaktı.

Değersizlik İnancının Sonuçları

Değersizlik inancı, bilinçdışının engin topraklarında büyük bir dağ olarak insan yaşamını çok farklı şekillerde etkiler. Bu inanç sonrası, insanlar farklı farklı tepkiler verirler. Kimileri değersizlik inancı sebebiyle diğer insanları kendinden üstün görerek kendini toplumdan soyutlamaya çalışabilirken kimileri de diğerlerini değersiz hissettirmeye çalışarak bastırdığı değersizlik duygusunu en aza indirmek ister. Bu durumla böyle başa çıktığını düşünür. Bir başka grup insan ise hayatı boyunca, çevresine ama en çok da kendine değerli olduğunu kanıtlamak için başarıdan başarıya koşar. Ama kendinin değerli olduğuna inanmadığı için her başarı sonrası ayağı takılarak mutsuzluk girdabına düşer.

Değersizlik inancı dendiğinde aklınıza toplum içerisinde başarısız olan, insanları kırmaktan oldukça çekinen ve farklılıklarını göstermeyerek kendine güvenmeyen kişiler gelebilir. Evet, bu kişilerde de değersizlik inancı olabilir. Fakat özellikle toplumumuzda bu inancın yaygınlığını düşündüğümüzde, bu şekilde davranan insanlar sadece değersizlik inancına sahip olanların bir bölümü oluşturur. Dr. Bülent Uran'ın *Değersizlik İnancı* adlı kitabında bu durumu üçe ayırdığını görüyoruz. Tümü değersizlik inancına sahip ama davranış tepkileri olarak farklılaşan bu grupları şu şekilde açıklayabiliriz:

1. Grup: Adeta kendini değerliymiş gibi pazarlamaya çalışan bir gruptur. Bu gruptakiler kendi içlerinde değersizlik inancının rahatsız ediciliğiyle baş etmek için sürekli olarak çok değerlilermiş gibi davranırlar. Her girdikleri ortamda fark edilmek isterler. Yaptıkları her işte en iyi dereceye ulaşmak ve güçlü görünmek isterler. Bu yönleriyle oldukça mükemmeliyetçi olduklarını söyleyebiliriz. Onlar için her iş aşılması gereken önemli bir hedeftir ve en iyi haliyle aşılmalıdır. Fakat hayatlarını bir zindan haline getiren şey, yollarına çıkan tüm hedefi en mükemmel haliyle aşıp bir türlü memnun olamamalarıdır. Çünkü tüm yaptıklarının temelinde kendilerine duydukları değersizlik inancı yatar.

2. Grup: Bu gruptaki kişiler değersizlik inançlarıyla baş etmek için değersizliklerini başkalarına yansıtır. "Ben değersizim" diye kodladıkları inançları, "diğerleri değersizdir" olarak farklı bir şekle bürünür. Değersizlik inancını en derinlerinde hisseden bu insanlar, çevrelerine karşı sürekli eleştirel bir tavır sergilerler. Problemi sürekli olarak karşı tarafta gördükleri için çabuk ve sık öfkelenirler. Bu grubun en belirgin özelliği devamlı savunma yapmalarıdır. Basit bir konuyla alakalı bir durumda bile çabucak savunma yapmaya koyulurlar. Sürekli olarak 'ama', 'çünkü' şeklinde bağlaçlarla yaptıklarını savunurlar. Bu insanlar için bir kere olsun "Evet, öyle istedim ve öyle yaptım" demek neredeyse imkânsızdır. Çünkü her zaman onları bu duruma iten bir şey vardır, onlar, ne yazık ki kendilerini bir şeyin nedeni olamayacak kadar değersiz olarak görürler.

3. Grup: Değersizlik inancı altında tam anlamıyla ezilmiş olanlardır. Bu kişilerdeki değersizlik inancı diğer gruplara göre daha görünürdür. Kendilerinden çok başkalarını düşünür, insanları kırmaktan çok korkarlar. Eleştiriden kaçarlar çünkü eleştiriyle başa çıkamayacak kadar güçsüz olduklarına inanırlar. İlk grubun aksine bu gruptakilerin en büyük hayali görünmez olmaktır. İnsanlardan kaçarken ve onlar tarafından fark edilmek istemezken delicesine insanların onayını bekler ve sosyal gruplara katılmayı arzu ederler.

Tüm bu gruplar değersizlik inancının ağırlığıyla bambaşka yollarla baş etmeye çalışır. Ama hiçbirinin yöntemi tam anlamıyla işe yaramaz. Çünkü akademik ya da ekonomik başarılar, değersizliği başkalarına yansıtmaya çalışmak ya da kendini insanlardan büsbütün ayrı tutma çabası insanın içindeki ateşi söndürmez. İnsan kendine değer vermezse tüm dünya toplansa ona kendini değerli hissettiremez. İşte insanın çok küçükken edindiği bu inanç bir ateş gibi etrafını sarar. İnsan kendinden kaçamaz ya, yine de kaçmaya çalışırken canı yanar da kaçmayı beceremez.

Değersizlik inancı sadece insana değil toplumlara da ait olabilir. Bir millet bile değersizlik inancına sahip olabilir. Bu durumda aynı insanların verdiği tepkileri verir kendini değersiz bulan o millet. Sürekli kendini diğer milletlerle kıyaslayarak diğer milletleri kötüleyebilir ya da azınlık gibi izole bir yaşam sürer. Kendi milletiyle ya da ülkesiyle alakalı meselelerden sürekli olarak bahseden toplulukları düşünün. Bu toplum gerçek manada değerli olduğuna inansaydı bunu insanların gözüne sokmaya çalışır mıydı? Değersizlik inancı hem insan hem topluluklar için temel bir meseledir.

Burada bilmemiz gereken önemli bir husus var. Tüm bu tepkiler özgür irade dahilinde gözüküyor olabilir. Bir bakıma da öyledir. Fakat önemli olan, tercih edilende geçmişin kukla oynatıcılarının önemli bir payı olup olmadığıdır. Evet, o insan ya da o toplum yalnız kalmayı tercih etti diyebiliriz. Bu gayet tabii bir seçim olarak da gözükebilir. Fakat 'neden' sorusunu sormak gerek. Bu insan ya da toplum hangi dinamiği sebebiyle böyle bir seçim yapıyor? Eğer derine indiğimizde ulaşılan cevap, değersizlik hissinin kişinin iplerini o yönde çektiği için bu şekilde davrandığını gösteriyorsa, değişmesi gereken şeyler var demektir. Yaptıklarımızdan çok, onları neden yaptığımız önemlidir. Bu neden bizi çoğunlukla geçmişe götürür.

Değersizlik İnancı ile Başa Çıkma Yolları

Peki ya değersizlik inancı ile nasıl başa çıkmalıyız? Biz fark etmeden bu inanç köklerini zihnimizde çoktan salmışsa ne yapabiliriz? Öncelikle bu sorulara soracak kadar durumun farkındaysanız yolun önemli bir kısmını çoktan aşmışsınız demektir. Değersizlik öylesine temel, öylesine bilinçaltı düzeyinde olan bir inançtır ki fark etmek bazen bir ömür alır. Fakat değersizlik inancı sebebiyle gösterilen muhtemel davranışları kendinizde gözlemliyorsanız ve öğrendikten sonra aklınızda bir 'acaba' oluşmuşsa önemli bir adım atmışsınız demektir. Çoğu psikolojik olguda olduğu gibi, içinde bulunulan durumun farkında olmak ilk ve en önemli adımdır. Sonrasında değersizlik inancı sebebiyle yaptıklarınıza daha dikkat eder hale geleceksiniz. Dikkat ettikçe yapmamaya başlayacaksınız. Bu kadar basit mi, diyebilirsiniz. Aslında söylemesi kolay, yapması zor bir iş bu. Dünya tarihindeki pek çok düşünür insanın kendine yolculuğundan bahsetmiştir. Fakat bunca bahse rağmen bu yolculuğa çıkmak belki de dünyanın en zor işi olabilir.

Kısacası; "Bir insanın en önemli ilişkisi, kendi özüyle kurduğu ilişkidir. Bir insanın yaşamının anlamı ve temeli onun kendiyle kurduğu ilişkide yatar." Bu ilişkinin iyiliği bizim iyi oluş halimizle doğrudan alakalıdır. Yukarıda, insan kendine değer vermezse tüm dünya toplansa ona kendini değerli hissettiremez, demiştik. Şimdi ise insan eğer kendine değer verirse tüm dünya toplansa dahi ona kendini değersiz hissettiremez, demek istiyoruz. Geçmişin prangalarına rağmen insan kendine değer verdiği sürece hepsinden kurtulabilecektir. İnsanın ilk ihtiyacı, yine ilk önce kendisinedir.

Kayıp Hayaller Girdabı:
İkame Hayat

Yaşanamamış ve kalp ağrısı olarak içinize yer etmiş yarım kalmışlık hissinin evladınıza veya en yakınınıza yüklediği ağır yüktür ikame hayat. "Benim yapamadığımı sen yap" derken kişiye yeni bir hayat biçilir ve onun kişiliğine oturmayan, sırf siz istiyorsunuz diye girilecek bu yol onun ikame hayatın yükünü bir ömür taşımasına sebep olur. Kendinde yaşanamamış o duyguların başkasının hayatında yeniden yazılması ve tamamlanması isteği, çoğu zaman ikame hayatın yükünü alan kişinin üzerine oturmaz ve sancılı bir hayat sürmesine neden olur. İstenmeyen meslek, istenmeyen aile ve istenmeyen gelecek planları gibi...

Biz burada örneğin okula gönderilmeyen bir annenin yaşadığı acının kendisindeki etkilerinden çok, çocuğuna yüklediği anlamla onu ikame bir hayatın içerisine sokup geleceğini tehlikeye atmasından söz ediyoruz.

O yarım kalmışlık duygusunun verdiği kalp ağrısı, başka bir hayata yansır ve orada tamamlansa bile ikame kişiyi mutsuzluğa iter. Yaşanamamış hayaller sizin hayatınızı da ipotek altına almış, istemediğiniz ve ait olmadığınız bir hayatı yaşadığınızı düşünmek sizde devamlı bir sancıya dönüşmüşse, ikame hayat girdabına girmişsiniz demektir.

Geçmişin çok önemli bir sancısı olan ikame hayat, kişinin geleceği için en acı veren düşmanlardan biridir.

İkame hayat, kendini zorunda hissettiğin bir şeyin sana bir başkası tarafından dayatılmış olması durumuyken, aynı zamanda kendi yapamadıklarını çocuğuna ya da en yakınına yükleyip kendi hayallerini bu kişi üzerinden devam ettirme zorlantısıdır. Bu duygular size de çok tanıdık gelmişse, etrafınızda bu hissi yaşayan birileri var demektir.

Yarım kalmış ve ikame olarak başkasına yüklenen hayallerin başında eğitim gelir. İkame hayatta ebeveynin tutumu, kişinin bu duruma sürüklenmesinin en büyük etkeni olur. Örneğin babanın başarısız okul hayatı, çocuğu çok başarılı bir öğrenci olmak zorunda bırakabiliyor. Çocuk bazen bu zorunluluğu kendiliğinden almış kabul etmiş olsa da bunda anne babanın tutumunun çok etkisi oluyor. "Başarılı olmak zorundasın, ailen için, bizim için yapacaksın," gibi söylemler çocuğa bu zorunluğu yükler.

Kimi ebeveynler çocuğunun iyiliğini düşündüğüne inanarak "Ben yapamadım, aman oğlum yapsın, benim yoktu, onun olsun" veya "Biz oynayamadık, bizim oyuncağımız yoktu, çocuğumuza daha çok oyuncak alalım, benim odam olmadı, çocuğumun olsun, ben okula servisle gitmedim aman çocuğum gitsin" diye düşünerek çocuklarını ikame bir hayata sürükleyebiliyorlar. Bu yüklenen duygu, ikame kişinin tüm hayatını istemediği bir yönde değiştiriyorsa o kişi dönülmez yollara girdikten sonra bırakın mutsuz bir hayat sürmeyi, her yaptığı işte başarısız olmasıyla birlikte psikolojik hastalıklara kadar uzanan bir tehlikenin içine girebilir.

Örneğin bir annenin psikolog olmayı hayal edip ilkokuldan sonra okula gönderilmediği için, ressam olmak isteyen kızını zorla psikolojiye yönlendirmesi, kız bu hayatı seçmek zorunda kalırsa geleceğini komple bir tehlikenin içine atmış olabilir.

Aslında tüm bunların altında yatan temel neden; yapmak isteyip de yapamadıkları altında ezilmiş, evlatlarını çok zor şartlarda yetiştirmiş ebeveynlerin içlerinde taşıdıkları duygusal travmalardır. Travmalarını fark edip yüklerinden arınma yöntemlerine geçememiş birçok yetişkin, o travmaların verdiği acıyı böyle kapatmayı seçer.

İkame hayat yükünü taşıyan bir yetişkin, kendi isteklerinden uzaklaşır ve bir başkasının yapacaklarıyla yaşamaya kendini şartlar. İkame hayat örüntüsü geçmişin diğer yükleri gibi, geçmişte kalmayan ve farkında olunmadan bugüne getirilen yüklerin, kişinin geleceğini ipotek altına almasıdır.

Ahmet'in hikâyesi de bunlardan biridir. Ahmet ikame hayat yaşayan yetişkin bir bireydir. Babası, "ben yapamadım sen yap" tarzında olmasa da Ahmet'e birtakım sorumluluklar yüklemiştir. Özellikle okul hayatında sınavlarına çok önem verip 95 bile alsa sorun çıkarmış, "daha fazlasını alman gerekiyor" diye sürekli uyarmıştı. Ahmet bu baskılar sonucunda hayatı boyunca kendini çalışma zorunluğunun içine hapsetti. Çalışmayı öncelikli vazifesi haline getirip hep başarılı olmak zorunda hissetti. Babasının başarısız geçen ve yarım kalan eğitim hayatının yükünü üstüne alan ve yüklendiği bu sorumlulukla ikame bir hayat yaşayan Ahmet, içinde taşıdığı zorundalığı şöyle ifade ediyor:

"Başarısız olduğum bir an bile olmadı. Bütün okul hayatım birinciliklerle geçti. İkinci veya üçüncü olduğumu düşünemiyorum bile. Başarılı olmak benim bu hayattaki en önemli sorumluluğumdu aslında. Kendimi ona kodlamıştım. Aslında benim içimde başarılı olmak gibi bir derdim de yoktu. Babamın bana yüklediği bu baskının, çocukluğumdan itibaren sosyal hayatımın en büyük engeli olduğunu sizinle karşılaşınca anladım."

Ahmet örneğinde de görüldüğü gibi, aslında pek çok kişi öz yaşamından uzaklaşıp kendi isteklerini sorgulamadan, hayatını ona dayatılanlarla devam ettiriyor. Ahmet aslında başarısızlığı da tatmak istiyordu. "Ya başaramazsam" yükünü omuzlarında taşımak istemiyordu. Fakat başarısız ve kötü bir eğitim hayatı geçiren babasının tutumları ona bu duygusal yükü yüklemişti ve bu yük giderek onun hayatı için travmatik bir etkiye sebep oldu.

Biz de bir ikame hayat yaşayıp yaşamadığımızı anlamak için kendimize şunu sormalıyız: Başarılı olma fikri benim isteğim mi yoksa bana dayatılan mı? Hiç evlenmeyeceğim fikri benden mi geliyor ailemden mi? Bu mesleği ben mi seçtim yoksa bana bunun doğru olduğu mu öğretildi? Yaptığım işten gerçekten mutlu muyum? Bu aile, bu şehir benim seçimim mi yoksa farkında olmadan önüme mi sürüldü?

Bunu ayırt edebilmek çok kolay olmayabilir. Bir ömür boyu içinde yaşadığımız ikame hayat, artık üzerimize sinmiş ve gerçekte ne hissettiğimizi sorgulamaz gelmiş de olabiliriz. Kendi kendimize hayal dünyamıza engeller koymuş ve kendimizi bu zorunluluklarla yaşamaya alıştırmış olabiliriz. Bu durumda bize yüklenen sorumlulukları gerçekleştirmeye adarız ömrümüzü. Hayat tarzımızı çoktan ikame hayata göre şekillendirmiş oluruz.

İkame hayat örüntüsünü mimarlık, mühendislik, doktorluk ve sanatçılık gibi birçok popüler mesleğin içinde sıkça görebiliriz. Çocuklarının kişiliğine, ruh yapısına uygun olmayan birçok mesleği evlatlarına dayatan aileler, onları nasıl zor bir durumla karşı karşıya bıraktıklarını çoğu zaman fark etmezler.

İkame hayatın en sinsi hali, kişinin onun iyiliği için düşünülen zorundalıkları hayat gayesi edinmesidir. Kişi bu mecburiyetle yaşamaya çalışır. Kendini buna şartlar. Kendi ruhuna ve yeteneklerine göre hayal ettiği bir hayat yoktur, ona dayatılan ve olmak zorunda olduğu bir geleceğe şartlanmıştır. Kendinden önce ailesini mutlu etmek zorundadır. Onların takdirini kazanıp onayları ile mutlu olacağını zanneden kişi, gelecekte kendini nelerin beklediğini hesaba bile katmaz.

İkame hayat girdabında yaşayan kişi çoğu zaman bunun farkında olmaz. Kendini huzursuz, mutsuz ve sürekli başarısız hisseder. İş hayatını sorgular, elinden gelen her şeyi yaptığı halde bir şeyler hep kötü gider. Adını koyamadığı bu durum aslında ikame hayatın getirdiği girdaptır. Sürekli aşağı doğru çekilir, çıkmak istedikçe batar, en iyi ihtimalle sürekli bir mutsuzluk hali yaşar. Çünkü bu yaşadığı hayat kendine ait değildir, ikame bir hayatın tam içindedir.

Başkasına ait hayalleri, yarım kalmış işleri, tamamlanmayanları, geçmişten gelen zorunlu bir görevmiş gibi gerçekleştirmeye çalışır. Her bir söylem omuzlarına yük yükler.

İkame hayatın kişiyi kendi olmaktan alıkoyan travmatik bir yük olduğunu anlamak, o yükün sadece aile bireyleri tarafından dayatıldığı anlamına gelmeyebilir. Kişinin hassas yapısı, ailesini mutlu etme isteği de onun ikame hayatı üstlenmesine sebep olabilir.

Mesela küçüklüğünde çok zorluk çekmiş bir baba, yaşam mücadelesine erken başladığı için okuyamaz. Hayatının ilerleyen yıllarında okumak istese de şartlar el vermediği için okuma isteği hep yarım kalır. Bu babanın çocuğu olarak dünyaya gelen bebek, büyüdüğünde babasının yarım kalmış hayatını tamamlamayı babası dayatmasa bile gaye edinebilir. Babanın sürekli dışa vurulan üzüntüsü, bu eksiklik ve travmatik yaşam döngüsü, çocuğu bu ikame yükünü kendi üstüne almaya itebilir. Bu noktada, aile büyükleri dikkatli olmak ve çocuğu doğru yönlendirmek zorundadır. Üniversite biter ama o travmanın etkilerini silmeye yetmez. Bir üniversite daha okur. Olmadı bir yüksek lisans daha, derken eğitim hayatıyla boğuşurken kendi hayatını ıskalar ve bir türlü mutlu olamaz. Bu travmatik döngü kişide öyle bir hale gelebilir ki kişi tüm ömrünü babası ölse dahi babasının yapamadığı ne varsa onları yapmaya adayabilir.

İkame hayaller üzerine kurulu bir yaşamda "yapmam gerekenler" diye kodladığı her şey ikame hayat sahibine bir ömür yük olur. Kendi olmak yerine, ikame yaşamın rolünü oynamaya devam eder. Bu güçlü bir bağ gibi görünen döngü, aslında en büyük duygusal yüktür ve yanlış kodlanmış bir geçmişin gelecek meselesidir. Yürünebilecek yeni yollar yürünemez, keşfedilecek yeni hayat pencereleri açılamaz olur.

İkame hayat sahibi kişinin yaşadığı her zorluk, normalinden çok daha ağır gelir ona. Çünkü başkasının hayatı onun omuzlarındadır. Kişi kendini o hayata sabitler ve tüm çabasıyla o ikame ettiği hayatın yarım kalmış boşluklarını doldurmaya çalışır. Bir süre sonra bu hal artık onun sorgulamadığı bir alışkanlık haline gelir.

Ülkemizde sıkça rastladığımız bu örüntüyü ortadan kaldırmanın en iyi yolu, kişinin fark ettiği andan itibaren kendi isteklerine odaklanmasıdır. Unuttuğu kendi hayalleri her zamankinden çok keşfedilmeye muhtaçtır. Altmış yaşından sonra alınacak bir üstü açık araba, bu kişi için geç kalınmış değildir. Kişi geçmişin yükünden kurtulmak için en çok geçmişle bağını kesmeli ve arkasına bakmadan hayallerine odaklanmalıdır. İstemediği bir hayatın gömleği her bedene büyük gelir. Kişi önce ona giydirilen bu gömleği üstünden çıkarmalı, bulunduğu yaşa ve şartlara takılmadan kendi isteklerine odaklanmalıdır. Kişi bir başkasının hayatını üstünden çıkarıp kendi olmaya başladığı andan itibaren rahatlamaya başlar. Farkındalığı arttıkça geçmişten gelen şartlanmışlıkları bırakır ve yükü hafifler. Böylece kendi öz yaşamına ulaşır ve esas mutluluğun başkalarını mutlu etmeye çalışmak yerine önce kendini mutlu etmek olduğunu anlar. Mutlu olmayan bir insan, yakınındakileri de mutlu edemez. Bu yüzden geçmişin yüklerinden kurtulup önce kendi mutluluğumuzu düşünmek, çözüme giden ilk adım olmalıdır.

Başkasının Yerine Doğmak: İkame Çocuk

"İkame" yani "yerine konan" çocuk, çocuklarının ölümünden sonra onun boşluğunu doldurmak amacıyla ikinci bir çocuk yapan ana babanın çocuğu için kullanılan bir ifadedir.

Ölen kardeşten ya da ölü doğan bir çocuktan hemen sonra doğan bir bebek sizce sadece kendisi olabilir mi? Ölüm ve doğumun arası çok kısaysa, annenin zihni ölen bebekte kalmaz mı? Kalır, çünkü henüz ölen bebeğin yası tamamlanmamıştır, bu yüzden onun eksikliğinin giderilmesi için düşünülen kişi artık ikame çocuktur. Bu niyetle girilmiş bir yolun, bu yeni can üzerinde illa ki olumlu veya olumsuz etkileri olacaktır.

Toplumumuzda, çocuk kayıplarından sonra anneden hemen yeni bir bebek yapıp durumu telafi etmesi, ölümü inkâr etmesi ve yeni bebeğiyle mutlu olması beklenir. Yani, doğacak yeni bebekten "anneyi iyileştirmesi" beklenir. Çocuğun omuzlarına böyle büyük bir misyon yüklenir. İşte bu, çocuğun hayatı boyunca taşıyacağı bir yük olur.

Bu çocuklara farklı bir birey değil de bir anının cisimleşmiş hali gibi davranıldığı sürece, bu yük çocuğun kendi olması için en büyük engele dönüşür. Hayatına bir var olma mücadelesi eşlik eder, zihninde özel biri olduğuna dair çelişik fikirler dolaşır. Pek çok ikame çocuk örneğinde görüldüğü gibi, ergenlik döneminden sonra özellikle sosyal ortamlara girememe, yüzde kızarma, aşırı terleme, çarpıntı hissi, ellerde titreme yakınmaları ortaya çıkabilir. Bunların yanı sıra aile, ölüm korkusundan dolayı ikame çocuğun üstüne çok fazla titreyip özel olma düşüncesini farklı şekilde yansıttığında narsisizm, gaddarlık ve etrafa zarar verme gibi davranışlar görülebilir.

Ünlü sürrealist ressam Salvador Dali de ikame bir çocuktur. Ailesi, yedi yaşında ölen abisinin adını ve anısını yaşatmak ve hem o acıdan kaçmak hem de acilen yerini doldurmak için onun ölümünden dokuz ay sonra Salvador Dali'nin dünyaya gelmesini sağlamıştır. Salvador Dali abisine ikizi kadar benziyordu. Ailesi Dali'ye hep abisinin ölümünü anlatıyor, onu sürekli abisinin mezarına götürüyordu. Salvador kimlik sorunu yaşamaya başladı. Kendini ailesine kanıtlamak, kendisinin de bir birey olduğunu onlara fark ettirmek için histeri krizleri geçirmeye ve dramatik hareketlerde bulunmaya başladı.

Geçmişin ikame yükünü üstlenen Dali, taşıdığı yükü daha iyi ifade etmek için abisini şöyle anlatıyor:

"Doğar doğmaz tapınılan bir ölünün ayak izlerinden yürümeye başladım. Beni severlerken halen onu seviyorlardı aslında, belki de benden çok onu. Babamın sevgisinin bu sınırları yaşamımın ilk gününden itibaren çok büyük bir yara oldu benim için."

Dali örneğinde görüldüğü gibi ikame çocuklar, bu duruma yaratıcılıkla da yanıt verebilirler. Yaşadıkları durum dış nesneleri algılamalarını farklılaştırıp bilinçdışının dışavurumunda yaratıcı bir etki oluşturabilir.

Bu konuda araştırmaları olan Lacan'a göre, anne yaşadığı kayıptan sonra kendini eksik hisseder, çocuk da annenin eksik bir uzvu olarak dünyaya gelir. İkinci bebekte, eksik olan parçayı tamamlama arzusu olur. Yani çocuk, anneyi tamamlamayı ve onun arzu nesnesi olmayı arzular. Hayatı boyunca bu kaybın ikamesinin peşinden koşar. Bu eksiklik hissi ve tamamlanma arzusu ömür boyunca da yakasını bırakmaz. Dali örneğinde sanat da bu kaybın, tamamlanma arzusunun ürünü olarak ortaya çıkar. Kendi yolunu bulma mücadelesinin dışa vurumu sanat yoluyla gerçekleşir. İkame çocuk olarak dünyaya gelen birinin hayatı nadiren de olsa bu travmanın büyütme gücüyle olumlu yönde seyredebilir. Ancak ikame çocuk olmanın duygusal bedeli her zaman ağırdır ve geçmişin nedeni en bilinmeyen travmaları arasında yer alabilir. Kişi ikame olduğunu fark etse bile o eksiklik hissi hayatının her alanında ruhunu içten içe yakar durur.

Değişmeyen şudur ki kişi kendini hep eksik hisseder, hem ebeveynini memnun etmeye, hem kendisini tamamlamaya çalışır durur. İkame çocuğu dünyaya getirmiş bir aile istemeden de olsa o çocuğa yeni bir birey gözüyle değil, eskisini yaşatan bir anıt gözüyle bakar. Bu durum toplumumuzda ölmüş babanın ya da sevilen bir kişinin isminin yeni doğan bir çocuğa verilmesiyle de oluşur. Bu çocuklarda da yine ölen bebeğin yerine dikilen anıt gibi aynı olumsuz reaksiyonlar baş gösterebilir. Narsisizm, gaddarlık ve etrafa zarar verme gibi eğilimler ikame olmanın zehirli meyveleri olabilir.

Ölen veya Gelmeyen Bebeğin Yası

Yas tutma süreci, kişinin kaybedildiğinin kabul edilip hissedilen duygular (üzüntü, suçluluk vb.) yatışana kadar sürer. Ölen kişiye ait zihinsel her şey, değerli birer anı haline geldiğinde, iyileşme gerçekleşebilir. Böylece ikinci çocuğa yüklenen, ölmüş kardeşe ait imaj ve onu yaşatma görevi, takıntı olmaktan çıkar ve çocuğu ikame halinden kurtarır. Artık ikame çocuk kendi içinde mahkûm olduğu taşıma görevinden kendi kimliğine doğru yol alır, içindeki geçmişe ait yükün ağırlığından kurtulur.

Kimliğini Kaybetmeye Teşne İkame Çocuk

Kişinin kendi kimliğini bulmasını engelleyen en büyük travmalardan biridir ikame çocuk olmak. Kişinin bugünü yaşaması ve kendi yolunu çizmesi için ölen çocuğun yaşanmayan yasının tutulması gereklidir. Böylece artık kişi ona yüklenen yükten kurtulur ve ölen çocuk değil, kendi olabildiği bir bircy olarak hayatına devam eder. Aksi halde tüm bunlar bilinçdışının yönlendirmesi olarak çocuğun bütün hayatını ya olumlu ya da olumsuz şekilde etkileyecektir. Belki de varlığına hiç ihtimal vermediğimiz ikame çocuk gibi yükler, yaşamımızı büyük ölçüde etkiler.

Artık bir çocuğu dünyaya getirirken ona bir proje amacı gibi değil, yeni bir birey olarak bakıp bir başkası adına hiçbir beklentiye girmeden kucağınıza almanız gerektiğini çok iyi biliyorsunuz. Size tanıdık gelebilecek bu hikâye, travmalarınızdan biri ise ondan kurtulmanız kadar, devam ettirdiğiniz nesillere de yansımaması büyük önem taşır.

Hayat Yolunda Üstüne Dökülen Beton: Öğrenilmiş Çaresizlik

Geçmişimizin prangalarından biridir öğrenilmiş çaresizlik... Bu kavramın ayrı ayrı kelimelerini incelediğimizde, 'çaresizlik' bize çok hüzünlü gelir. Kendi yaşamı karşısında dik durmak zorunda olan insan için 'çaresizlik' oldukça ağır bir kavramdır.

Çaresizlik öyle bir duygudur ki, bir şeyin olma ihtimaline dayalı umudumuzu alıp götürür.

Umut ise insanı ayakta tutan, bir şeyler başarıp geleceğe umutla bakmayı sağlayan yegâne duygudur. İnsan umudu olduğu sürece tüm olasılıkları hesaplar, imkânsız karşısında harekete geçme cesareti bulur. Umudu elinden alınmış bir kişi ne harekete geçebilir ne de geleceğe emin adımlarla yürüyebilir. Attığı her adım yarımdır ve sekteye uğrar. Eline aldığı her iş hüsranla sonuçlanır. İlişkilerinde bile ne adım atma cesareti olur, ne de kendini savunacak gücü. İnsanı yerinde saydırır. Gidemez ve yapamaz hissettirir. Çaresizlik duygusu öğrenilmiş bile olsa gün gelir öyle bir döngüye dönüşür ki bulunduğunuz yerden tekrar zemine çakılmanız için sizi arkadan iter. Bu duyguyla prangalanan insan, tüm imkânlar elinde olsa bile tepetaklak olmaya devam eder. Çünkü kişinin elindeki güce rağmen yapamayacağını düşünmesi, sistemi durdurmaya yeter. Yapacak donanımı olsa da yapamaz ve kendini hep olmaza sürükler. Çaresizlik, tek başına engellenmişlik hali olsa da 'öğrenilmiş çaresizlik' adı üstünde bize sonradan yüklenir. Tıpkı geçmişin diğer travmaları gibi bu lanet döngüyü öğrendiğimizden haberimiz bile olmaz.

Öğrenilmiş çaresizlik de geçmişin ağır yüklerinden biridir ve yine birincil bakıcılarımız ya da en yakın önemli karakterlerimiz tarafından bizlere yüklenir. Bugün şartlanmış bir şekilde daha başlamadan pes ediyorsak, yapmaya çalıştığımız her iş elimize yüzümüze bulaşıyorsa ve her ilişkiden aynı şablon başarısızlıkla ayrılıyorsak, zeminde bir öğrenilmiş çaresizlik durumu olabilir.

Öğrenilmiş çaresizlik geçmişten gelir. Temel olarak, kişinin herhangi bir durumda çok sayıda başarısızlığa uğrayarak, bir şeyler değişse de hiçbir şeyin değişmeyeceğini düşünmesi durumudur. Tanımı tam olarak bu olan öğrenilmiş çaresizlik aslında birçoğumuzun içinde yaşadığı ve çıkamadığı bir durumdur. Bir konuda çokça başarısızlığa uğramış kişi ya da bazen küçük yaşlarda hayatının birincil bakıcıları tarafından (anne, baba ya da öğretmen vb.) birkaç kez başarısızlığa uğratılmış kişinin tekrar denemekten vazgeçmesidir. Yani bu bir başlamadan vazgeçme halidir. Bir konuda başarısız olacağı fikrine sahip olan bir insan, şansını tekrar deneyebilir mi? Ne yazık ki bu inanç kalıbıyla ve çok derinlerde yatan başarısızlık hissiyle harekete geçemez ve yenildiği hiçbir şeyi yeniden deneyemez. Öğrenilmiş çaresizlik sarmalına kapılmış bir kişinin en büyük handikabı, bunu sadece başarısız olduğu alanla sınırlı tutmamasıdır.

Öğrenilmiş Çaresizliğin Tarihi

19.yüzyılda Ivan Pavlov'un koşullanma deneylerinin ardından öğrenme ile ilgili çokça araştırmalar yapılmaya başlandı. Bu alanda araştırma yapanlardan biri de Martin Seligman'dı. Seligman köpeklerle tasarladığı bir araştırma sonucu 'öğrenilmiş çaresizlik' kavramını ortaya attı. Bu araştırma köpeklerin şoktan kaçınması üzerine kurgulanmıştı. Köpekler kapalı bir kafes içerisinde şoka maruz bırakılıyorlardı. Şoka maruz kalan köpekler ilk denemelerde kaçmaya çalışıyor ama kafesin kapısı kapalı olduğu için dışarı çıkamıyorlardı. Tekrar tekrar şoka maruz kalan, kaçmaya çalışan ama kaçamayan köpekler bir süre sonra o kafesten kaçamayacaklarını öğreniyorlardı. Araştırmacılar, deneyin ilerleyen aşamalarında kafeslerin kapıları açıldığı halde, köpeklerin kaçmadığını hatta kaçmaya dahi çalışmadıklarını gördüler. Köpeklerin üçte ikisi kaçmaya dahi çalışmayan grupta yer aldı. Kalan köpekler de belli bir süre sonra kapının açık olduğunu fark ederek dışarı çıktılar.

Bu köpekler, ilk seferlerde kaçmaya çalıştıkları halde kaçamayacaklarını öğrendikleri için kaçabileceklerine dair umutlarını kaybettiler. Dolayısıyla kaçmayı akıllarından dahi geçiremeyecek bir çaresizlik içerisine düştüler. Seligman'ın köpeklerle yaptığı bu araştırma, köpeklerin hüzünlü halleri sebebiyle kendinizi kötü hissettirmiş olabilir. Fakat sadece köpeklerin değil biz insanların da böyle bir öğrenilmiş çaresizliğin içine düşmemiz tokat gibi bir gerçek olarak karşımıza çıkar.

Yapamayacağımızı Nasıl Öğreniriz?

Her birimizin denediğimiz halde başaramadığımız şeyler olmuştur hayatımızda. Eğer denemelerimizde birkaç defa başarısız olduysak artık o işi yapamayacağımızı düşünürüz. O durumla ilgili umudumuzu yitirir, kendimizde harekete geçme gücünü bulamayacak kadar çaresiz kalırız. Bu durumlar bize sınırlarımızı öğretir. Elbette herkesin belli bir sınırı vardır. Mesela yapmaya çalıştığımız şey elimizi ateşte çok uzun süre tutmak gibi bir şeyse, bunu tekrar tekrar yapıp da başaramadığımızda artık yapamayacağımızı öğrenmek hayatımızı kurtarabilir. Bu bağlamda belli sınırları öğrenmek işimize yarar. Fakat bazen yapabileceğimiz şeylerden de çevremiz veya şartlar tarafından engellendiğimiz için vazgeçeriz. Geçmişte yaşadığımız bu kısıtlayıcı öğrenmeler sebebiyle kendimize derin sınırlar çizebiliriz.

Pire Deneyi

Kendi zihnimizin koyduğu sınırların ötesine geçemememizin bir örneği olarak meşhur pire deneyinden bahsetmek istiyoruz. Pireler 30 cm'lik bir cam fanusun içine konulur. Alttan ısıtılan fanusun içindeki pireler zıplar ve dışarı çıkarlar. Doğal olanı da budur, yanmamak için ortamdan kaçmak. Sonra fanusun üstü kapatılır. Fanus yine alttan ısıtılınca pireler zıplar ama bu sefer kapağa çarparlar. Bir kez dener, iki kez dener, ancak fanusun boyutu olan 30 cm kadar zıplayabilirler. Alttan ısıyı verdikçe zıplamaktan vazgeçmez ama burada bir şey öğrenirler: "30 cm'den fazla zıplayamıyorum." Sonra zamanla kapak açılır ancak gelin görün ki bizim pireler 30 cm'den fazla zıplamazlar. Kapağa çarpacakları korkusu onların daha fazla zıplamamalarına neden olur. Öğrendiklerinin dışına çıkamaz ve özgürlüklerine kavuşamazlar.

Bu durum günlük yaşamda 'Ben bu işi asla başaramam' gibi cümlelerde kendini gösterir. Bazen insan bir işe başlar ama onu durduran bir hayalet vardır adeta. Bu gizli güç onu durdurur ve uğraşmakta olduğu işte başarısız olur. Aynı zamanda yaptıkları işi sürekli yarım bırakan ya da yarı yoldayken vazgeçen insanların da öğrenilmiş çaresizlik içerisinde oldukları düşünülebilir. Bu gibi durumların nedeni, geçmişteki acı deneyimlerinden çıkarılan negatif şartlanmaların bugünkü davranışlara engel olmasıdır. Hayal kırıklığı, stres, üzüntü, kaygı, utanç duyguları kişinin önünde aşılamaz bir set gibidir. Herkesin yaptığını görür ancak kendisi bir adım dahi atamaz. Bu kişiler gerçek potansiyelini ve gerçek gücünü ortaya çıkaramaz.

Öğrenilmiş Çaresizliğin Tohumları

Geçmişte bazen bir insan, bazen de durumların kendisi tarafından engellenmiş olabiliriz. Örneğin sürekli "Dur, sen ne anlarsın" diye yaptığınız her şeyle alay eden bir abiniz ya da bir kardeşiniz varsa gelecekteki şartlanmalarınızın tohumunu onlar atabilir. Sınıfın ortasında yediğiniz bir tokat, gelecek eğitim hayatınızı yerle bir edebilir. İncitilerek engellendiğiniz her olay ruhunuzda derin izler bırakırken gelecekteki davranışlarınızın da resmini oluşturur. Altınızı ıslattığınızda utandırılmanız, yaptığınız bir şeyin kırılıp atılması, sürekli kuzenlerinizle veya komşunun çocuğuyla kıyaslanmanız, başarısızlık temelinin betonu olabilir. Kısa boyunuz, ses tonunuz veya tavırlarınızla alay edilmiş, renkli gözlerinize "nazarı değer" diye atıfta bulunulmuş, görünüşünüz, hareketleriniz, varlığınız ve söylediğiniz her söz ile alay konusu olmuş olabilirsiniz. Küçükken oyuncaklarınızla yaptığınız bir yemeğin beğenilmemesi, kırılıp incitilmeniz ve hatta ağladığınızda duyulmamanız, bugün yaptığınız her yemekte eşinize karşı mahcup hissetmenize sebep olabilir. Gözünün içine bakarak "Olmuş mu?" demenizdeki özgüvensizlik ne sizin ne de eşinizin suçudur. Bugün on kez düşünüp yine de adım atamadığınız şeylerin sebebi bugüne ait olmayabilir. Geçmişte yapamayacağınıza inandırılmanız, bugünkü güvensiz halinizin asıl sebebi olabilir.

Yaşadığınız bir anın veya yıllara yayılan incitici davranışların toplamından öğrenilmiş çaresizlik oluşabilir. Ruhunuzda derin yaralar açan ve bugün geçmişin travmasına dönmüş bu şartlanmalar, bazen anlık bir olayla bazen de uzun bir sürede şekillenir. Öğrendiğiniz o çaresizlik halinin gücü, yaşadığınız acı deneyimin sizde ne kadar ağır izler bıraktığıyla doğru orantılıdır. Acı ne kadar büyük ise gelecek o kadar hasar alır. En üzücü olanı da, o tohumun hangi yılda ve nerede ekildiğini bulmanız çoğu zaman imkânsızdır.

Bütün bu engellemelerin toplamı öğrenilmiş çaresizlik halini alır. Yapamadığımız ya da yapmaya dahi cesaret edemediğimiz şeyler, zihnimizde bizi kısıtlayan sınırlardan dolayı olabilir. Yaşadığımız bu durum, bazen fark edemeyeceğimiz kadar küçük bazen de hayatımızın gidişatını ciddi ölçüde etkileyecek kadar büyük ölçekte bir öğrenme olabilir. Çaresizliği öğrenmek, olmak istediğimiz ve olabileceğimiz yerlere ulaşmamızı zorlaştırır. Öğrenilmiş çaresizlik, hayatımızı etkileyen ve geçmişin bizi tutsak ettiği prangaların en ağır ve önemli olanlarından biridir. İşte size bütün yolları çıkmaz sandıran tohumlar, buralarda atılır.

Çözüme Giden Yollara Dair

"Yol" fikri güzelmiş. Farkına var, değişmeye gönüllü ol ve risk almaktan korkma. Her neyi yapamıyorsan üstüne git. Bu kitabın sayfalarında onlarca kez dediğimiz "farkındalık" kelimesini o kadar çok kullandık ki okuyan kişide ciddi derecede nefret uyandırmaya başlayabilir. Hatta bu nefretin sebebi geçmişten de gelmez, tam şu anda "O kadar kolaydı, gel sen farkında ol" dedirtir insana. Hatta "Ne farkındalıkmış arkadaş!" diye haklı haykırışlar bile dile getirebilir. Yine nasihat veren cümlelerin sıkıcılığı üstüne çökse de, psikolojide çözüme giden yol maalesef bu klasik "Farkına var" cümlesiyle başlar. Araç kullanırken önündeki köpeği bile görürsen durursun. Görmezsen durmaz, çarpar, o zaman durursun.

İşte bu tür travmatik durumlarda da bu işler şakaya gelmez. Sen onu görmezsen o zaten geçmişten geleceğe programlı saatli bomba gibidir ve önüne çıkmaz. Gelir arkadan çarpar, bir canlının tepetaklak olmasına sebep olur. O canlı, travmalarını görmeyen ve fark etmeyen sen oluyorsun. Bu hayat yolunda öyle istediğin gibi gidemezsin. Bir şeyleri görmek, gerektiğinde durmak, başkasına yol vermek ve bazı kurallara uymak zorundasın. Hayatın travmatik mobeseleri daima açıktır ve sen eve gitmeden faturayı ruhuna göndermeyi iyi bilir.

Kurallara uymak için önce ehliyetin olacak. Risk almaya, hatalardan korkmamaya ve farkına varıp değişmeye hazırsan direksiyona oturabilirsin. Çıktığın bu yol onlarca riskle dolu olsa da iç sesin daima tetikte olacak. Etrafının daima farkında olacaksın. "En iyi yol bildiğin yoldur" kuralını unutup yeni yollardan da gidebileceğini aklından çıkarmayacaksın. Kendini ve sınırlarını iyi tanıyacaksın. Yeteneklerini, yolları ve sınırlarını keşfetmeyi bileceksin. İstediğin saatte ve mevsimde yola çıkabilirsin. Çamur yoldan mı asfalttan mı gideceğin sana kalmış. Ama farkında olmadan çocukken gördüğün ve ilk öğrendiğin o yolu unut. Yeni yollar denemek ve risk almak bu yolun ana kuralı. Gerekirse karlı yola girecek, zincir takacaksın. Ellerin donsa da zinciri çıplak elle takıp o yolu gideceğinden emin olman zaten tekeri kaydırmaz. Zincir takmış kadar olursun. Hedefe ulaştığın her durakta dinlen, gereken enerjiyi al, ihtiyaçlarını gider ve kendini ödüllendir.

Unutma, sana yolun öğretildiği veya senin görüp öğrendiğin yıllar ile şimdiki arasında çok fark var. O zaman çocuktun. Ve sana o yolun doğru olduğu öğretilse de şimdi bildiğini okuma zamanı. Geçmişte öğrendiğin yollar şimdi kapanmış. Yani o yol hedefe çıkmaz. Boş ver o şehirde neler oluyor. Yola odaklan. Alışılagelmişliğin rahatlığı, risk almaktan korkman seni yeni yollar denemekten kaçındırıyorsa bu yazının diğerlerinden farkını düşün. Minicik bir fikir verebilir. Her şeye rağmen yola çıkmaktan korkup sonunu getiremeyeceğin bir şey olduğunu düşünüyorsan gel, bir uzmandan yardım al. Ne demişler? Yol var gidersen...

Kitabı buraya kadar siz diliyle yazıp neden burada "sen"e döndük anladınız mı? O farkındalık kelimesi bizim de canımızı sıktı. Neyse, biz de yola odaklanalım. Diğer sayfalara devam...

Suçu Yok Sayıp Karşıya Atmanın
Ustaca Yolu: Kurban Tuzağı

Hayatımızda farkında olmadan aldığımız roller vardır. Üstlendiğimiz bu roller bizi ağır yük altında bırakır.

Hayatları boyunca daima masum olan, herhangi bir davranışla alakalı suçu kabul etmeyen ve bu suçu kullanarak sizi provoke eden... Verdiğiniz tepkiyi bile size karşı kullanıp "Sen yapıyorsun, ben bir şey yapmıyorum" diye işin içinden sıyrılan... Yapılan bir davranışın doğurduğu olumsuz sonucun sorumluluğunu üzerine almayan, hatta daha siz demeden suçlanacağını anlayıp okları size yönelten kişiler sizin de karşınıza çıkıyor mu?

Birçok kişiye oldukça tanıdık gelen bu duruma biz kurban tuzağı diyoruz. Bu tuzağı kurup suçunu örtbas etmeye çalışan insanlarla muhakkak siz de karşılaşmışsınızdır. Hep bir çünküleri vardır ve hep savunma halindedirler. Herkes suçludur ama o asla suçlu değildir. Siz de bu tuzağın şiddetinden olan biteni göremez, ortada olan günahın bedelini üstünüze alır ve günahkâr ilan edilirsiniz.

Her türlü durumun içinden ustaca sıyrılmak için mağduru oynayan bu insanlar, kurban rolünü oynayarak sizi belli bir tuzağın içine düşürürler. Sonra bu tuzağın içinde kendilerini masum gösterip bütün suçu size atarlar. Nasıl olduğunu anlamadığınız bir şekilde, "Evet, ben galiba suçluyum" diyerek günahın bedelini üstünüze alır, kendinizi suçlu ilan edip yine özür dileyen, "Kesin ben hata yapmışımdır da bu duruma düşmüşüzdür" diyen siz olursunuz. Kişi bu tuzağı ve örüntüyü fark etmediği sürece ne yazık ki hayat bu kısır döngünün içinde sürer gider. Tuzağı kuran, bu sistemin içinde güçlendiği gibi, tuzağa düşüp kendini suçlu hisseden kişi günden güne kendini daha zayıf hisseder.

Bu döngü genelde ikili ilişkilerde ortaya çıkar. Daima masum görünen bir kişi vardır ve bu kişinin kibri ilişkiyi yakar, bitirir. Bu örüntü, hayatın içinde çok sık karşımıza çıkar.

Kurban tuzağını kurup suçlu olduğu halde size kendinizi kötü hissettirmeyi başaran kişilerin bu örüntüyü kendileri oluşturmazlar. Çocukluk yıllarına dayanan bu öğrenilmiş sistemi nereden aldıklarını iyi anlamak gerekir. Çözüm çoğu zaman en başa gidilip tuzağın öğrenildiği ilk kaynak fark edildiğinde başlar.

Sizi kısır döngünün içine sokan bu kişiler, hayatlarında bazen kurban, bazen kurtarıcı, bazen de zorba rolünü üstlenirler. Üzerinde bu derin yükü taşıyan sadece kurban değildir. Kurtarıcılık da zorba olmak da öğrenilen ve yükü çok ağır olan örüntülerdir. Genel anlamda konunun adı kurban tuzağı olsa da yükü bu üç rolden birinde olan herkes taşır. Kişinin bu üçlüden herhangi bir rolü kendine yük edinmesi, karşıdaki kişinin hayatını dar etmeye yeter.

Bu sistemi anlamak ve etkilerinden kurtulmak için rollerin ne zaman ve nerede oluştuğuna dikkat edilmesi gerekir. Bu, kilit noktadır. İnsan ilişkilerini derinden sarsan, ailelerin dağılma sebebi olabilen kurban tuzağı, kaybolmuş hayatların birer zehirli meyvesidir.

Tuzağı Oluşturan Şeytan Üçgeni: Kurban, Mağdur ve Zorba

İnsanın ilişkilerini öğrendiği ve kurguladığı ilk zaman, ilk çocukluk yıllarıdır. Çocuk kafasında bir örüntü belirler ve bunu hayatı boyunca sürekli kullanır. Kurban tuzağında bu örüntü, bir üçlemeden oluşur, kurban, zorba ve kurtarıcı. Zamanla bir şeytan üçgenine dönüşen bu alan, çoğu zaman çocukluk yıllarında anne, baba ve çocuktan oluşur.

Anne, baba ve çocuktan oluşan bu ilişkide kimi zaman anne kurban, baba zorba ve çocuk kurtarıcı olurken kimi zaman da roller değişir. Çocuğun kurtarıcı olduğu bu üçlemeyi ele alırsak, çocuk kurban olan annesini kurtaran kurtarıcı rolünü üstlenir. Zorba olan babasından annesini kurtarmaya çalışır.

Sürekli kurban rolünü oynayan anne, masum oldukça, ezildikçe zorbayı daha da provoke eder, kurtarıcı rolünü üstlenen çocuk da bunun farkına varmaz. Bu örüntü sürekli tekrar ettikçe farkındalık kazanılmaz ve çocuk sorunların bu şekilde çözüldüğünü düşünür. Aile içinde kurtarıcı olan çocuğun, hayatındaki diğer ilişkilerde kimi zaman kurban ya da zorba rolünde olduğunu görürüz. Yetişkinliğe ulaşamamış bireylerin, sorumluluklarıyla baş edememesi ve yaptıklarını üstlenmemesi, çocuğun karar verme becerisini de olumsuz etkiler. Bu sarmal, çocuğun ilk ilişki kurduğu ve karakterinin oluşumunda kritik bir öneme sahip olan anne ve babasının ilişkisini benimsemesiyle hayat bulur. İlk kurgulanan roller sürekli tekrarlanır. Birey büyüdüğünde öğrenilmiş bu kişiliği, herhangi bir çatışma durumunda kazanan olmak için haksızca kullanır. Bu örüntü kişinin bundan sonraki ilişkilerinde hayat boyu bahanesi olur. Çünkü bildiği başka bir rol yoktur.

Bu tuzaktan kurtulmanın yolu, ilk olarak üçgenin neresinde olduğunuzu fark etmekle başlar. Sonra, duygusal erişkinliğe ulaşıp sorumluluklarınızı üstlenmek gerekir. Çözümü masum olmakta aradıkça yapıcı değil, tam aksine herkes için, en önemlisi de kendiniz için yıkıcı bir yol tercih etmiş olursunuz. Önemli olan masum olmak değil, çözüme kavuşmaktır.

Bir deyim vardır, 'şapkayı önüne koyup düşünmek' diye. Kurban da zorba da bu örüntüde yaptığı yanlışları önüne koyup kendine şu soruları sormalıdır: "Yaptığım yanlış ne? O nerede yanlış yapıyor, ben nerede yanlış yapıyorum?"

Böyle bir muhasebe, durumu netleştirmede kişiye yardımcı olur.

Birçok insanın mutlaka böyle bir hikâyesi vardır. Kendi hikâyenizde bir kurban tuzağı varsa, hikâyenizdeki kişilere bir göz atın. Kim kurtarıcı, kim zorba? Siz hikâyenin neresindesiniz?

Örnek Hikâye

Randevularına hep geç kalan biri her seferinde sistemden şikâyet eder ve sürekli kendini haklı çıkaracak argümanlar ileri sürer. Kiminde trafik vardır, kaza olmuştur. Başka bir gün arabası çekilmiş veya evini su basmıştır. Ya da bir yakını hastanelik olmuştur. Randevusunu unutup gevşek davranan ve bunu hayatının her alanında alışkanlık haline getiren kişi bu suçu gizlemek ister. Bu yüzden ya bir öğrenci edasıyla en yakınını vefat ettirir, (elektrikler kesikti, ders çalışamadım) ya şehir dışına çıkmak zorunda kalmıştır veya hastanelik bir durumu vardır... Sistemi iyi bilen bir kişi eğer randevuyu veren kişiyse bu tuzağı anında fark eder. Kurban tuzağını kurup kendini mağdur gösterme gayreti tamamen suçu gizleme ve sorumluluğu karşıya atma çabasıdır. Randevu sahibi, saatinde kişiyi bekler ve tüm işlerini buna göre ayarladığı için karşı tarafa tekrarında uyulmasını istediği kurallardan bahseder. Mağdur olan kişi tam karşı tarafa durumu izah etmeye kalktığında, kurban tuzağını kurar ve mağdur gibi görünür. Çocukluktan itibaren haklı çıkmaya alışmış kişi, bilinçli bir şekilde suç işleyip içinden nasıl sıyrılacağını iyi bildiği için önceden çantasına koyduğu bazı saldırı araçlarını kullanır: Arabası çekildi, kaza yaptı, annesi hastanelik oldu vs. Siz daha ilk cümleyi söyleyemeden çantada hazır bulunan silahlarla tuzak kurulur, mağdur rolüne girilip bütün silahlarla size ateş edilir. Gerçek mağdur durumu fark edemez ve kendini suçlu hisseder. Karşı tarafın mağduriyeti karşısında özür diler ve kendi sınırlarını çizmeyi aklına bile getiremez olur. İşte siz tuzağı fark etmeyip tuzağa düştüğünüz anda haksız olan anında kazanmış olur.

Yalanın Tuzaktaki Gücü

Kurban tuzağını kurup sizi ağına çekmek isteyen zorbanın en önemli silahı yalandır. Kişi yalanı kullanıp sorgulayamayacağınız silahlarla size saldırdığında neyin gerçek neyin yalan olduğunu anlayamazsınız. Sonunda durumu sorgulamaya cesaret edemez ve teslim olursunuz. İkili ilişkilerden iş dünyasına kadar uzanan bu sarmal, doğru bakıldığında her yerden rahatça görülebilir. Tuzağı görmek haklı olduğunuzu ispatlamaktan ziyade, kendinizi kötü hissetmemeniz için önemlidir.

Kurban Tuzağı İlk Nerede Öğrenilir?

Çocuk bir sorun gördüğünde mutlaka onu çözmek ve güçsüz gördüğü kim ise onu kurtarmak ister. Psikolojik şiddete uğramış bir anne; babayı provoke edip kışkırtsa bile, daima masumu oynar ve "Ben bir şey yapmadım, baban beni anlamıyor" derse çocuk babayı zorba, anneyi mağdur, kendini de kurtarıcı ilan eder. Annesini güçsüz görmek, bir çocuğun en görmek istemediği manzaradır. Böyle bir şeytan üçgenine düşen çocuk durumun aslını fark edemez, anneyi güçsüz görür ve babaya karşı tavır alır. Çocuk, içinde bulunduğu saflık haliyle daima iyiye yönelir ve güçsüzü kurtarmaya çalışır.

Kurbanı oynayan anne bu tuzağı iyi kurgulamak için babayı bilinçli bir şekilde zorba rolüne sokar ve zorbayı harekete geçirecek tavırlar sergiler. Çocuk sistemin işleyişini fark etmediği için, annenin aile içindeki haklılığından emindir. Anne kendini soktuğu bu kurban rolünü sürdürdükçe, zorbayı daha da provoke ettikçe çocuk hiçbir zaman durumun farkına varamaz ve annenin yanında rol alır.

Bu hikâyede özellikle tuzağı kuran anne örneğini vermemizin önemli bir sebebi vardır. Çünkü gücü çoğu zaman elinde bulundurduğunu düşünen erkeğin kurban tuzağı kurması ve her durumdan haklı çıkması alışılagelmiş bir durumdur. Zayıf olduğu düşünülen annenin bu tuzağı kurması, örneği çok daha sıra dışı ve fark edilmez hale getirebilir. Çocuk bu örüntüyü sadece anneden ya da sadece babadan da öğrenmemiş olabilir. Fakat nereden öğrenirse öğrensin, bu durum geçmişin getirdiği ve ilişkileri kâbusa çeviren bir örüntüdür.

Çocuk, öğrendiği bu sistemi bazen bilerek, çoğu zaman da bilmeyerek hayatında daima tekrarlar. Bir olay karşısında gerekli sorumluluğu almak yerine hemen suçu karşı tarafa atarak suçun verdiği ağırlıktan kurtulmaya çalışır. Çünkü olumsuz bir işin içinden çıkmak için en kolay yöntem suçu karşıya atmaktır.

Kurban Tuzağı Örüntüsünü Bitirmek

Kişi büyüdüğünde bu üç rolden birini seçer ve genelde hep aynı rolde kalmaz. Kimi zaman zorba, kimi zaman kurban, kimi zaman da kurtarıcı olur. Bu tuzağın geleceğe yansıyıp kişiyi sorumsuz ve suç işlemeyi âdet eden bir yetişkine dönüştürmemesi için bize düşen görevler vardır. Kurban tuzağını fark edip sizi suçlu ilan eden insanlara karşı yapmanız gerekenler geleceği şekillendirmek için yapmanız gerekenden daha kolaydır.

Sizi suçlu ilan edip kendini daima haklı çıkaran bir arkadaşınızı hayatınızdan çıkarmanız kolaydır. Belki de bunu yapmanız gerekir. Veya bir arkadaşınızın düştüğü bu tuzağı fark edip onu bu tuzaktan kurtarabilir ya da suçlayan kişiden kurtulmasını sağlayabilirsiniz. Çocuğunuza, eşinize veya annenize ayna tutarak bu tuzağı durdurabilir, haksızlık karşısında daha dik savaşabilirsiniz.

En önemli olan, bu tuzağın geleceğe yansımaması, yeni yetiştirdiğiniz nesillerin bu durumu öğrenmemesidir. Kişi bir yetişkin olarak yaptığı bir hata karşısında sorumluluğu üstlenmeli, gerektiğinde özür dilemeyi, geri adım atmayı ve gönül almayı bilmelidir. Biz yetişkinler sorumluluğumuzu fark edip evdeki çatışma ortamını en aza indirirsek, gelecekte başkasının başına bela olması muhtemel nesillerin de önüne geçebiliriz.

Kurban tuzağı geçmişin bir travması değildir. Ama geçmişinde travma sahibi olan kişilerin çoğunun ilişkisini bir çıkmaza sürükleyen önemli bir sistemin en genel adıdır. Yani çokça üzüntüye, birçok yıkılmış ilişkiye, kaybedilen arkadaşlara ve geçmişin travmalarına neden olan bir sarmaldır.

Kendini Gerçekleştiren Kehanet

Henüz etkileri bir türlü kesinleşememiş, bilimsel olarak ispatlanamamış ama orada olduğundan adım gibi eminim dediğiniz garip bir meseledir kendini gerçekleştiren kehanet. Nedir bu gerçekleşen kehanet ve ne olursa gerçekleşiyor, ne olmazsa gerçekleşmiyor? Kendini gerçekleştiren kehanet aslında düşünüp odaklandığınız bir meselenin sadece düşünülüp odaklanıldığı için kendi kendini iyi etme yeteneğine dair, olması gerekeni olduran bir teorinin en genel adıdır. İster kaderin şifrelerini büktüğünü düşünün, ister enerji sarmalının ışın kılıcını çektiğini... İsterseniz de bilinçaltının siz düşündüğünüzde ona odaklanıp uyuduğunuzda bile düşünüp öğrenmeye devam ettiğini, uyandığınızda çok daha ileriden başlayarak bir şekilde sistemi sizin hizmetinize sunduğunu... Sonuçta esas olan şu ki, kehanet dediğiniz bir mesele bile düşünce sistemiyle dönüşüp gerçekleşebiliyor.

Mesela yapabileceğiniz bir işe, potansiyelinizin çok altında olsa bile olumsuz bakıyorsanız o iş olmaz. Düşüncenizle başlayan "Ol" emri sırf olumsuz düşündüğünüz için o şeyin olmamasına yol açar. "Bir şeyi kırk kere dersen olur", "Sakınılan göze çöp batar" gibi deyimler de toplumumuzda bu kavramın ne kadar yerleşmiş olduğunun göstergesidir. Demek ki bakış açımız bile geleceği etkiliyor.

Kendi Tarihini Yeniden Yazmak

Bu öylesine bir tılsımdır ki kendi tarihinizi yeniden yazdırır. Çünkü hayat kendiniz için geleceği nasıl kurguladıysanız kendini ona dönüştürmek için en az sizin kadar çaba harcar. Küçük ölçekte kötü bir gün geçireceği düşüncesiyle evden çıkan birinin otobüsü kaçırması şaşırılacak bir şey değildir. Çünkü içindeki o olumsuzluk ve olacak olumsuz olaylarla ilgili söylenme isteği bu tür olayların başına gelmesi için en güzel zemini hazırlar. Bunların hiçbirini isteyerek yapmasa bile günün tamamı otobüsün kaçmasıyla başlayan bir zincirle kötü geçecek, akşam eve geldiğinde ailesiyle tartışmak için bile istemsiz bir güdü içine girecektir. Bilinçaltının bu kötü oyunu karşısında insanın kendi hayatı için başka düşmana ihtiyaç yoktur.

Sistem büyük ölçekte de aynı şekilde işler. İnsan geleceğinin, hayatının ya da yapmak istediği şeylerin sonuçları için neye inanırsa onunla karşılaşır. Korkularımız, kaygılarımız, geleceğe dair endişelerimiz bize başka düşman aramaya gerek bırakmaz. En büyük düşman, insanın kendisidir. Düşünce dünyasıyla başlayan bu hortum insanın tüm geleceğini içine çeker.

Bütün kişisel gelişim uzmanlarının, tarihi yazan adamların kimi yazarak kimi uygulayarak, söylediği tek bir ortak cümle vardır: İnanmak... Geçmişin travmalarıyla başlayan bu kitap sadece geçmişin travmalarını çözmeyi değil, durumu tersten okuyup geleceğin travmalarının oluşmasına mani olmayı da hedefler. Sürekli geçmişi işaret etsek de esas amaç sağlıklı bir gelecek inşa etmektir. Bu yüzden kişinin kendi geleceğini yeniden yazması için önce inanmak gerekir. Size bilimden ve tarihten bir sürü örnekle inancın önemini gösterebiliriz. Bu kitabın ortaya çıkışı bile bir hayale inanmakla başlamıştır. Küçükten büyüğe "Ol" emrine mazhar olan her şey inanmakla başlar. İnanmak dua yerine geçer. Al-i İmran Suresi'nin 139 ayetinde bizi yaratan Allah "Gevşemeyin, üzülmeyin, eğer inanıyorsanız üstün olan sizsiniz" diyor.

"Kendini Gerçekleştiren Kehanet" Teriminin Doğuşu

Kendini gerçekleştiren kehanet terimi ilk olarak 20. yüzyıl sosyologlarından Robert Merton tarafından ortaya atılmıştır.

Felsefe tarihinde kendini gerçekleştiren kehanet tanımı, 'şansa göre yaşanıldığı düşünülen olayların önceden görülmesi', 'gelecekte olanı öngörme' gibi kavramlara karşılık gelir. Özünde ise inandığımız ve benimsediğimiz düşüncelerin davranışlarımızı ve gelecekte yaşayacaklarımızı değiştirme gücü yatar. Birden çok insanın aynı şeyi söylemesi de bizi söylenilen şeyin doğru olduğuna inandırır.

İsrailoğullarından bir erkek çocuğunun dünyaya gelip Firavun'un saltanatını yıkacağını ve dinini değiştireceğini söyleyen kâhinler Firavun'un İsrailoğullarından doğan bütün erkek çocuklarını öldürmesine sebep olmuştur. Yani, henüz gerçekleşmemiş bir olay kendini gerçekleştirmek için zemin hazırlamıştır. Bir başka örnek; Harry Potter serisinin finalinde Lord Voldermort'un Harry'e saldıracağı şeklinde bir çeşit kehanet işitilmektedir ve bu kehanetin en sonunda gerçeğe dönüştüğü görülmektedir. İster film olsun ister gerçek, sistem hep ortaya atılan kehanetin sonuçlanmasıyla son bulur.

Bu nedenle bugün sizin ve size ait olan yaşantınızın üzerine söylenen kelimelerin zihninizdeki anlamları oldukça önemlidir. Bazen en derinlerinizde kendinize ait bir soru işaretiniz vardır. Etrafınızdan onu destekleyici cümleler duymaya başlayınca aklınızdaki küçük soru işareti büyümeye başlar. Ve bu durum size fark ettirmeden kaygı yaratır. Kaygı ile birlikte "Asla yapmayacağım" dediğiniz şeyleri fark etmeden yapmaya başlarsınız.

Birçok ebeveynin kendi ebeveyni gibi olmayacağını söylerken kendini aynı davranışları tekrar ederken bulması gibi. "Annem gibi olmayacağım" sözü ile beyninize verdiğiniz sinyal olmama değil tam tersine olma halidir. Zihin olumsuzları olumlu olarak anlayarak süreci sizin düşündüğünüzün aksine çalıştırır.

Düşüncelerin etkisi ve zekânın birden çok kez tekrarlanan kelimelerin arka planında kalması, kendini gerçekleştiren kehanetin varlığını gösterir. Peki, çoğu kez diğerlerinden bir adım önde olmamızı sağlayan zekamız ne oluyor da arka planda kalıyor ve kendini gerçekleştiren kehanetin karşısında duramıyor? Zihnimizi yöneten sözlerin farkına varamazsak kendini gerçekleştiren kehanete daha çabuk kapılırız.

Zekânın, içinde bulunduğumuz ortama uyum sağlama becerisi olduğunu kabul ederek bu soruları daha detaylıca ele alalım ve geçmişin travmalarından kurtulmak nasıl mümkün olur görelim. Zekâmızın sadece bilişsel değil, çevreye uyum sağlamamızda önemli etkisi olan duygusal yönü de vardır. Duygusal zekâ, duyguları üretebilme, yeniden biçimlendirebilme, kontrol edebilme becerisidir. Ancak ne yazık ki toplumsal olarak duygusal farkındalık konusunda yetersiz oluşumuz kendimize ve yaşamımıza dair farkındalık düzeyimizi ciddi düzeyde etkiler.

Travma ve Kendini Gerçekleştiren Kehanet

Travma anında kişinin kontrolü dışında gerçekleşen bir olay yaşandığı için, kişi ortama uyum sağlayamadığı gibi ortada bir de kriz var demektir. Zekânın kendini gerçekleştiren kehanetin arkasında kalması bununla ilişkilendirilebilir. Çünkü, travma anında kontrol edilemeyen duygular bir bütün olarak hatırlanmamakla birlikte parça parça zihinde bulunabilir ve travmayı hatırlatan duygu fark edildiğinde açığa çıkar.

Küçük küçük zihnimizde yer edinen düşünceler dilimizle çok kez tekrarlandığında büyük bir resim oluşur ve o resimden başka bir şey göremeyiz. Tekrar tekrar dile getirdiğimiz düşünceleri o resme hapsederiz. Düşünceler resme şekil verdiği zaman da onları özgürleştirme çabasına gireriz. Yani bizi rahatsız eden duygularla yüzleşmekten ziyade, onları bozuk plak gibi durmadan çalarız ya da eyleme geçiririz. Evinizin hep aynı penceresinden bakarken arka bahçedeki güzellikleri kaçırdığınızı hiç düşündünüz mü? İşte durum tam da böyledir. Siz istemediğiniz duruma odaklansanız bile bu gerçekleşmesi gereken bir durum gibi algılanıp oluşmaya çalışır.

İnsanı hayatta en çok engelleyen duygu korkularıdır. Korktuğunuz ve kaçındığınız her şeyin, siz kaçmaya çalıştıkça başınıza gelme ihtimali de artar. Bilinçaltı kaçınmaya değil oldurmaya odaklanır. "Onun gibi olmamam lazım" diyerek aksi yönde çaba sarf etseniz de, çabanız sizi zaman içinde yorarak istemediğiniz ancak size tanıdık olan duygulara doğru çeker. Diyelim ki anneniz size topluluk içinde gergin davranırdı ve sizin zihninizde bir sürü böyle anı var. Çocuğunuzla topluluk içinde olduğunuzda kendinizi gergin hissedecek ve o tanıdık duruma girmemek için üstün çaba sarf edeceksiniz. Böyle bir anıya sahip olmayan bir kişi orada bulunmak için bir birim enerji sarf ederken, siz belki üç belki beş enerji ile o durumun içinden çıkmaya çalışacaksınız.

Peki bunu ne çözer? Bunu "Annem bana böyle yapmıştı" diyerek bilişsel bilgi ile çözümlemek zordur. Ancak bu bilgiye maruz kalan içinizdeki küçük çocuğu iyileştirmek mümkündür. Hepimizin içinde hâlâ yaralı olan, azarlanan, üzülen o çocuğa "Artık geçti, bitti," dersek bu durumun içinden çıkabiliriz.

Unutmayın, duygularımız düşüncelerimizi etkiler, düşüncelerimiz davranışlarımızı yönlendirir ve çok defa tekrarlanan davranışlarımız da tutumlarımıza dönüşür. Bizi bir davranışa iten sebep, o davranışa yönelik duygu ve düşüncelerde saklıdır. Zihinde oluşturduğumuz gerçeği yansıtmayan ya da gerçekleşme ihtimali az olduğu halde ihtimalin çok olduğunu kodlayan düşüncelerimiz tekrarlanmaya devam ettikçe bir zaman sonra gerçeği meydana getirir. İşte o zaman siz gerçeği oluşturmuş olursunuz. Gerçek, görünen değil, sizin ellerinizle oluşturduklarınızdır. Biz bu duruma yazgı diyoruz. Yazgı geçmişinizle bugünü oluşturma durumudur. Fark etmeden tanıdık olana giden zihin ve ruh, aynı durumları tekrar tekrar oluşturur. Bunu tekrar etme zorlantısı konusunda ele alacağız. Ancak bu durumun farkına varmak, bugün hissettiklerimizin aslında geçmişten geldiğini bilmek, bugün içinde bulunduğumuz zorluklarda bir nebze de olsa kendi payımızın da olduğunu bilmek ve çözüme doğru yol almak... Bütün mesele buralarda yatıyor.

Düşüncelerimizin davranışları harekete geçirme gücünün hayatımızda verdiğimiz kararları bu denli etkilemesi üzerinde durmak gerekir. Burada kastedilen, yanlış ve olumsuz düşüncelerdir. Çünkü kendini gerçekleştiren kehanet başlangıçtaki düşüncenin veya olayın, olayı yaşayan kişi tarafından yanlış algılanması ve aşağı çekilmesi durumudur. Yanlış anlaşılmamış bir düşünce kendini gerçekleştiren kehanet değil, kendini gerçekleştiren rasyonel yani gerçek bir tahmin olacaktır. Bir düşüncenin oluşması için önce algı gerekir. Ve algılama eylemi bizim deneyimlerimizden kaynaklanır. Aynı olayı ve durumu iki ayrı insan farklı şekillerde algılayabilir.

Yanlış algılama durumu travma anlarında karşımıza çıkabilir. İstismara uğramış bir kişi utandığı ve suçlanacağını düşündüğü için yaşadığı travmayı saklar. Kendini bu durumun suçlusu olarak kabul eder ya da tehlikeyi ayırt edemez. İki durumda da yanlış algılama söz konusudur. Bu yanlış algılama durumu bilinçdışında kendini doğrulamak isteyince algı tekrarlanır. Cinsel istismara uğramış bir kişinin tekrar tekrar aynı ortamlara girmesi ve tehlikeleri fark etmemesi de buna örnek verilebilir. İhtimalin arttığını fark etmemek, karşı karşıya kalınan sorunun büyüklüğünü görmemizi de engeller.

Dememiz o ki kendinizi korkularınızla engellemeyin. Şimdiye kadar yaşadıklarınızı fark edin. Ruhunuz sürekli size eskiden kalan yaraların kabuklarını açarak onları göstermeye çalışırken siz tekrar tekrar kapatmayın. Merhem zannettiğiniz olaylardan kaçınmanız, kaçınmanın aksine yaraya basılan bir tuz gibi yarayı derinleştirir. Merhem, kabuğu kaldırıp içinde ne var görerek etrafa sürüldüğünde şifa sağlayacak şeydir.

Sağlıktaki Etkisi

Kendini gerçekleştiren kehanetin pozitif yönünü iyi ele almayı başarırsak kronik ağrıların giderilmesinden panik atak, anksiyete bozukluğuna kadar birçok hastalıkla daha kolay başa çıkarız. Hatta bu duygularla tetiklenen birçok hastalıkla hiç karşılaşmayız bile. Siz olumsuz düşündükçe ortaya koyduğunuz kehanet kendini gerçekleştireceği gibi hiç acımadan sizi de hastalığın kucağına iter. Çeşitli kaygı atakları yaşarken, stresle başlayan birçok yıkıma doğru yol alırsınız. Birçok sağlık sorununun altında kendini gerçekleştirmiş kehanetler zinciri yatar.

Sonuç

Duygular düşüncelere, düşünceler sözlere ve hareketlere, tüm bunların toplamı da eğer kötümser bir bakışla harekete geçmişsek geleceğimizin kötü yazılmasına tesir eder. Geçmişin travmalarına bahane işte böyle üretilir. Gelecek geliverdiğinde, olumsuz bir şekilde kendini gerçekleştirmiş her kehanet geçmişinin laneti olur; geleceği de çoktan berbat etmiş olur. Kişi, hayatın kendisine vereceğinin bu kadarla sınırlı olduğunu sanarak yaşar. Zamanında fikir olarak bir yerlerde yeşermiş ama gerçekleşememiş birçok şeyin zaten kendi ürettiği bahaneler sebebiyle gerçekleşmediğini sanır.

Halbuki talihi yeniden yazmanın birinci adımı inanmak, karşımıza çıkabilecek her türlü engeli aşabileceğimizi düşünmek, ona göre çalışmak ve pes etmemektir. İsra Suresi'nin 13. ayeti aklımızın bir köşesinde duruversin: "Biz insanın kaderini azmine bağlı kıldık."

Kendi bahanelerimizden sıyrılıp gerçekleşmesini istediğimiz şeylerin olabileceğine inanmak güzel bir ömrün en önemli anahtarıdır.

Ne demiştik?

"İnanıyorsanız üstünsünüz..."

Geçmişin Yineleyen Kâbusu:
Tekrar Etme Zorlantısı

Özellikle olumsuz olaylar karşısında "yine mi beni buldu" dediğiniz durumlar, eskiden yaşadığınız bir ilişkideki tüm kötü tecrübelerin sonraki ilişkilerde de tekrar etmesi... Ailenizde görüp, kendi evliliğinizde olmasını en istemediğiniz olayların yine başınıza gelmesi... Babanızın annenize uyguladığı şiddet ve evdeki varlığını hiç hissettirmemesi sonucu çözümü o evden ayrılmakta ararken yine tam da böyle bir adamla evlenmiş olmanız... "Hep beni bulur zaten", "Yine mi sorunlu adamı seçtim", "Bu tür kadınlar hep bana mı denk gelir", "Nasılsa yine başarısız olurum", "Ben her zaman terk ediliyorum..." gibi bir sürü örnek.

Sağlıklı ilişkisi olan ebeveynlerimize benzer eş arama gayretimiz olmazken zarar verici ilişki yaşayan eşlerin tercih edildiğini aslında daha çok görüyoruz.

Çocukluk çağında babası tarafından fiziksel ya da duygusal istismara uğramış kadınlar, çoğunlukla evlilik yaşantılarında da aynı istismara maruz kalırlar. Peki kişi hayatında karşılaştığı tüm olumsuz durumları bilinçdışına iterek neden göz göre göre bu tekrarlamaya girer?

Bu duruma "tekrar etme zorlantısı" diyoruz. Kişi bir döngüye girer ve travmatik olayı tekrar tekrar yaşamaya devam eder. Zihin bu döngüyü tamir etmek için aynısını yeniden yaşayabileceği yeni ortamlar arar. Kişi bu arayışı bilinçdışıyla yapar ve döngü, kişi geçmişte takılı kaldığı müddetçe fark ettirmeden örüntüyü tekrarlar.

Hepimizin gözlemleyebileceği bu durumu, ilk adlandıran ve ortaya atan Psikanalizin babası Freud'tur. Freud'un teorisi, travmaların da hayatımızda tekrar etmesine çok iyi bir örnektir. Birçok travmatik örüntüde olduğu gibi, bu döngü de fark edildiğinde sona yaklaşabilir.

Tekrar etme zorlantısı veya diğer bir adıyla 'yineleme takıntısı' bilinçaltının çözülememiş şeyleri 'hatasız yapmak' üzere tekrarlama girişimi olarak karşımıza çıkan geçmişin travmalarına çok güzel bir göndermedir.

Daha önce yaşayıp teması aynı şekilde devam eden her türlü hayat hikayesi aslında tekrar etme zorlantısına girer ve bunların hiçbiri tesadüf değildir.

Bilinçdışımız ilkel savunmalarla bu döngüye girer ya da bazı durumlarda kişi "Bu sefer olacak, bu sefer halledeceğim" motivasyonuyla benzer durum veya kişiler üzerinden, yaşanan önceki olumsuzluğu onarmaya ve hissettiği duyguları hafifletme gayretine girer. Kişi bu durumu fark etmediği sürece bildiği bataklıktan kurtulmaya çalışırken, yeni bataklığını da kendisi yaratır.

Yineleme zorlantısı özellikle ikili ilişkilerde çokça rastladığımız ve günlük hayatta sıkça duyduğumuz "hep aynı kişiler, hep aynı olaylar" meselesinin temelini oluşturur.

Örneğin berbat biten bir ilişki sonrasında mutsuz olacağınızı bile bile gidip aynı insana yeniden yapışmanız ya da onun özelliklerine benzer nitelik taşıyan birini aramanız ve "Bu sefer aynısı olmayacak" diye yanılgıya kapılmanız yineleme zorlantısından kaynaklanmaktadır.

Sizi terk eden kızın tekrar peşinden gitmeniz de yineleme zorlantısıdır. Terk edilme durumunda bilinçaltınız bu travmayı aynı yerde çözme sanrısına kapılır.

Kadınlarla ilişkiniz sürekli aynı şekilde sonuçlanıyorsa; bütün bu ilişkilerin ortak noktasında "kendinizde" bir problem olabileceğini değerlendirmeniz gerekiyor. Bunun temelinde henüz çözümlenmemiş bir travma olma ihtimali yüksek olacaktır. Bu durumu göz ardı ettiğiniz takdirde ise aynı duruma düşme olasılığınız çok yüksektir.

İlişkideki "Bu sefer farklı olacak" düşüncesi insanın gözünü kör, kulaklarını işitmez hale getirir. Kendisine iletilen ikazları, uyarıları göz ardı eder. Yine bildiği sularda yüzmeye devam eder. Karşısındaki kişinin olumlu yönlerine odaklanır. Süreç içerisinde de aynı gerçekle yüzleşir.

Yineleme zorlantısı gücünü, çocuklukta yaşanan travmatik durumlardan, anne babayla ilgili olumsuz deneyimlerden alır. Kişi yaşadığı olayı kendine tekrar yaşatarak geçmişteki hasarı en aza indirme, öç alma vb. bilinçdışı düşüncelerle harekete geçer. Kendini korumayı hedeflese de asıl zararı kendi yaşar.

Zihnimiz, yaşanılan olaylar karşısında tutum ve davranışları değiştirerek olayların gidişatını değiştireceğine inanır ama geçmişteki o yarayı onarmak ve tatmin sağlamak isterken kendini yeniden aynı durumun içine sokar. Fark ettiğinde sağlıklı olan asla tekrara düşmemektir.

Örneğin, hayatında terk edilme teması olan bir çocuk, ilerleyen ilişkilerinde ya kendini zorla terk ettirir ya da kendisi terk eder. Ama bunu istemsizce yapar. Örneğin 8 yaşında babası tarafından terk edilmiş bir çocuk, bu temaya sahip olur ve yaşadığı olay geçmişin bir travmasına dönüşür. Bu çocuk eğer terk edilme korkusuyla yüzleşemezse yaşadığı bu travmatik deneyimi ileriki hayatında karşısına çıkan yeni kişilere aktarır.

Bu kişi ne zaman büyür, evlenme çağına gelir ve bir sevgili edinirse özellikle evliliğe giden yolda kıskanma, kendini değersiz hissetme, sevdiği kişinin nerede olduğunu sürekli öğrenmeye çalışma, hatta anlattığı hiçbir şeye inanmama olarak dışa vurur. Bunun sebebi, istemsizce o kişinin de kendisini terk edeceğini düşünmesidir.

İnsan bu sarmalı fark etmez ve sağlıklı bir biçimde geride bırakamazsa hayatının her alanında bu döngü sürer gider. Döngüyü onarmak için yoğun çaba harcayan zihin istemsizce bütün hayatınızı altüst eder. Düzeltmeye çalışıp tekrara düştüğü hiçbir seferde doğrusunu yapamaz ve hüsran dışında bir sonuca ulaşamaz.

Kişinin döngülerini fark etmesi için tüm olaylardan uzaklaşıp büyük resme bakması gerekir. İşte o zaman geçmişin kapılarını açacak anahtara ulaşabilir.

Resme uzaktan bakıp tekrar etme zorlantısının hayatımınız nerelerine sızdığını anlamak için kendimize bazı sorular yöneltebiliriz:

Ben hangi alışkanlığımı nerde öğrenmiş olabilirim?

İlk nerede terk edildim?

Beni terk eden insanların özellikleri nelerdi?

Hayatıma seçtiğim insanların en kötü özellikleri neden babama benziyor?

Neden bu tarz insanları hayatıma çekiyorum?

Bir veya birden fazla kişiyi sevmek mi istiyorum yoksa sevilmek mi en çok arzuladığım?

Neden birilerinin beni sevmesini bekliyorum?

Karşıdaki kişiyi neden sürekli kendim gibi sanıyorum?

En çok kimi sevdiysem neden hep onlar tarafından terk ediliyorum?

Değersizlik duygumu açığa çıkaran nedir?

İş hayatımda neden sürekli başarısızlığa uğruyorum?

Aldatmak istemesem de bir şekilde neden düşüyorum?

Özgüvensizliğimin nedeni ne olabilir?

Korktuğum ne varsa başıma gelmesi tesadüf mü?

Ve son olarak, ben neden hiç kimseye hayır diyemiyorum?

Bu deneyimleri ilk hissettiğimiz anlar ne zaman, o an neler hissettiniz, neleri düşündünüz, hangi duyguyu en derinden yaşadınız, o an nasıl tepki vermek istediniz, hangi tepkiyi veremediniz? İşte bunun gibi hayatınızı bir örümcek ağı gibi ele geçiren olayları söküp atmak istediğinizde kendinizle yüzleşmeniz, aynı hatayı tekrar ettiğinizi ve defalarca bu yüzden aynı acziyetin içine düştüğünüzü anlamanız gerekir.

Hayatınızda kilitlenmiş anlara bakıp, yaşadığınız olaylarda başrole başka birini koyup geçmişi aynı filmle tekrar canlandırdığınızda, işte o zaman düştüğünüz çukuru daha kolay fark edebilirsiniz.

Sorunlarla yüzleşme cesareti ve kötü durumlarla başa çıkma niyeti olmayan kişi daima kolayı seçer. Bildiği, insana güvenli gelir ve aslında organizma daima bildiğine gider. "En iyi yol bildiğin yoldur" sözü de buradan gelir. Başlangıcını, gelişmesini ve sonucunu bildiği için iyidir. Tüm aşamaları öğrenmiş, yaşamış ve tanımışsınızdır. İnsanı her zaman hiç deneyimlenmediği korkutur. Uzak kalır, denemek için adım atamaz hale gelir. Bu yüzden tanıdık olanı seçer.

Evet, insana bildiği daha kolay gelebilir, tanıdık hissettiği bir ortamda kendini daha güvende hissedebilir. Fakat ne zaman cesaret gösterip yeni ufuklar keşfedecek gücü kendimizde buluruz, işte o zaman her şey çözümlenmeye başlar. Ancak kısır döngülerimizi fark ettiğimizde yeni adımlar atmaya başlarız. İşte o zaman gerçek özgürlüğe ulaşırız.

Travmatik bir anıya dönmüş hiçbir olay, tekrar edilerek onarılmaz. Şu an hayatımızda olan kişiler ve hikâyeler tamamen yenidir. Travmatik anının kendisi geçmişteki kişi ve yaşanmışlıklara ait olduğu için, aynı döngüyü düzeltmek için tekrar etmek, geleceği de kaybetmektir.

Geçmişte Kalan Günah ile Bitmeyen Mücadele: Kefaret

Cennetten kovulan şeytanın kıyamete kadar insanları azdırmaya yemin etmesiyle başlayan sınav, hiç şüphesiz dünyada da devam edecekti. Affedilme yollarını kapattıracak kadar ileri giden şeytan için geriye dönüş olmadığından, insanlığa olan düşmanlığı yaşam boyu sürecekti. O kendi görevini yaparken insan da kendi sınavını verecekti. İnsan için şeytana uyduğu ölçüde üstlendiği günah ile kendini suçlu hissedip bir ömür kefaretini ödeyeceği konular arasında ince bir çizgi vardı. Suçluluk... İnsanın şeytan gibi "Sen beni ateşten yarattın, onu ise çamurdan" diyerek sıyrılacak bir bahanesi de yoktu. Bu yüzden sınavın neresinde yenilirse, orayı kendine yük edinip kefaretini bir ömür sırtında taşıyacaktı. Şeytan kendi kefaretini ödemek için dünya döndükçe insanı yoldan çıkarmak için çaba sarf edecek iken, insan da kendini sürekli temize çekmek için insan olmanın gereği olarak vicdan muhasebesiyle yoğrulacaktı.

Kefaret; zamanında yapılan bir işin, işlenen bir günahın ya da söylenen bir sözün insanın ruhunda sıkışıp hayatını esir alması, bir ömür boyu o bedeli bazen bilinç düzeyinde, çoğu zamanda bilindışı düzeyde tekrar etmesi ve zihnin o günahın bedelinden kurtulma çabasıdır. Kefaret kavramı bir günah karşılığında bağışlanmak için yapılan şeyleri kapsar. Burada bize yük olan şey, kendimizi o konuda 'günahkâr' bulduğumuz bir olayın ya da durumun kefaretini hayatımızın her saniyesinde ödememizdir.

Bugün çoğumuzu kendimizi bir şekilde suçlu hissedip farkında olmadan geçmişte yaptıklarımızın bedelini ödeyerek yaşamaya çalışıyoruz. Üstelik bu yükü hâlâ sırtımızda taşıdığımızı bilmeden....

Takıldığımız tüm yükler ilerlememizi engeller, fakat biz çoğu zaman bunun farkında bile olmayız. Biz cennetten kovulan şeytanın ezeli düşmanı ve sürekli zayıf düşürdüğü insan olarak hayatın içinde bu hayalet günahları göremiyor ve fark edemiyoruz. Yine de kefaretini bazen ilişkilerimizle, bazen sağlığımızla, bazen ise hayatımızla ödüyoruz.

Kefarete düşmek vicdanlı iştir. Bir insan zamanında yaptığı bir ayıbın, sebep olduğu bir günahın ve bir kötülüğün bedelini o olayın geçmişte kalmasına rağmen içinde hâlâ ödüyorsa, o kişi aslında güzel bir insandır. Hissettiği suçluluk onu üzmüş, içine dert olmuştur. Olmasa ne istemeden kefaretini öder, ne de aklı ileri gitse de ruhu geçmişte takılı kalırdı. Kişi kendini affedemeyip geçmişle yaşıyorsa da, gerçekte o suçu sahiplendiği için aslında temize çekilmiş, iyi bir insan olduğuna dair umudu taşımalı.

Geçmişte yaşayıp pişmanlık duyduğunuz bir olayın bedelini bir ömür boyu ödeyebilirsiniz. Bilinçdışının devreye girmesi buradaki bedel ödemenin seyrini tamamen değiştirebilir. Bilinçdışı adeta bir hakim gibi size durmadan hüküm giydirip cezanızı kesiyor, ne kadar masum olsanız da, soyunuzdan birinin yapmış olduğu suçu dahi sırtınıza yüklüyor ya da farkında olmadan yaptığınız hatayı bile defalarca önünüze sererek sizi suçlu ilan ediyor olabilir. Kefaret, olanların intikamını sizden alırcasına sizinle savaşıp bedelini ödetmeye çalışıyor olabilir.

Ruhun en önemli çıkmazlarından olan kefareti düşündüğümüzde geçmişten gelen kâbus, sadece belimizi büken ve hayatla olan mücadelemizde bizi zayıf düşüren travmalar değildir. Travmalar başka bir kişi ya da bizim kontrol edemediğimiz olaylar tarafından bize yüklenir ama kefaret, bizzat kendi elimizle kendimizi ittiğimiz karanlığın adıdır. Peki bu sistem günlük hayatta nasıl işler? Birkaç örnekle anlamaya çalışalım.

Sağlık çalışanı olan bir danışanımız, bebeğini doğar doğmaz kaybetmişti. Sağlık konusunda bilgili olduğunu düşündüğü için bebeğini kurtaramaması, kadere teslimiyet noktasını es geçip ona bilinçdışının oyunu olarak kendini suçlu hissettiriyordu.

Hatta bilinçdışının ona oynadığı oyun öyle bir hal almıştı ki her dışarı çıktığında bebeğinin mezarının önünden geçmek durumunda kalıyordu. Bebeğinin mezarını ziyaret edip dua okuması elbette çok normal bir davranıştı fakat bilinçdışı ona yüklediği bu suç ile dua için gitse bile onu suçuyla yüzleştiriyordu. Anne görünüşte mezar ziyaretine gidip dua okusa da, bilinçdışı düzeyde suçluluk duygusunun kefaretini ödüyordu.

Bir başka örnekte; doğum için hastaneye giden bir aile, doğumhaneden kuvöze alınan bebeğini beklerken diğer bebeklerden birinin öldüğü haberini alıyor. Tüm bebeklerin olduğu yoğun bakıma giden aileden anne gayriihtiyari, "İnşallah bizim bebeğimiz değildir" diyor. Bebeğin babası "O da bir ailenin evladı değil mi, nasıl böyle dersin" deyince anne bir anda sarf ettiği o cümlenin utancıyla konuşamaz hale geliyor. Kısa bir süre sonra ölen bebeğin kendilerine ait olduğunu öğrenen aile ölüm haberiyle yıkılırken anne kullandığı bu cümleden ötürü çok başka bir travmayı da üzerine almış oluyor. Kendi diliyle bebeğinin ölümüne sebep olduğunu düşünen anne, bebeğinin yokluğunun getirdiği acı ve onun yas süreci bir yana, bir ömür, sarf ettiği bu cümlenin bedelini hayatının her alanında kefaret olarak ödemeye başlıyor.

Kabadayı, gözüpek ve oldukça meşhur bir babanın zeki, duygusal ve naif oğlu, babasının bir kavgasına şahit olur ve babasının gözüne girmek için o dev gibi adamı alt etmek ister. Ama işler umduğu gibi gitmez, bir akrabasının yaralanmasına kadar uzayıp gider ve babasının tepkisini çeker. En az 6 ay babasıyla göz göze gelemez, konuşamaz. Hayatın başka alanlarında başarılı biri olsa da babasının gözünde dev olmak isteyen o çocuk kendini hep eksik hisseder, onu mahcup ettiği düşüncesinin altında kalır ve yıllarca bu olayın yarattığı travmanın farkına varamaz. Babasının vefatından yıllar sonra bu naif çocuğun bir yanı, babası görse gurur duyacağı fırtınaya dönüşür. Kaşının üstünde gözün var diyeni doğduğuna pişman edecek tavırlar sergilemeye başlar. İşlerinde de başarıdan başarıya koşar. Diğer yanı ise bu fırtınayı içinde taşıyamaz. Yaşadıklarını Karadenizli olmasına yorar. Olmak istediği insan ile içindeki o rüzgârı, o olayın kefaretini yıllarca ödediğini bu satırları yazarken fark eder. Neyin içinde olduğumuzu anlamak o kadar da kolay değildir. Bazen bir farkındalıkla bazen acı bir yüzleşmeyle anlarız etrafımızda olup biteni.

Farkında olmadan ödenip duran ve bir türlü kapanamayan kefaret hesaplarına sıkça rastlarız. Çünkü insan, hayatını alt üst eden yüklerin çoğu zaman farkında değildir. Neyin neye neden olduğunu anlamlandırmak kişi için çoğu zaman zordur. Çünkü insan kendi hayat resminin bir detayına bakarken resmin tümüne bakmayı aklından geçirmez. Söz konusu olan kefaret ise bu duygu yükü, detayında bile boğulurken bırakın resmin tümünü görmeyi, bazen önünü bile göremez hale getirir insanı. Kefaret hissinin getirdiği suçluluk duygusu ve ağır baskı, sanal olarak uydurduğumuz o günahtan ve bir türlü bitmeyen bu duygu borcundan bizi çekip çıkarmaz. Ta ki bir el gelip, bizi çekip kurtarana kadar...Bu el kimi zaman sizin için üzülen bir dostunuz olur, kimi zaman bir uzman. Yükü bir anlık bile olsa kimin eliyle indirirseniz indirin, aradaki ağırlık farkını muhakkak hissedersiniz.

Kefaret örüntüsü insan hayatında saman altından sürünen bir yılan gibi sessiz, zehirli ve derinden ilerleyebilir. Geçmişin bu ağır yükü altında ezilen kişi, saman altından süzülür gibi kendisine yaklaşan tehlikenin farkında bile olmaz. Derinden süzülen yılanı günahlarımızın metaforu, o yılanın taşıdığı tehlikeyi ise kefaretin hayatımıza katacağı zehrin bir simgesi olarak düşünebilirsiniz. Nereden gün yüzüne çıkıp zehrini akıtacağı, kendinizi ne kadar suçlu hissettiğinizle doğru orantılıdır. İşte bu tehlikeyi bilmeden hissine kapılan insan, kefaretin yüküyle bazı psikolojik rahatsızlıklara davetiye çıkarır.

Özellikle Obsesif Kompülsif Bozukluk kefaret için iyi bir örnektir. Çünkü bu hastalığın duygusal sebebi çoğu zaman suçluluk duygusudur. Kişi farkında olmadan suçluluk duyduğu şeyin kefaretini hayatında birçok dönemeçte ödeyebilir. Örneğin kürtaj yaptıran bir anne bilinçdışı duyduğu suçlulukla sürekli duş almak isteyebilir. Bu durum kişinin hayatını da olumsuz etkiler. Çünkü kişi bu suçluluk duygusundan kurtulmaya çalışırken aynı davranışı defalarca tekrarlar ve bu durum hayatında diğer ihtiyaçları için gerekli olan zamanı ve enerjiyi ayırmasını engeller. Kaygı bozukluğu ve Panik bozukluk da yine aynı kefaret işleyişinin bir sonucu olabilir.

Hayalet günahlarımızın kefaretini hayatımız boyunca öderken bunun farkına bile varmayacağımızdan yukarıda bahsettik.

Kefaret ister şeytanın bir oyunu olsun, ister saman altından yürüyen sinsi bir yılan, siz onu fark ettiğinizde oyunu bozulan ve gücünü kaybeden, iyileşmeye hızla kapı aralayan bir sistemdir. Fark etmediğinizde hayatınızı kâbusa çevirip sizi hasta edebilecekken, fark ettiğiniz anda, güneş doğunca ortalıktan kaybolan yarasa gibi hızlıca kaçmaya başlar. Ancak geç kalınmışsa bıraktığı hasarların izini tek başınıza silmeniz mümkün olmayabilir. Yine de ümitsizliğe kapılmak yok. İlk adım fark etmekti. Şimdi adım atmalısınız. Ruhunuzu suç ve ceza dengesinden kurtarmak için o olayla bağınızı kesmek zorundasınız. Hayat, günahın vebali sizin bile olsa o yükü üstünüzde taşıyıp kendinizi tekrar tekrar cezalandırmanız için çok kısa.

Ayrılıkla Gelen Kaos: Kayıp ve Yas

Hayatın içinde sürekli bir kazanım ve kaybediş vardır. Önce bize bir hayat bahşedilir, hiç bilmediğimiz bir aile kazanırız. Bir annemiz, babamız, akrabalarımız olur. Hepsiyle derin bağlar kurarız. Yatağımız, evimiz ve oyuncaklarımız hayatımızın birer parçası olur, onlarla unutulmaz anılar yaşarız. Büyür, arkadaş edinir ve zamanla en sevdiğimiz kişileri bile bir bir geride bırakmak zorunda kalırız. Yeni okullar, yeni işler, yeni dostlar kazanırız. Kaybedişler döngünün bir parçası olduğu gibi kazanımlar da devam eder. Zaman geçip yaş aldıkça okul arkadaşlarımızı, iş arkadaşlarımızı, çalıştığımız işleri, etrafımızda olan diğer şeyi birer birer kaybederiz. Oturduğumuz ülke, şehir ve sokak gün gelir anılarımızda yerini alırken en büyük kalp ağrımız oluverir. Evlenir, yeni bir hayat ve bir eş kazanırız. Hiç tatmadığımız duyguları tadar, yaşamın zirvesine çıkar ve bir gün bunları da kaybedebileceğimizin farkına bile varmayız. Zaman geçtikçe birçoğunu kaybeder ve olgunlaşmaya başlarız. Büyüdükçe ölümlere şahit oluruz da sıranın bize gelmeyeceğini düşünürüz. Yaşı olmayan ölümün etrafımıza değmeye başlaması, tüm ayrılık süreçleriyle birlikte bizde ağır duygusal yaralar açar. Bazen çocuğumuzu, bazen annemizi, bazen babamızı kaybederiz. En derinlerimize sinen, hatırlayınca kokusu bile burnumuzun direğini sızlatan hayat arkadaşlarımız olur. Bir melodi bizi onlarca yıl geriye götürür, muhteşem anılar gözlerimizi doldurur. Ancak elimizden bir şey gelmez.

Her kayıp ve her veda insanda derin izler bırakır. Bazı kayıpların yas süreci yaşanmadığında geçmişte kaldığını sandığınız o acı, bir travma olarak karşınıza çıkar ve geleceğinize etki eder. Zaman her şeyi geride bıraksa da zihin zaman dinlemez ve kalple birleşip sizin en büyük düşmanınız oluverir. Geçmişin ayrılık ve kayba dayanan travmalarının ne zaman ortaya çıkacağı belli olmaz. Bazen yıllar sonra bile kaygı ve panik atak gibi belirtilerle ortaya çıkar. Bazen işleriniz altüst olur. Yeni bir şehre bağlanamaz, geleceği bir türlü inşa edemezsiniz. Çoğu zaman da kaosun nereden geldiğini anlamaz ve yas tutmanız gerektiğini kavrayamazsınız.

Yas tutmak, kayba gereken onuru vermenin en önemli yoludur. Başka bir telafi mekanizması yoktur. Yas tutmak, terapötik bir süreç gibi görünse de belli yollarla tek başınıza da aşabileceğiniz bir süreçtir.

Kayıp ve yas, her türlü hayat döngüsü içinde daima var olan, istisnasız herkesin en büyük sınavıdır. Bu kaybedişler bazen çok büyük bir sınava dönüşür. Ki, bitti sandığınız bitmez, geride kaldığını sandığınız hiçbir anı geçmişte kalmaz. Yüzünü gözünü öperek toprağa uğurladığınız o en sevdiğiniz, canım diyerek evlenip ayrılmak zorunda kaldığınız, göç edip nesillere yayılan hasara uğramış kökleriniz... Kayıp temasıyla uğurlanan hiçbir şeyin geçmişte kalmadığını, gün gelip o gerçeğin hayatınızı nasıl etkilediğini anlarsınız.

Ölüm, ayrılık, boşanma ve göç gibi nedenler, yas gerektiren en önemli nedenlerdendir.

Kaybın yıkıcı etkilerine saplanıp kalmamak, ileride travmatik etkilerine maruz kalmamak için yas yaşanması gereken bir süreçtir. Yasın ne olduğuna ve kaybın üzerimizdeki etkilerini nasıl geride bırakacağımıza değinmeden önce konuyu biraz daha derinleştirelim.

Ölüm

Hastalıklar, ayrılıklar, terk edilişler ve diğer tüm hayal kırıklıkları... Yaşama dair ne varsa nihayetinde ölümle son bulur. Bitmeye mahkûm olur.

Doğuma bu dünyanın giriş kapısı, ölüme de çıkış kapısı olarak bakabiliriz. Bu döngü her ne kadar hayatın doğal akışı olsa da kayıpların insan üzerindeki izleri çok ağırdır.

Ölüm, nefesi sürekli ensemizde olan ancak yaklaştığının farkına bile varmadığımız en büyük gerçeğimizdir. Anne babamızın ya da en sevdiğimiz kişilerin elbet bir gün öleceğini biliriz ama o ölümün bizde nasıl bir etkisi olduğunu bizzat yaşamadan bilemeyiz. Yaşı yüze dayanmış bir sevdiğimizin ölümü bile bizi yine o derin acının kollarına bırakabilir. Önemli olan, ölümle bir sevdiğimizi kaybettiğimizde alacağımız ağır yaralar ve derin acılar değildir. Burada esas dikkat edilmesi gereken, ölümle birlikte gelen travmanın, gelecekte bizi hastalıklara sürüklememesi ve belli travmatik anılarla hayatımızı altüst etmemesidir.

Böyle bir acıyla karşılaştığınızda, ne yapacağınızı bilemez, kendinizi en derin çukurlara bırakabilirsiniz. Günler, haftalar, aylar geçer, acınız hafifler, hatırladıkça özler, özledikçe yine dibe çökersiniz. Bir yılı aştığında pek çok şey geride kalmış, yaşamak zorunda olduğunuzu bildiğiniz için hayatınıza devam etmişsinizdir.

Ölüm, hiçbir zaman telafisinin olmayacağını kesin olarak bildiğimiz en önemli kayıptır. Bu yönüyle ölüme baktığımızda ayrılık, boşanma ya da göç gibi kayıp durumlarından farklıdır. Bu kaybın yıkıcı etkileriyle baş etmek için inanç en önemli şifa kaynağıdır.

Ölüm, sevilen kişiyle kesin bir ayrılışı ifade eder. Bu yüzden inanç sistemi zayıf olan kişilerde tüm kayıplardan çok daha yıkıcı olabilir. Yas sürecine değinmeden önce şunu özellikle belirtmek gerekir. Geride bıraktığınız her kayıp, derin bir yas gerektirir. Anadolu kültüründeki cenaze ritüelleri yas sürecini sağlıklı yaşamak açısından önemlidir. Çünkü insan cenazeyi görünce kayba inanır, ağlarken diyemediklerini söze döker ve gereken vedalaşmayı böylece yapmış olur. Kayıp sonrası kişinin kilitlenip kalması, ağlamayıp dik durmaya çalışması hatta hiçbir duygusunu yaşamaması, yasın önündeki en büyük engeldir. Böyle bir geride bırakış, travmanın gelecekte farklı kılıklarda ortaya çıkabileceğini gösterir.

Ayrılık

Şarkıda da söylendiği gibi "Ayrılık, her bir dertten ala, yaman ayrılık..."

Tam da bu yüzden insanın içinde koca bir boşluk hissi bırakır. Boşluğun yanına bir de öyle bir yokluk eşlik eder ki; insanın kendi varlığına tahammülü kalmaz. Olan bitenin anlamlandırılamadığı, geçmek bilmeyen zamanlardır. Derinlerde hep iyi bir şeyin beklediği düşünülür. Ayrılık sonrası o nesneye ya da kişiye duyduğu özlem, adeta tüm hücrelere saldırmaya başlar. "Ben şimdi ne yapacağım" cümlesi beyni yer bitirir. Ayrılığın sabit bir nesnesi yoktur. Kopup giden her şey, yaralar insanın yüreğini. Küçük bir çocuğun sevgiyle bağlandığı kuşunun kafesinden kaçıp gitmesi, gelmeyeceğini bile bile arkasından günlerce ağlaması, acıklı bir ayrılıktır.

Kaybettiğimiz veya ummadığımız anda ayrıldığımız her şey bizi hırpalar. Ayrılıkta figürler ve kişiler kim olursa olsun durum aynıdır. Eş, sevgili, arkadaş, evcil hayvan, komşu... Sanki güzel olan her şey onunla birlikte buhar olup uçmuş, siz kendinizi sanki koca dünyada yapayalnız hissetmişsinizdir. Uçsuz bucaksız bir boşluk hissi... Aşk acısıyla da karışan bir ayrılık gelirse insanın başına, kişi neye uğradığını şaşırabilir.

Ayrılık, sebebi ne olursa olsun terk edilmişlik hissettirir. Kişi kaybetmiş ve yalnız hisseder.

Burada önemli olan, o esnada hissedilen acı değildir. Bu ayrılık, eğer geçmiş geçmişte kalmazsa, travmatik anılarla geleceği karartacak bir örüntü haline gelebilir. Dikkat edilmesi ve bugünün psikolojik problemlerinde aranması gereken tema işte budur.

Ayrılık bazılarının üzerinde daha az etki gösterirken, bazılarında travmatik hasarlar bırakabilir. Bu hasarların nelere yol açtığını bazen uzman kişi bile fark edemez. Böylece çözülmez bir sarmal haline gelen ayrılık travması, psikolojik hastalıklara sebep olabilir. Bu örüntü durdurulmazsa fiziksel hastalıklara da yol açabilir.

Kendimizi şartlamamız gereken önemli düşünce; hiçbir şey için "O olmadan yaşayamam" dememeyi öğrenmektir.

Boşanma

Muhakkak ki hiçbir evlilik boşanma niyetiyle gerçekleştirilmez. Her evlilik ölene dek sürdürebilme umuduyla kurulur ve hayatınız artık iki kişilik olur. Bir gün eşiyle yollarının ayrılacağını düşünen hiç kimse o yola girmez. Büyük umutlarla kurulan yuvalarının soğuk bir mahkeme salonunda bitebileceğini kimse hayal etmez. Eşler evliliğin daha ilk dönemlerinde büyük bir bağ kurarlar. Çoğu çift bu ilk dönemlerde kendilerini tamamlanmış hisseder. Bu büyük bağ sonsuza dek sürecekmiş gibi gelir insana. Fakat istatistiklerin de gösterdiği gibi günümüzde evliliklerin önemli bir kısmı boşanma ile sonuçlanıyor. Boşanmalar özellikle kritik dönem denilen evliliğin ilk beş yılında gerçekleşiyor.

Her adımı büyük sevgi ve emekle gerçekleştirilen evlilikler, çoğunlukla ani bir şekilde biter. Maalesef eşlerin birbirini kırarak ayrılması oldukça sarsıcı ve can acıtan bir kayıp olarak geleceği karartır.

Evlilikle hayat zaten tam anlamıyla değişmiştir. Boşanma ile tekrardan alt üst olur. Bu durum, evlilik hayatına ve evliliğe dair olan her şeyi kaybetmek, geride bırakmak anlamına gelir.

Bu yüzden, boşanma sonrası kişi bunca bağ kurduğu her şeyden ayrıldığında, tam kurtuldum dediği noktada bile yıkım başlayabilir. Bazen stres fazı dediğimiz durumda vücut onca üzüntüyü biriktirip bitti sandığınız anda hastalık olarak karşınıza çıkar. İşte o anda travma ile yüzleşirsiniz. Bazen de yıllar geçse bile hayatınıza kaldığınız yerden devam edemez, işleri bir türlü oturtamaz ve önünüze bakamazsınız. Yeni bir hayat kurarım nasılsa diye üstünü örttüğünüz geçmiş, geleceğinizi altüst etmeye yetebilir. Yıkılan evliliklerin kişiler ve çocuklar üzerindeki etkileri hele ki doğru yas süreci yaşanmadığında geleceğe yansır. Geride kalmak zorunda olan, geride kalmamışsa, önünüze bakmak o kadar da kolay olmayabilir. Yani boşanma gibi bir kopmanın bile yas sürecine ihtiyacı vardır.

Yas tutmak ve meseleyi sağlıklı bir şekilde geride bırakmak, o şeyi kaybettiğine inanmaktan, inandığına kendini de inandırmaktan geçer. İnsan bir şeyi kaybettiğinde uzun zaman onun gittiğine inanamaz. Kaybettiğini bilse bile, inanamaması bilinçdışında gerçekleşir ve farkına varılmaz. O yüzden çözmek için anlamak, anlamak için de sistemi bilmek gerekir.

Göç

Göç, köklerinden koparılan bir çiçeğin başka bir toprakta yeşermeye çalışması gibidir. Yeniden dikilip düzgün sulandığında bazen yeşerir, bazen de toprağına alışamaz ve sararıp solar... Eğer yeni toprağında yeterince beslendiği, güvenli bir ortamda ise tabii olarak nefes almaya devam edecektir. Ancak asıl vatanında aldığı nefes, toprağa saldığı kökler asla aynı olmayacaktır. İnsan bindiği otobüste bile on dakika yol aldıktan sonra bulunduğu konuma, güneşin nereden geldiğine, camda görünen manzaraya kadar kısa sürede yerine alışıyor. Tek bir söz etmese bile etrafındaki insanlarla fark etmeden bir bağ kuruyor. Bu alışılagelmişlik yanlış durakta inip tekrar bir otobüs aramak zorunda kaldığında yüzüne tokat gibi çarpıyor. Yanlış yerde indiğinizde ya da yanlış otobüse bindiğinizde sizi geren şey, sadece kaybettiğiniz zaman gibi görünebilir. Ancak o stresin sebebi sadece kaybettiğiniz zaman değil, aynı zamanda bağ kurduğunuz ortamdan kopma hissidir. Göç kavramına göre küçücük olan bu benzetmeden tüm yaşam köklerine uzanan geçmişi düşündüğünüzde, göçün ne denli yıkıcı olabileceğini tahmin edebilirsiniz.

Coğrafyanın insan üzerindeki etkilerinden hep bahsedilir. Bizim ülkemiz doğusundan batısına, güneyinden kuzeyine farklı coğrafi özellikler gösterir. Örneğin, nesiller boyu Karadeniz'in engebeli yapısı ve sert coğrafyasında yetişen insanlar Karadeniz'in hırçın dalgaları gibidir. Birden bastıran sağanak yağmurun ardından aniden güneş açması, burada yaşayan insanların ilişkilerine kadar yansıyabilir. Yine daha az engebeli olduğundan Ege insanın karakterinde, denizin verdiği yumuşaklığı ve rahatlığı hissedebilirsiniz. Yani karakterimizi nesiller boyu böylesine şekillendiren vatandan kopmak oldukça zor olur. İçinde nefes aldığımız, atalarımızın nesiller boyu toprağını işlediği, suyunu içtiği topraklardan kopmak yaşanabilecek en büyük kayıplardan biridir. Geçmişin travmalarının çözümlerinde Aile Dizimi uygulamasıyla bile çoğu kez soydan gelen bir göç olup olmadığına bakılır ve kişinin tarihine sıkışan o enerji boşaltılmaya çalışır. (Aile Dizimi konusunu "İyileşme Önerileri" bölümünden inceleyebilirsiniz.)

Yas

Başlıklar halinde açıkladığımız ölüm, ayrılık, boşanma ve göç gibi tüm kayıplar hayatın doğal süreçleri olmakla beraber insanı çokça zorlar. Hepsi ayrı ayrı birer kayıp olduğu için bir yas sürecini, yani üzerinde düşünülmeyi ve gereken üzüntü ile yokluğuna inanılmayı hak eder. Tüm kayıplar karanlık bir girdap gibi hissedilen psikolojik çöküşü beraberinde getirir. Olması gereken ise yaşanılan kaybı kabullenmek ve bu süreci yaşamaktır. Güçlü kalmak, ayakta durabilmek ve hayata tekrar tutunabilmek, ancak yaşanılan yas ile mümkün olacaktır.

Yas süreci, belirsiz bir yolculuktur. Bu yönüyle insana korkutucu gelebilir. Kaybedilen kişi ya da biten her türlü ilişki, kişinin tekdüze ilerleyen hayatını önemli bir sekteye uğratır. Çünkü alışılan ve kişinin hayatında özellikle önemli bir konumda olan insanları kaybetmek veya ilişkileri sonlandırmak, insanı derinden sarsar. Bu sarsılışın yaşanması, en az kaybın yaşanması kadar doğaldır. Bazı kişilerde bıraktığı hasar, ileride geçmişin travmaları olarak karşımıza çıkar.

Yası deneyimleme şekli, kişiden kişiye ve kültürden kültüre farklılık gösterir. Bazı benzerlikler olabilmekle birlikte, yası deneyimlemenin tek ve evrensel bir biçimi yoktur. Yas süreci, bazen daha bastırılmış şekilde bazen de daha görünür olarak yaşanabilir. Aynı zamanda yas süreci doğaldır ve içerisinde bazı ortak fiziksel, davranışsal, duygusal ve bilişsel tepkiler barındırır. Örneğin kayıp yaşamış kişilerin ortak olarak yas sürecinde aşağıdaki tepkileri gösterdikleri görülmüştür:

Fiziksel olarak

Midede boşluk hissi, nefes alamama, boğulacakmış gibi hissetme, seslere aşırı duyarlı olma, enerjisizlik, çabuk yılma ve iştahta artış ya da azalış.

Davranışsal olarak

Ağlama, dalgınlık, kaybedilen kişiyi sürekli olarak aramak, kaybedilen kişiyi anımsatacak şeylerden kaçınmak, kendini sosyal çevreden soyutlamak ve uyku problemleri.

Duygusal olarak

Şok, şaşkınlık, üzüntü, korku, kaygı, öfke, suçluluk, umutsuzluk ve yalnızlık.

Bilişsel olarak

İnanamama, inkâr, ölen kişiye ait görsel ya da işitsel halüsinasyonlar görme.

Sıralanan tepkiler yas sürecini yaşayan kişilerde ortaktır. Doğal bir yas sürecinde ortaya çıkmaları da bir o kadar olağan ve beklenen bir durumdur.

Yas, en genel ifadeyle bir kayıp durumu karşısında verilen bu tepkilerin bütünüdür.

Yas sürecini daha iyi anlamak için yasın evrelerini ve bazı kuramları da bilmek gerekir. Bu süreç temel olarak belirli aşamalardan oluşur. Bu aşamalar belli bir sırayla ilerlemeyebilir. Hatta çoğunlukla kişiler için sıradan bağımsız ve kaotik olarak seyredebilir. Örneğin kayıp yaşayan biri, yas aşamalarının sonraki evrelerinden biriyle sürece başlayabilir. Aynı şekilde bazı kişilerde belli aşamaları hiç yaşanmayabilir.

YASIN AŞAMALARI ve YAŞANMA SÜREÇLERİ

1. Kaybın Kabulü

Yas sürecinin ilk aşaması kaybın kabulünü içerir. Kişinin ilk olarak kaybın gerçekten yaşandığının kabul etmesi gerekir. Kişiler kayıp sonrası yaşadıkları şok neticesinde kaybın gerçekliğine dair şaşkınlık hissedebilirler. Hatta kaybın gerçekten var olmadığını iddia ederek inkâr ederler. Böyle bir durumda yas sürecinin başlaması ve ilerlemesi mümkün olmaz. Çünkü kişi henüz kaybı kabul etmediği için yasını yaşayamaz. Birkaç saat ile birkaç hafta arasında değişebilen bu evrede kişi kaybın gerçekliğini kavramakta zorlanır. Yaşadıkları karşısında şaşkın, donuk, tepkisiz olabilir, boşluk ve gerçek dışılık duyguları yaşayabilir. Bu dönemde hatırlamada güçlükler, bedensel belirtiler görülebilir.

Bu evrede kişi kaybını kabul etmelidir. Eğer bu kayıp bir ölüm ise kaybedilen kişinin geri dönmemek üzere gittiğini kabul etmesi gerekir. Bu evrede sözel olarak kaybın kabul edildiği söylenebilir. Fakat duygusal anlamda kaybın kabul edilmesi, yaşayan kişi için zaman alacaktır.

2. Duyguların Farkına Varma

Yas sürecinin ikinci aşamasında yas dolayısıyla yaşanan duyguların farkına varılmalıdır. Kayıp sonrası kişi hem duygusal hem fiziksel anlamda acı çeker. Kaybın acısını giderek daha fazla hisseder, yoğun üzüntü ve özlem duyguları yaşar, kaybettiğini arar. Öfke, huzursuzluk, korku ve heyecan, konsantrasyon güçlüğü, ilgi duyulan ve keyif alınan şeylere yönelik isteksizlik görülebilir. Zihin kaybedilenin boşluk hissi ile meşguldür. Bu evre günler, haftalar boyu sürebilir.

Bu süreçte kişi duyguları üzerine çalışması ya da duygularını yaşaması için kendine müsaade etmesi gerekir. Aksi halde ağır bir yük olan yas ile ilgili duygular ifade edilemediği için bazı fiziksel ya da davranışsal, hoş olmayan durumlar olarak kendini gösterebilir. Örneğin, kişi duygularını bastırdığında öfkeli davranışlar gösterebilir ya da fiziksel anlamda bile hastalıklar yaşayabilir. Bu sebeple yas sürecindeki duyguların bastırılmaksızın yaşanması yas sonrası sağlıklı bir yaşam için önemli bir adımdır.

3. Çevreye Uyum

Yas sürecinin bir diğer aşaması, kaybı yaşayan kişinin, çevreye yeniden uyum sağlamasıdır. Kişi hayatında önemli bir değeri kaybettiyse bu, yaşamında önemli bir boşluk/eksiklik yaratacaktır. Özellikle adapte olma süreci kişinin hayatına nasıl devam edeceğini etkileyecektir. Hayatınızı derinde sarsan, önemli bir kayıp yaşadınız. Elbette bu durum pek çok yönden sizi etkiler. Tüm duygusal ve düşünsel yükleri atlatsanız bile hayatınızda büyük bir değişim olduğu gerçeğini atlatamazsınız. Bu noktada hayatımızı artık o kişinin ya da ilişkinin var olmadığı bir hale getirmemiz gerekir. Bu nedenle bu aşama önemlidir. Kişi kaybını anlamlandırıp kabul ettiğinde yas sürecine girer. Sonrasında, kayba rağmen hayata sağlıklı bir uyumu yeniden yakalar. Tüm canlılar için hayati olan yasa burada da devreye girer; 'Adapte olan, uyum sağlayan hayatta kalır'.

Yas iyileşmek için hayati öneme sahiptir. Yası yaşanmamış kayıplar, kişinin içinde yokmuş gibi görünse de asla yok olmaz. O yas yaşanmadıkça, kaybın matemi insanın her hücresince hissedilmedikçe tam bir iyi olma hali söz konusu olamaz. Enerjisinin boşalmasına izin verilmeyen her durum gibi yas da yaşanmadığı sürece kişide fiziksel ya da psikolojik semptomlara sebep olabilir. Yasın yıkıcı etkileri gün veya ay ile ölçülmez. Bazen bitti sandığınız o geçmiş, yıllar sonranızı bile kökünden savurup atabilir. Yeni hayata adapte olamamanıza neden olacak bir travmaya dönüşebilir. Gecikmiş yas dediğimiz kavram, geçmişin travmalarıyla belli ruhsal bozukluklara girmiş, hayatında her şeyin kötü gittiğini fark edip destek almaya gelen kişilerde gözlemlediğimiz bir durumdur.

Yas, kaybın doğal bir gerekliliği olmakla birlikte, bazı durumlarda patolojik yas olarak normal dışı seyredebilir. Çoğunlukla 6-24 ay arasında seyreden yas süresi normal görülür. Bu süreç içinde yeterli bir ortam ile kayıp yaşayan kişiler kendiliğinden iyileşecektir. Fakat bazı kişiler kayıp sonrası normal yas sürecinden farklı bir seyir izlerler. Bu durumda patolojik yas olarak bahsedilen durum akla gelebilir. Patolojik yası olağan yas sürecinden ayıran en önemli husus zamandır. Kronikleşen özlem duygusu, kaybı kabullenememe, aşırı öfkeli olma, hayata devam etmekte zorlanma, duygusal boşluk ve sürekli tedirginlik gibi semptomlar... Sürecin altı ayı aşması halinde bir uzmana görünmek iyi olabilir. Patolojik yasın, genel itibariyle kayıp yaşayan kişilerin %10 ila %15'lik bir bölümünde ortaya çıktığı görülür.

Yas Gerektiren Bazı Durumlar

- Hayatın akışını değiştiren olaylar ve durumlar
- Ani bir kötü haber almak
- Kazalar ve ölümler
- Tıbbi bir tanı almak
- Kronik rahatsızlıklar
- Fiziksel ve mental yetersizlikler
- Kürtaj ve düşük
- Zarar görmüş ve parçalanmış ilişkiler
- Ayrılık ve boşanma
- Gerçekleştirilememiş istekler
- Hayal kırıklıkları

Yasın yaşanmadığı durumlarda ortaya ne gibi tehlikeler çıkar?

• Geçmişin travmalarına dönüşmesi

• İş hayatında tekrar eden başarısızlıklar ve iflaslar

• Kaybetme korkusu

• Geçmişe takılı kalmak

• Geleceğe adapte olamamak

• Yaşam enerjisinin ölmesi ve vazgeçmişlik

• İkili ilişkilerde çıkmazlar ve başarısızlıklar

• Duyguları çok ağır ve derinde hissetmek veya hiç hissedememek

• Ölen kişiyi hayatının her anında hissetmek ve acısından kopamamak

• Kaygı bozukluğu, duygu durum bozukluğu gibi birçok psikolojik rahatsızlık

• Fiziksel hastalıklar

Yas yaşayan kişi psikolojik olarak yardım aldığında; kayıp öyküsünün ifade edilmesine yardımcı olabilmesi (inşa etmek), kayıp öyküsünün araştırılmasını desteklenmesi (inşa edileni çözmek) ve öykünün tutan, destekleyen ve besleyen şekilde yeniden inşa edilebilmesi için çalışılır. Yeniden inşa aşamasında, gerçeğin kabulüne doğru yol alınır ve kayıp deneyimini anlamak için daha tatmin edici yöntemler bulunur.

Bazı kuramcılar patolojik yasa, kişinin kaybedilen kişiye ya da ilişkinin kendisine değil de, kaybedilen şeye duyduğu öfkenin sebep olduğunu söylemişlerdir. Yani kişiler kendilerini terk ettikleri için kaybettikleri kişiye öfke duyarlar. Bu öfke o kadar büyük ve derindir ki bununla başa çıkamadıkları için bastırırlar. Ayrıca öfkelerini kendilerine yönlendirmek gibi bir çıkmaza girmeleri de olasıdır. Sonuç itibariyle kişinin kaybettiği kişiye duyduğu öfkenin büyüklüğü patolojik bir yas süreci yaşamasında etkili oluyor. Bu süreç bilinçdışı ilerlediği için çoğunlukla fark etmek mümkün değil. Fakat yine de terapötik süreçlerde bu tip kaybedilen kişiye duyulan öfkelerin açığa çıktığını çokça görmekteyiz.

Yukarıdaki yorum size tuhaf gelmiş olabilir. Yas gibi kaybedilen kişiye duyulan sevginin ifadesi sayılan bir sürecin öfke ile beslenmesi farklı bir teoridir. Fakat üzerinde düşünüldüğünde mantıklı gelebilir. Çünkü insanın sosyal bir varlık olmasının yanında narsisistik yanları da vardır. Bu narsisizmin bir kısmı hayatta kalmak için gereklidir. Çünkü insan yaşamını devam ettirebilmek için kendini yeterince önemsemelidir.

Yas gibi hüzün temeli bir kavram "Beni neden bıraktın" düşüncesinin doğurduğu öfkenin bir yansıması olarak görülüyor olabilir.

Çocukta Kayıp ve Yas

Kayıp söz konusu olduğunda çocuk ya da ergenlerin yetişkinlerden daha farklı olduğu inancı vardır. Özellikle çocukların ölümü anlamlandıramayacakları için ölüm gibi bir kayıptan etkilenmeyeceği düşünülür. Fakat durum hiç de öyle değildir. Son yıllarda yapılan çalışmalar ve gözlemlerde çocukların da kayıplara ciddi tepkiler verdiği açık olarak görülüyor. Hatta bazı uzmanlar, çocuk ve ergenlerin kayıptan çok daha fazla etkilenebileceğini savunur. Çocuklar ölüm gibi bir kaybın ardından ölümü tam anlamıyla kavrayamadıkları için ölüm onlar için başa çıkılması çok daha zor bir durum halini alır. Aynı zamanda çocuk ve ergenlerin hayatlarında önemli yer tutan kişileri kaybetmeleri, başkalarına yetişkinlerden daha fazla ihtiyaç duymaları sebebiyle zor olacaktır. Yani yetişkinler için bir yakının kaybı elbette çok güçtür. Fakat çocuk ve ergenlerin kaybettikleri kişi neticesinde kaybedecekleri daha fazladır. Yetişkin olan kişi "Ununu elemiş, eleğini asmış" atasözü gereğince hayatında belli bir olgunluk seviyesine ulaşmıştır. Fakat çocuk ve ergen hayatını inşa etme aşamasındadır ve bu inşa esnasında meydana gelecek önemli bir kayıp çok daha zorlu ve çetin bir süreç olacaktır.

Çocuk ve ergenlerin kayıp ardından verdileri tepkiler gelişim dönemlerine göre farklılık gösterir. Özellikle ölümü anlamlandıramadıkları 9-12 yaşlarına kadar çocuklar kaybettiklerinin dönmesini beklerler. Kaybettikleri kişinin bir daha geri dönmeyeceğini henüz anlamadıkları için devamlı olarak o kişiyi ararlar. Bulamadıkları için öfke patlamaları yaşayabilirler. Yaşadıkları yoğun duygusal yük dolayısıyla uyku problemleri, enürezis (alt ıslatma), enkoprezis (dışkı kaçırma) ve parmak emme, bebeksi konuşma, anne ve babayla uyumayı isteme gibi regresyon (önceki gelişim evrelerine geri dönüş) içeren tepkiler verebilirler. Ölümü anlamlandırdıktan sonra ise ona dair sorular sormaya başlarlar. Terk edilmek ve ölümle ilgili endişelerin bu dönemlerde görülmesi normaldir. Yasın seviyesi ciddi boyutlara ulaştığında ise depresyon, duygu-durum bozuklukları gibi psikolojik bozukluklar dahi görülebilir.

Geçmişimizde önemli bir kayıp yaşamak, hayatımızın geri kalanı için oldukça şekillendiricidir. Çünkü önemli kayıpların hepsi hayatımızda sonu gelmez boşluklar oluşturur. Bu boşluğun sonrasında hayat artık o eski hayat değildir. Hayat, bazen elde kalan son taşlarla oyuna devam etmeyi gerektirir. Bu oyunda yutulan taşlar, bir yanı hep eksik bırakır. Daimi olarak sürecek bu eksiklikle baş etmenin en iyi yolu ise bize verilen duygularımızı yaşamak, yani matemimizi tutmaktır. Bir kayıp varsa yas da olmalıdır. Çünkü yas olmaksızın kayıp bir boşluk olarak kalmaya devam eder ve üzerinden zaman da geçse de, geçmişin travması olarak bizi hep takip eder. İşte kayıp ve yas faktörü, geçmişin geçmişte kalmadığının en açık göstergesidir.

Yası tutulamayan kayıplar, vedalaşılamayan ölümler, bilinçdışıyla bile olsa kabul edilmeyen kayıplar... Bunların hepsi süreç doğru atlatılmazsa geçmişin en büyük travmalarına dönüşebilir. Uzun süre hasta yatağında baktığınız babanızın ölmesi, çocuğunuzun kucağınızda can vermesi, çok sevdiğiniz eşinizden ayrılmak zorunda kalmanız ya da dedelerinize kadar tanınan bir mahalleden ayrılmak... Beklenmedik ve trajedisi yüksek her türlü kayıp, doğru kontrol edilmezse gelece gönderilmiş bir bomba gibi patlayacağı zamanı bekler. Bu yüzden kayıp ve yas temasını hafife almadan etrafınıza tekrar göz atmayı deneyin. Kim bilir, belki sürekli hasta olan bir yakınınız, işleri sürekli altüst olan bir arkadaşınız, ve çocuk yapamayan, korkan, endişeli ve yıkık bir hayat, kayıp ve yas temasının altında kalmıştır?

Bu kitapta bazen bilimsel bazen de edebi bir dille sizlerle konuştuk. Dertleştik, dertlerimizin nerelerden geldiğini ve nasıl silinmediğini anlatmaya çalıştık. Hayatın acı döngüsü içinde bilgileri sistematik versek de inancı unutmadık. Bu konuyu inancımız ile kayıp ve yas temasına uygun bir alıntı ile bitirelim:

"Allah der ki 'Kimi benden çok seversen onu senden alırım...' Ve ekler: 'Onsuz yaşayamam, deme, seni onsuz da yaşatırım.' Ve mevsim geçer, gölge veren ağaçların dalları kurur, sabır taşar, canından saydığın yâr bile bir gün el olur, aklın şaşar. Dostun düşmana dönüşür, düşman kalkar dost olur, öyle garip bir dünya. Olmaz dediğin ne varsa hepsi olur... 'Düşmem' dersin düşersin, 'Şaşmam' dersin şaşarsın. En garibi de budur ya, 'Öldüm' der, yine de yaşarsın."

Hz. Mevlana

İçindeki Gücü Keşfet: Travma Sonrası Büyüme

Travma kelimesi Yunanca yara anlamındaki kökten gelir. Travma sonrası başarı dediğimizde, yaranın iyileşebileceğini ve hatta o yarayı hatırlamanın sizi daha güçlü kılabileceğini anımsayabilirsiniz.

Bu kitapta sık sık geçmişe gidip bugün yaşadığımız birtakım sorunların geçmişteki sebeplerini inceledik. "İçindeki gücü keşfet" gibi sözler aslında sizi harekete geçirmek için söylenmiş kişisel gelişim söylemleri. Ciddi bir zorluk ya da ağır bir hikâye yaşadığınızda tek başına sizi harekete geçirmeye yetmez. Ancak mesele geçmişin yükü ya da travması olduğunda, geçmişten gelen acının verdiği itici gücün yerini hiçbir söylem ya da nasihat dolduramaz.

Travmatik olaylara maruz kalmış bazı kişiler vardır, çok güçlüdürler. Güçleri işte buradan gelir. Dünya literatürüne de araştırma konusu olarak yansımış bu durum "travma sonrası büyüme"dir. Bu kitapta birçok hastalığın, başarısızlığın ve bugüne taşınmış kaosun altında hep geçmişin izlerini aradık.

Bu başlıkta ise tam tersi bir perspektiften bakarak, olumsuz bir durumun ya da geçmişten gelen bir travmanın gelecekte bizi nasıl iyi yerlere getirebileceğini, özellikle başarılması imkânsız gibi görünen işlerde nasıl bir itici güç haline gelebileceğini anlatmak istiyoruz.

Stres hayatımız için kaçınılmazdır. Kaçınılmaz olmasının yanında, belli dozda stres kişiliğin gelişimi için de gereklidir. Stres düzeyi çok az ya da çok fazla olan kişilerin başarılı olma ihtimalleri azdır. Çünkü bir işi yapabilmek için bizi harekete geçirebilecek derecede rahatsızlık gereklidir. Eğer hayatın akışından veya bir işin işleyişinden yeterince rahatsız olmazsak o işi yapmak için gerekli ivmeyi de yakalayamayız.

Mesela odasının dağınık olmadığını düşünen biri, odadaki dağınıklık konusunda hiçbir rahatsızlık duymayacaktır. Rahatsızlık hissetmediği için harekete geçmeyecek ve odasını toplamayacaktır.

Bu durum genel olarak organizmalar kanunu olarak kabul edilebilir. Çünkü organizma yani tüm canlılar bir durumdan yeterince rahatsız olmadığı sürece harekete geçmezler. Bir canlı tüm enerjisini asıl önem arz eden durumla karşılaştığı ana saklarlar. İnsan beyni de böyledir, yeterli düzeyde baskı ve disiplin olmadan öğrenemez, hatta kendini geliştiremez.

Biyolojik organizmalar olarak biz insanların harekete geçmesini sağlayan en önemli faktör, gerekli düzeyde rahatsızlık duymaktır.

Diğer bölümlerde bahsettiğimiz gibi travmalar, insan hayatını altüst eden, ağır yaşam olaylarıdır.

Geçmişte araştırmalar daha çok, travmanın kişileri olumsuz etkileyen yönlerine eğilmiş, günümüze yansıyan olumsuz etkilerini ortadan kaldırmaya ağırlık vermişti. Bunun yanında travmanın geliştirici etkisinden bahseden çok az kaynak vardı. Son yıllarda travma sonra büyüme ya da gelişme olarak adlandırılan bir kavramın ortaya çıkmasıyla bu alandaki güncel araştırmalar artmaya başladı. Her ne kadar bilim bu alana yeni yeni odaklansa da, travma ya da acının insanı geliştirdiği üzerine düşünceler çok eski dönemlere dayanır. Pek çok eski Yunan,

Budizm ya da Hinduizm öğretisinde acının geliştiriciliğinden bahsedilir. Bunun yanında tüm kutsal metinlerde de acı çekmekle başlayan bilgelik yolundan bahsedilir. Örneğin Hristiyan inancı, Hz. İsa'nın çarmıha gerilmeye çalışılması ve çektiği acılar sonucunda insanüstü bir boyuta erişmesi üzerine kuruludur. İslam dininde de acıların kişiyi Allah'a yaklaştırdığına dair inançlar vardır. Ayrıca, tasavvufi düşünce de acının geliştirici etkisinden bahseder. Dervişler çilehanelerde çile doldururlar. Hatta büyük İslam alimleri, dertlerinin olmadığı dönemlerde "Biz ne günah işledik de Allah bize dert vermiyor" diye düşünürlermiş. Çünkü onlar için dert, insanı Allah'a yaklaştıran bir araçtı ve dertsiz olmak bir tür eksiklikti. Derdin varlığıyla güçlendiklerini düşünürlerdi.

Travma sonrası büyüme kavramı literatürde ilk olarak Tederschi ve Calhoun (1996) tarafından kullanıldı. Bu iki araştırmacı travma sonrası büyümeyi, zorlayıcı hayat krizlerinin sonucu olarak kişide ortaya çıkan olumlu değişiklikler olarak açıkladılar. Burada kastedilen, travma sonrasında kişinin hayatını olumlu yönde değiştiren tecrübelerdir. Araştırmacılar travma sonrası büyümenin beş alandan oluşabileceğini savunurlar.

1. Yaşamın kıymetinin bilinmesi ve önceliklerin değişmesi

2. Daha sıcak ve samimi ilişkiler kurmaya başlama

3: Kişinin kendi gücünün farkına varması

4: Hayattaki yeni yolları keşfetmeye başlama

5: Ruhsal gelişim alanları

1. Yaşamın kıymetinin bilinmesi ve önceliklerin değişmesi

En genel anlamından küçük detaylara kadar yaşamda var olan her şeyin anlamlandırılmasını içerir. Kişiler hayatı anlamlandırıp onun kıymetini görmeye başladıklarında hayattaki küçük olay ve durumlar bile kişiye anlamlı ve değerli gelmeye başlar. Bu durum kişiyi küçük gibi görünen olayların dahi ne kadar öncelikli olabileceğinin farkına vardırır ve kişi önceliklerini değiştirebilir.

2. Daha sıcak ve samimi ilişkiler kurmaya başlama

İkinci olarak, travmalar bize ilişkilerin nasıl olması gerektiğini ve nasıl olduğunda iyi geldiğini öğretir. Kişiler travmayı tecrübe ettikleri için travma anı ve sonrası için oldukça değerli olan ilişkilere sığınırlar. Bu ilişkiler ne kadar anlamlı, derin ve samimi olursa kişi için o kadar iyileştirici olur. Bu sayede kişi travma sonrasında kazandığı farkındalıkla ilişkilerini iyileştirebilir.

3. Kişinin kendi gücünün farkına varması

Travma ile karşılaşan ve onunla mücadele eden bir kişi, mücadele edebildikçe kendini daha güçlü hisseder. Travmayı geçmişte bırakmayı başarırsa, bu başarabilmesiyle gurur duyar. Kendi içsel dinamiklerinin farkına varır ve ağır bir yaşam olayı olan travmayla bile başa çıkabiliyorsa her şeyle başa çıkabileceği yönünde öz saygısı artar. Bu durum onun psikolojik dayanıklılığını da arttırır.

4. Hayattaki yeni yolları keşfetmeye başlama

Dördüncü alan, travma sonrasında kişinin kendini yeni olası yollara açabilmesiyle oluşur. Travmadan sonra hayatta kalabilen kişiler hayatlarındaki yollarını sorgularlar. Kendileriyle ilgili farkındalıklarının artmasıyla yeni yollar keşfedebilirler. Örneğin kişi travmatik anıyı yaşayana kadar kendiyle pek uyuşmayan bir meslek alanındayken travma sonrası farkındalıkla kendine uygun bir mesleğe yönelebilir. Daha mutlu olduğu mesleğini dolaylı olarak travmasına borçludur.

5. Ruhsal gelişim alanları

Son olarak da travmatik anının kişiyi ruhsal anlamda geliş-
tirmesinden bahsedilir. Bu gelişim inanılan bir din var ise ona
yönelik araştırmaların çoğalması ya da kişinin varoluşu ile ilgili
meseleler üzerine düşünerek kendi ruhsal gelişimini gerçekleş-
tirmesiyle mümkün olabilir. Travma sonrası daha yüksek ruhani
bir varlığa inanma ihtiyacı artar. Bu, aynı zamanda düşünsel
seviyede bir başa çıkma mekanizması olarak görülebilir. İnanç
sistemi aynı zamanda kişinin hayatı anlamlandırmasında da et-
kili olacağı için kişinin hayata duyduğu takdiri de etkileyecektir.

Bütün bunlar travmanın kişinin hayatı için bir durup dü-
şünme fırsatı olabileceğini gösterir. Travma insanın hayatını
öyle bir sekteye uğratır ki o kişi kendisi, çevresi ve hayatıyla
ilgili sorgulamalara girer. Bu sorgulamalar neticesinde kendine
varabiliyorsa bu, kişiyi büyütecektir.

Belki de o kişi travmadan hayatını hiç sorgulamamıştı.
Hem dünyası hem de geleceği için oturmuş fikirleri yoktu.
Travma bunları sağlayarak kişinin kendini gerçekleştirmesine
dahi sebep olabilir.

Bazı araştırmacılar, travma sonrası büyümeyi etkileyecek bazı
bireysel ve çevresel etkenleri incelemişlerdir. Dışa dönüklük ve
tecrübelere açık olma gibi kişilik özelliklerine sahip kişilerde
travma sonrası büyüme olasılığı artıyor. Bu noktada kişinin
stresi yönetmekle ilgili tavrı da önemlidir. Burada travmaya
yönelik bakış açısı ve düşünceler ön plana çıkar. Kişi, travmaya
hayatını altüst eden bir canavar olarak bakıyorsa travma sonrası
büyüme yaşaması zor olur. Fakat travmayı hayatı anlamlandırıp
yeni şeyler öğrenmek bir itici güç olarak görürse büyüme ya-
şayabilir. Sosyal çevreden alınan destek de yine çok önemlidir.
Kişinin çevresiyle olan etkileşimi travmaya vereceği tepkiyi
etkileyecektir. Daha destekleyici ve ihtiyaçlarının karşılandığı

bir çevre, kişinin travması ile yüzleşip iyi yönde başa çıkmasını etkiler. Tam aksi uçtaki bir çevre ise kişinin travmanın olumsuz tarafında takılıp kalmasına sebep olur.

İnsanın hayatını altüst eden travmalar, kişiye bıraktığı ağır yükün yanında hayat ve kendisi üzerine yeniden düşünme fırsatı verir. Günlük hayatın sıradan temposunda çoğumuz hayat ve kendimiz üzerine düşünme fırsatı bulamayız. Doğrusu, bunun için bir fırsat yaratmayız. Bu bölümün başında bahsettiğimiz gibi, kişi harekete geçmiyorsa, onu hayatı ya da kendisi üzerine düşünmeye değecek kadar rahatsız eden bir şey yok demektir. Rahatsız olmadığı için de bir enerji harcamaz.

Fakat bir travma gelip hayatımızı alt üst ettiğinde bu değişim, hayata ve kendimize dair güvendiğimiz her şeyi etkileyip değiştirebilir.

Yaşadığımız bir travmanın sonuçları, bundan sonraki hayatımızı altüst edecek kadar etkili ve büyük ise hayatımız düşündüğümüz kadar güvenilir değildir artık. İşte bu korkutucu düşünceyi hissedip aklımızın bir köşesine iyice yerleştirirsek, travmanın etkisini güce çevirmemiz de o derece mümkün olur. Böyle bir travmadan geçmiş kişi artık o eski kişi değildir. Kendi kendini bile tanıyamaz. İşte her şey yıkıldığında insan kendi hikâyesini inşa etmeye başlar.

Travma kaynaklı gelişim grafiğinin herkeste aynı olacağını söylemek güçtür. Aynı ailede aynı kaderi yaşayan kardeşlerden biri, hayatını tepe taklak aşağı yönde istemsizce yuvarlarken, diğeri hayatını olumlu yönde değiştirecek bir güce erişebilir.

Örnek vermek gerekirse, bir evin babasının beklenmedik vefatı, bir kardeşi hüzne sürüklerken diğerini onun veliahdı olmaya, bir başkasını da tüm durumlardan ibret almaya sürükleyebilir. Yaşanan olaydan ders çıkaran ve çakıldığı yerden ayağa kalkmaya çalışan kardeş ile babasının yasını tamamlayamayan ve o hüznü tüm hayatına aktaran kardeş arasında ciddi farklar olacaktır. Bu noktada, doğru ile yanlışı ayırt etmeyi bilmek, yeniden hayata tutunmaya karşı duyulan istek, Yaratıcının kişiye verdiği bir lütuf gibidir.

Birçok ailede aynı travmatik durumdan etkilenip hayata yeniden tutunan ile kaosa sürüklenen hikâyeler görmek mümkündür. Bu yüzden travmanın bizde yarattığı etkiyi iyi tanıyıp onunla barışmalı, geleceğimizi şekillendirmede en çok ondan faydalanmalıyız.

Geçmişin travmaları karşısında verilen tepkileri ve ağır sonuçlarını diğer bölümlerde açıklayıp göstermeye çalıştık. Fakat görüldüğü üzere bu tepkiler adeta parmak izi gibi her insanda farklılık gösterir. Bazıları için travmatik anı bir canavar iken bazıları için travmalar hayatlarındaki başarılar için bir mihenk taşı rolünü üstlenir. Bu durum bize her insanın birici kliğini gösterir.

Travma sonrası büyümeyi bir de kader kavramıyla ele almak gerek. Bizim coğrafyamızda yaşadığımız iyi ya da kötü olayları 'kader' deyip kapatmaya çalışmamız oldukça meşhurdur. Bu yola özellikle kötü olaylardan sonra başvurulur. Evet, belki çocuğun babası tarafından istismar edilmesi, ebeveynini seçeme-yeceği için kaderdir. Fakat eğer bu çocuk, "Bu benim kaderim" diyerek hayatının aşağıya doğru yuvarlanmasına seyirci kalmayı tercih ederse, irade kavramını unutmuş demektir. Yazılan şey kaderdir, yazılanlardan hangisini tercih edeceğimizi ise irade belirler. Ebeveynimiz kaderimizdir, ama hayatımızı nasıl ya-şayacağımızı biz belirleriz. Yaşadığımız travmayı zamanı geri alarak düzeltemeyiz fakat travma sonrası bizim ellerimizdedir.

Travmaya ve iyileşmeye doğru binlerce yol olsa da, herkesin yolu özgün ve biriciktir. Travma kimi zaman kişiyi hastalığa, kimi zaman tekrar eden bir kaosa, kimi zaman da başarıya götürebilir.

Önemli olan herkes için ayrı olan 'o' yolu bulmaktır. Travmanın yıkıcı ve insanın peşini bırakmayan sinsi bir yönü olsa da kişilerin hayatını değiştirebilecek bir acıyı kaldıraç olarak içinde barındırdığını da unutmamak gerekir.

Travmanın Hastalığa Yansımaları

Travma insan beyni ve bedeninde hayli kalıcı izler bırakır. Bu izler bazen fiziksel bazen de psikolojik bozukluklar olarak kendini gösterir. İnsanın hayatını altüst eden travmalar, önemli hastalıklara yol açabilir.

Felitti ve Anda'nın Amerika'da yaptıkları bir araştırmada travmanın fiziksel hastalıklarla ilişkisi ile ilgili şaşırtıcı sonuçlar ortaya çıktı. 17.337 travma mağduru yetişkinle yapılan bu araştırmada, travmaya maruz kalma oranı yükseldikçe KOAH, iskemik kalp hastalığı ve karaciğer hastalığı gibi önemli hastalıklarla karşılaşma oranı %15'ten fazla bulunmuştur. Kansere yakalanma oranı ise iki kat artar. Aynı zamanda diğer araştırmalarda astım, hipertansiyon ve kronik ağrı sendromu gibi fiziksel anomaliler de görülebilir.

Psikolojik rahatsızlıklara gelindiğinde ise rakamlar daha da büyüyor. Örsel ve arkadaşlarının (2011) Türkiye'de yaptıkları bir çalışma ilginç rakamlar sunuyor. Tamamı psikiyatrik bozukluklara sahip olan kişilerle yapılan bu araştırma sonucunda, katılımcıların %65'inin en az bir istismar ya da ihmal türüne (bu türler duygusal, fiziksel ve cinsel olarak üç başlıkta toplanmıştır) maruz kaldıkları görüldü. İstismar ve ihmale maruz kalanların ise %55'i duygusal ihmale, %34'ü fiziksel ihmale ve %10'u cinsel ihmale maruz kalmıştı. Aynı araştırmada eğitim seviyesinin yüksek olmasının istismar ve ihmali düşürmediğini, aksine eğitim seviyesi yüksek olanların daha fazla istismar ya da ihmal mağduru olduğu bulundu. Dünyadaki diğer araştırmalardan farklı olarak ise eğitim, göç ya da sosyoekonomik nedenlerden dolayı ailelerinden uzun süre ayrı kalan kişilerde daha fazla istismar ya da ihmale rastlanabildiğini gördüler. Bu araştırma bize psikolojik bozuklukların yüksek oranlarda travmalardan etkilendiğini gösteriyor.

Hastalığa yansıma senaryolarını incelerken bir önceki kitabımız olan *Hastalıkların Duygusal Sebepleri*'nin ölüm istatistiklerine baktığımızda tablonun devamının ne kadar vahim olduğunu daha iyi anlayabilirsiniz. Duygusal nedenlere bağlı tüm hastalıklar önce travmatik anılarla ortaya çıkar. Önüne geçilmez ise psikolojik bozukluklara, oradan da fiziksel hastalıklara kadar uzayan bir kaosa dönüşebilir.

Yukarıdaki araştırma sonuçları bizleri travmanın ağır etkisiyle ortaya çıkan ya da bir şekilde etkilenen diğer psikolojik bozuklukları araştırmaya ve incelemeye itti. İlerleyen bölümlerde Sınırda Kişilik Bozukluğu ve Duygu Durum Bozuklukları gibi sorunları geçmişin travmaları çerçevesinde inceleyeceğiz.

TRAVMAYLA BAĞLANTILI BAZI PSİKOLOJİK PROBLEMLER ve BUNLARIN GEÇMİŞLE BAĞI

Kitabın bu bölümünde geçmişten gelen travmaların neden olduğu düşünülen psikolojik problemleri ve onların geçmişle derin bağlantılarını açıklayacağız.

Bu bölüm; kişilerin kendine tanı koyması için hazırlanmamıştır. Okurlarımız buradaki bilgilerin hiçbirine dayanarak kendine bir tanı koymamalı, herhangi bir yerden kesinlikle bununla ilgili tedavi yöntemi talep etmemelidir. Her kişinin travmatik öyküsü ve hayat hikâyesi kendine özgüdür. Tanı koymak bir durumu adlandırmak için değil, tedaviye giden yolun birinci adımı olarak gereklidir. Tanının konulması da çözüm yollarının oluşturulması da sadece uzman eşliğinde yapılmalıdır.

Bu bölümdeki bilgiler bilimin ortaya koyduğu son verilere ve önemli araştırmalara dayanmakta, verilen bilgilerin kaynakları, diğer tüm araştırmalar gibi, kitabın son kısmındaki Kaynakça bölümünde yer almaktadır.

Travma Sonrası Stres Bozukluğu (TSSB)

TSSB, dehşet ve korku hissi yaratan travmatik olayların sonucunda ortaya çıkabilecek mental bir bozukluktur ve en az bir ay sürmesi beklenir. Olayın üstünden en az bir ay, bazen de yıllar geçtikten sonra kendini gösterebilir. Bu bozukluk geçmişin travmaları arasında en önemlilerindendir.

Diğer bozukluklardan farklı olarak, tanı konabilmesi için yaşam öyküsünde bir travmanın bulunması şartı vardır. TSSB ilk defa 1980'de, Amerika'da Vietnam Savaşı'ndan dönen askerler üzerinde yapılan çalışmalar neticesinde ortaya çıkmış bir tanıdır.

Travma anında ve TSSB geliştiren kişilerde tehlike durumlarında beyinde ve bedende gerçekleşen etkileşimleri "Travma ve Beyin-Beden" bölümünde ve diğer birçok yerde incelemiştik.

TSSB yaşayan kişiler, travma hikâyesi üzerinden zaman geçmiş olsa da benzer yeni bir olayla karşılaştıklarında, beyin ve beden olarak travma anının şiddetine ve heyecanına dönerler. Dolayısıyla travma anına dair yineleyen rüyalar, kişinin travmayı yeniden yaşıyormuş hissine kapılması ve travmayı hatırlatan olayların karşısında yoğun ve uzun süreli ruhsal sıkıntı yaşama gibi belirtiler, travmadan sonra dahi devam edebilir. Örneğin deprem gibi travma oluşturabilme özelliğine sahip bir doğal afeti yaşayan bir kişi bu durum sonrası TSSB geliştirebilir. Depremi andıran ufak bir sarsıntıda, yaşadığı o travmatik ana geri dönebilir ve aynı korkuyu ilk anki sıcaklığıyla hissedebilir. Ya da sokak ortasında ciddi bir saldırıya maruz kalmış birinin sokakta yalnız yürüyememesi, kaza geçirmiş bir kişinin uzun süre araç kullanmaktan korkması ya da bir araca bindiğinde kendini güvende hissetmemesi, köpek saldırısı sonrasında özellikle köpek gördüğünde yoğun korku ve çarpıntı yaşaması gibi pek çok dışavurumun travma sonrası stres bozukluğuna dönmüş bir geçmiş yükü olduğunu söyleyebiliriz.

Fakat bilinmesi gerekir ki her travma yaşayan kişide TSSB ortaya çıkmaz. Hatta travmatik olay yaşayan çoğu kişi TSSB geliştirmez. Travma sonrası TSSB gelişme olasılığı %20 civarındadır. Bu durum öncelikle travmanın şiddeti ile ilişkilidir. Örneğin aynı depremde enkaz altında uzun süre kalıp kurtarılan biri ile deprem anında orada olup evi yıkılmamış ve enkaz görmemiş birinin yaşadığı, aynı travma olamaz. Travmanın şiddeti arttıkça beynin ona atfedeceği tehlike seviyesi de artacağı için şiddetli durumlara maruz kalanlarda travma etkisi daha kalıcı olabilir. Aynı zamanda disosiyasyon (disosiyasyon travma anının hatırlanamaması ya da çok az ve yanlış hatırlanması olarak geçer, detaylı bilgi için Disosiyatif Bozukluklar bölümüne bakınız) yaşayan travma mağdurlarında diğer mağdurlara göre daha fazla TSSB görüldüğü biliniyor. Yani travma anıyla ilgili bir çözülme yaşayan ve o sırada kendisinden ve andan uzaklaşarak geçmişine dair bütünlüğünü yitiren kişiler, düşünce bazında kayıp olan fakat duygu olarak onu korkutan bu durumun sonrasında TSSB semptomlarını daha fazla gösterebilirler.

Bir de aynı şartları yaşayıp farklı tepkiler veren iki kişinin durumuna bakalım. Kişilerin travma etkisi yaratacak olayı ve durumu nasıl değerlendirdiği çok önemlidir. Bir olay yaşandığında herkes durumu aynı şekilde hissetmez. Kimi birey yaşadığı olayı çok hafif atlatabilirken bir başkasının aynı olaya verdiği tepki, belki de çok daha önceden yaşadığı bir anı tetikleyerek, çok daha büyük olabilir. Örneğin büyük bir kaza sonrasında, alt yapısında kaygı problemi olan bir kişinin panik bozukluk belirtileri gösterme ihtimali yüksek iken, aynı kaza sakin bir karakter için daha kısa süren bir soruna neden olabilir.

Bunun yanında travma mağdurlarının aldığı sosyal destek ve yüksek düzey zihinsel beceriler de TSSB geliştirmemek açısından koruyucu bir rol üstlenir. Sosyal destek, kişinin travma anında ya da sonrasında aldığı psikolojik yardımdır. Dolayısıyla travma anında sevip güvendiği kişilerle beraber olan ya da travma sonrası yine güvendiği kişilerce desteklenip sakinleştirilen birinin TSSB geliştirme ihtimali daha azdır.

İnsanı en çok mutlu eden şey, bir diğeri ile kurduğu bağdır. Yani insani ilişkiler ve bu ilişkiler içerisinde kurulan güven bağı sayesinde anlaşılıyor olmak bireyi travmanın olumsuz etkilerinden korur. Yüksek düzey zihinsel becerilerle travmanın anlamlandırılması ve içinde bulunulan durumun daha iyi kavranması da TSSB'yi önleyebilir. Bu da bilişsel becerilerimizi yani düşünce ve bakış açımızı değiştirmek, dönüştürmek ve farklı açılardan bakabilme yeteneğine sahip olmakla mümkündür.

TSSB yaşayan birinin aynı acıya geri dönüşünün ne kadar sonra ortaya çıkacağı hiç belli olmaz. Çocuklukta tacize uğramış birinin, bu bozuklukla ergenlik yıllarında tanışması da mümkün olabilir. Bu yüzden yaşadığınız her duygu durum bozukluğunun ya da hastalığın adını siz koyamazsınız. İlk nerede başladığını yani nereden geldiğini bilmediğiniz bir problemle karşılaştığınızda, olayın kaynağını kurutmadıkça bu kaosla yüzleşemez, etkilerinden birden kurtulamazsınız. Kendi haline bıraktığınız bir bozukluğun kendiliğinden düzelme ihtimali olsa da bunun sizi hastalığa götüren bir seyre dönüşmesi de mümkündür.

TSSB'ye Karşı Koruyucu Faktörler

Bonanno (2004) yazdığı bir makalede, travma yaşayan çoğu insanın TSSB geliştirmemesi üzerinden bu kişilerde bulunan direnç mekanizmalarını yorumladı.

Bonanno öncelikle dayanıklılık kavramından bahsediyor ve dayanıklılığı üç yönden inceliyor.

Dayanıklılık

1. Kişinin hayatı anlamlı bulması: Hayatın bir anlamının olduğuna inanmak kişiyi yaşanacak olaylara karşı daha güçlü kılıyor. İnsan ruhunun istediği, yıllar boyunca aradığı en büyük hakikat budur diyebiliriz: Yaşamı anlamlandırmak ve bu dünyadaki amacını bulmak...

2. Yaptıklarının bir başkasını etkileyebileceğine inanması: Diğerleriyle kurduğu ilişkide sorumluluk sahibi olduğunu bilmek kişiyi dayanıklı hale getirir. Örneğin, çocuk sahibi olmayan bir kadının ailesinden birini kaybetmesiyle anne olup sorumlulukları olan bir kadının aynı kayıp karşısında vereceği tepki bir değildir. Anne olan bireyin arka planda bekleyenler nedeniyle bir an önce ayağa kalkması gerekirken bekâr bir kadının tek sebebi kendisi olabilir.

3. Hayattaki hem olumlu hem olumsuz olaylardan öğrenecek şeyler olduğunu düşünmek: Yaşanan olaylardan ve durumlardan anlam çıkarabilmek, olayları bir ders gibi görebilmek kişiyi dayanıklı hale getirir. O nedenle bizim olaylardan sonra ilk sorduğumuz sorulardan biri, "Bu olaydan ne öğrendiniz?" olur.

Yani kişi hayata bir anlam yüklediğinde, davranışlarının çevresindeki kişileri etkileyebileceğine inandığında ve iyi ya da kötü olsun her olaydan öğrenilecek bir şey olduğunu bildiğinde, TSSB'ye karşı daha güçlü hale gelir.

Kendini Geliştirmek

Bonanno'ya göre bir diğer etken kişinin kendini geliştirmesidir. Kendiyle ilgili dinamikleri bilen ve yönetmeyi öğrenen, yani kişisel gelişimi üzerine çabalamış, yaptıklarının ve seçimlerinin farkında olan kişiler travmaya karşı daha dayanıklı hale gelirler.

Bastırma

Bonanno'nun şaşırtıcı iddiasına göre, "bastırma" mekanizması da bir başa çıkma yöntemi olarak travmaya karşı koruyucu olabilir. Bir duyguyu bastırmak olumsuz sonuçlar veriyor olsa da TSSB'nin ortaya çıkmasında engelleyici rol üstlenebiliyor. Çünkü kişi duygularını bastırdığı için daha az stres hissedecek, daha az stres hissetmesi de onu TSSB'den koruyacaktır. Hastalık bazında bakıldığında bastırma mekanizmasını kullanmanın TSSB geliştirmeyi engellemesi mantıklı görünebilir. Fakat bastırma mekanizmasını kullanmak kişiyi bazı duygu durum bozuklukları, kişilik bozuklukları ya da yeme bozukluğu gibi diğer psikolojik bozukluklara sürükleyebilir. Çünkü birey yaşadığı olayı görmezden gelerek aslında kendi duygularını da görmezden gelmektedir. Ancak unutmayın ki yaşanılan hiçbir duygu gizli kalmaz, kendini göstermek için fırsat kollar.

Olumlu Duyguya Sahip Kişiler

Bonanno son olarak, hepimizin tahmin edebileceği gibi olumlu duygulanımda olan kişilerin travmaya karşı daha korunaklı olabileceğini savunuyor.

Gelişmekte olmanın verdiği hareketliliğin ve önemli doğal afetlerin yaşandığı bir coğrafyada olmanın sonucu olarak, her an bir kaosun yaşanabildiği ülkemizde travmadan kaçınmak pek mümkün görünmüyor. Hiçbir kimse yoktur ki fanus içinde büyüyerek mutlu olsun.

Bunu size bir örnekle anlatalım. *Black Mirror* dizisinin bir bölümünde anne çocuğunun beynine bir çip taktırarak onu her türlü zararlı görüntüden korumayı hedefler. Gerek ekran karşısında gerek sosyal hayatında cinsellik ve şiddet içerikli her türlü görüntü esnasında çocuk, olayları bu çip sayesinde buzlu bir şekilde görmektedir. Hatta saldırgan bir köpeğin havlaması bile çocuktan gizlenir. Ancak zaman içinde büyüyen ve ilişkileri artan çocuk, bu durumun anormalliğini fark ederek annesinden çipini kapatmasını ister. Çünkü hem arkadaşlarıyla konuşurken konulardan uzak kalmakta hem de bahsi geçen birçok konuda gelişmemiş duyguları nedeniyle anlatılanlara anlam verememektedir. Çipi kapatılan çocuk, artık duygusal becerilerinin gelişmesi için geç bir yaşta olduğu için her türlü cinsellik ve şiddet içerikli görüntüyü rahatlıkla izlemekte ve basite indirgemektedir. Acı ve korku mekanizmasından yoksun kalan bu çocuk, dizinin sonunda annesini bıçaklayarak öldürmüş ancak hiçbir acı hissetmemiştir.

O nedenle kendimizi travmalardan sakınmak değil yaşanan olaylara karşı güçlendirmek, olayları anlamlandırabilmek gerekir. Evet, bir olay yaşanabilir ancak bu olayın üstünü örtmeden ne olduğuna, nasıl olduğuna, nerede yanlışlarımız nerede doğrularımız olduğuna, bize neler kazandırdığına bakmamız gerekir. Ancak bu sayede travmalara karşı gelişme faktörünü oluşturabiliriz.

Yani travmalar kaçınılmaz ise kendimizi ve çevremizi travmalara karşı daha güçlü hale getirebiliriz.

TSSB'den bahsetmişken, "travma sonrası büyüme"den de bahsetmek istiyoruz. Travmalar bazen kişileri daha güçlü hale getirebilir. Travma anı kişiye sınırlılıklarını göstermesi ve kendi kişisel potansiyelini geliştirebileceği bir alan olmasıyla hayatında olumlu bir dönüm noktası bile olabilir. Nietzsche'nin dediği gibi, "öldürmeyen acı güçlendirir".

Borderline (Sınırda) Kişilik Bozukluğu

Geçmişin travmalarının etkisinin net olarak hissedildiği yer burasıdır. Geçmişin travmatik öyküsü insanı öylesine etkiler ki kişiliği adeta iki parçaya böler. İlk olarak 1938 yılında Stern tarafından bahsedilen Sınırda Kişilik Bozukluğu, halk arasında sağı solu belli olmayan kişiler olarak tarif edilen insanlardır.

Sınırda Kişilik Bozukluğu ya da Borderline olarak adlandırılır. Borderline, sınır anlamına gelmesiyle, ismi ile kendini açıklar. Çünkü Sınırda Kişilik Bozukluğunda ilk görünen özelliklerden biri, sınırda olma halidir. Yani kişinin depresif ya da coşkun duygu durumları arasında göze çarpan bir istikrarsızlık vardır. Örneğin kişi, biri ile alakalı aşırı olumlu, idealleştirici duygular beslerken, birden o kişiyi kendi gözünde yerle bir eden, aşağılayan duygular beslemeye başlar.

Sınırda Kişilik Bozukluğuna sahip kişiler terk edilmekten kaçınmak için aceleci gayretler gösterebilirler. Aynı zamanda benliklerinde bir dengesizlik ya da istikrarsızlık duygusu hakimdir. Bağımlılık yapan davranışlara yatkınlık gösterebilirler. Alışveriş, madde ve alkol kullanımı, yeme gibi davranışların impülsif (dürtüsel) olarak sıkça tekrarlanması örnek gösterilebilir. Sınırda Kişilik Bozukluğuna sahip kişiler aynı zamanda kendilerine zarar verici davranışlarda da bulunabilirler. Zarar verme seviyeleri intihar girişimine kadar varabilir.

Gündelik yaşamda tekrarlayan bağımlılıklar geliştiren insanlar, okulda ya da işyerinde sürekli olarak depresif bir duygu durumunda dolaşan tanıdıklarımız, bir anlık öfkeyle ya da hislerle hayatlarında önemli değişiklikler yapan kişiler bize Sınırda Kişilik Bozukluğunu anımsatıyor. Aynı zamanda karşımıza geçerek kollarını bağlayan ve bizi adeta aşağıların aşağısında hissettirmeye çalışan fakat en küçük bir eleştiride egolarının un helvası gibi dağıldığı insanlardır. Sınırda Kişilik Bozukluğuna sahip kişiler yaptıklarını iliklerine kadar normal kabul eden insanlardır. Dengesizlik ve tutarsızlık denildiğinde aklımıza gelen ilk bozukluk budur. Bu kişilerin sürekli yeni şeyler deneyen ama tatmin olmayan, her durumun aşırısına koşan yapıları da bizlere pek çok kişiyi hatırlatabilir. Özellikle yukarıda bahsettiğimiz tabloları düşündüğümüzde etrafımızdaki pek çok insanı şüpheliler listesine ekleyebiliriz.

Geçmişle Bağlantısı

Sınırda Kişilik Bozukluğu hastalarının özellikle ilişkisel alanda yaşadıkları bu zorlanmalar onların geçmişleriyle çokça ilgilidir. Araştırmalar, Sınırda Kişilik Bozukluğu hastalarının %75 ila %90 oranlarında geçmişte ilişkisel travmalar yaşadıklarını gösterir. Yaşadıkları bu ilişkisel travmalar nedeniyle güvenli bir ilişki kurmakta zorlanırlar. Dünyayı tehlikeli bir yer ve kendilerini güçsüz, zarar verilmeye müsait olarak gördükleri için yalnızlık ve bağımlılık arasında gidip gelirler. Aynı zamanda bu kişilerin büyüme sürecinde duydukları ihtiyaçların ebeveynleri tarafından karşılanmadığını görürüz. Yani bu kişiler henüz çocukken hayal kırıklığına uğrarlar. Kişiliklerini destekleyici bir ebeveyn figürü olmadığı için benliklerini bölerler. Bu benlik bölünmesi ile her şey iyi ve kötü olarak ayrılır.

Melaine Klein'ın bölme olarak bahsettiği kavram Sınırda Kişilik Bozukluğunun dinamiklerini açıklamakta kullanılabilir.

Klein, bölme mekanizmasının erken bebeklik döneminde kullanılan bir savunma mekanizması olarak açıklar. Bölme mekanizması ile kişi bilinçdışı olarak nesneleri iyi ve kötü biçiminde keskin bir şekilde ayırır. Yani bir şey ya iyidir ya kötüdür. Yani ilişki kurulan insanlar hem iyi hem kötü olarak kabul edilmez. Bu nedenle Sınırda Kişilik Bozukluğunda kişiler karşılarındakileri ya çok değerli bir konuma koyar ya da değersizleştirirler.

Bir diğer açıklayıcı teori Linehan tarafından ortaya atıldı. Linehan, genetik yatkınlığın yanında aile ortamında duyguları önemsenmeyip düşünce ve davranışlarına müsaade edilmeyen kişilerin Sınırda Kişilik Bozukluğu geliştirdiğini savunur. Ailesi tarafından önemsenmeyen çocuklar duygularını kontrol etmekte zorlanırlar. Çocuk ailesi tarafından görülmez ve saygı duyulmaz bir konumdadır. Sonrasında bir döngü başlar. Çocuk duygusal boşluğundan dolayı ailesinden ciddi isteklerde bulunur. Aile bu istekleri ya görmez ya da usanarak çocuğu cezalandırır. Çocuk ailesinin bu tavrından sonra duygularını bastırır ve sonrasında daha büyük bir patlama yaşar. Böylece çocuğun hayatı, aşırı patlamalar ve kendini aşırı içe çekmeler döngüsüne dönüşür.

Sınırda Kişilik Bozukluğu bazı durumlarda farklı psikolojik bozukluklarla beraber görülebilir. Yapılan araştırmalarda Sınırda Kişilik Bozukluğunun en çok Anksiyete Bozuklukları, Obsesif Kompulsif Bozukluk ve Alkol Madde Kullanımı ile beraber gözüktüğü kaydedilmiştir.

Çözüme Giden Yoldaki Yaklaşımlar

Sınırda Kişilik Bozukluğunun sebebinin çoğunlukla yaşanılan ilişkisel travmalar olduğunu söylemiştik. Bu gerçeği düşündüğümüzde Sınırda Kişilik Bozukluğuna sahip kişilerin duygularını düzenlemekte zorlanmaları ve ilişkilerindeki güvenli dengeyi sağlayamamaları anlamlanıyor. Dolayısıyla Sınırda

Kişilik Bozukluğu söz konusu olduğunda duygu düzenleme odağında Psikoterapi faydalı olacaktır. Aynı zamanda 'Yeniden Mağduriyet' durumundan da kaçınmak gerekir.

Yeniden mağduriyet, kavram olarak kişinin sürekli olarak zarar verici ilişki türüne maruz kalması biçiminde tanımlanabilir. Sınırda Kişilik Bozukluğuna sahip kişiler sürekli olarak değersiz görüldükleri, ihtiyaçlarının karşılanmadığı ilişkilerde daha da kötüye gidebilirler. Bu durumda ilişkilerin kişiyi destekleyici ve sakinleştirici/yatıştırıcı nitelikte olması da tedavi için önemli bir aşama olacaktır. Peki bunu nasıl yapacağız?

Çevremizin bize olan tutumlarını değiştirmek bazen oldukça zor olabilir. Bu durumda biraz klişe olsa da "siz değişirseniz dünya değişir" mantığı devreye girer. Bizlerin görevi hiçbir zaman bir başkasını değiştirmek olmaz. Ama kendimiz değişmeye başladığımızda dünyamızın da değişmeye başladığını görürüz. İçinde bulunduğumuz ve memnun olmadığımız ilişkiler olabilir. Fakat unutmamak gerekir ki ilişkiler iki taraflıdır ve iki taraf da birbirini etkiler. Bizler bir tarafı daha iyi bir konuma getirdiğimizde karşı taraf da bir o kadar iyileşir. Eğer iyileşmezse ilişki devam edemez.

Sınırda Kişilik Bozukluğuna sahip kişiler, ilişkisel problemleri nedeniyle, psikiyatrik kliniklerde davranışsal olarak en zor hasta gruplarından biri olarak gösterilir. Dalgalanan duygusal durumları, ani çöküşler ve çıkışlar yaşanması bu hastalarla ilişki kurmayı zorlaştırır. Bu durum Sınırda Kişilik Bozukluğuna sahip kişilere karşı önyargılı olmamıza sebep olabilir. Fakat dikkat ederseniz bu kişiler, geçmişin ilişkisel travmalarıyla başa çıkmaya çalışırken yanlış yöntemler denemeleri ve bu yöntemleri hayatlarına tam anlamıyla tatbik etmeleri sebebiyle böyle davranırlar.

Etrafınızda Sınırda Kişilik Bozukluğuna sahip biri varsa bu denge yoksunluğundan bıkmış olabilirsiniz. Fakat artık bunun bir bozukluk olduğunu bildiğiniz için, yakınınız için ya da bunu bizzat siz yaşıyorsanız kendiniz için profesyonel yardım almaktan çekinmeyin. İnsan tüm dünyayla yüzleşmiş olsa bile kendi ile yüzleşmediği sürece değişim yaşayamayacaktır. Bu sebeple özelde Sınırda Kişilik Bozukluğu için ve genelde tüm psikolojik bozukluklar için kişinin kendine doğru yaptığı yolculuk, iyileşmenin ilk adımı olmuştur ve olacaktır.

Antisosyal Kişilik Bozukluğu

Antisosyal kişilik bozukluğu, başkalarının haklarına saygıyı önemsemeyen, tam aksine büyük bir saygısızlıklar dizisi biçimindeki davranışları kapsar. Antisosyal olan bireyler dürtüsel hareket ederler. Yani taleplerinin anında gerçekleşmesini isteyip başkalarının haklarını göz ardı ederler. Asla sınırları yoktur. Sizin hakkınıza riayet etmek, akıllarının ucundan bile geçmez. Şefkatsizlik ve saldırganlık davranışları diğerlerinden ayrılan çarpıcı özellikleridir.

Antisosyal Kişilik Bozukluğuna dair ilk bilgiler 18. yy'da deli olduğu düşünülen, insanlar tarafından nefretle karşılanan, suçlar işleyen kişileri anlamaya ve ruhsal bozukluklarını tanımlamaya yönelik çalışmalarla başlar. İlk tanımlamalar ise 19. yy'da Prichard tarafından yapılmıştır. Prichard, Antisosyal kişiliği "ahlaki delilik" olarak isimlendirir ve bu kişiliğe sahip insanların belirli bir yaşam tarzına uyan ama zihinleri ahlaki ilkelerden yoksun, ruhsal dengesizliğe sahip kişiler olduğunu söyler. Ki gerçek hayatta da çoğu zaman böyle kendini gösterirler.

Antisosyal kişiliğin oluşmasında sosyal ve biyolojik etkenler büyük role sahiptir. Geçmişin travmaları konusu açısından ele alınacak olursa; terk edilmek, temel güvensizlik ve genetik aktarım temalarının Antisosyal Kişilik Bozukluğundaki etkileri oldukça fazladır. Özellikle yaşamın ilk yıllarında oluşmasını beklediğimiz temel güven ve güvensizlik mekanizmasında oluşan bozukluklar, Antisosyal kişiliğin alt yapısını oluşturabilir. Bir bebek dünyaya geldiği andan itibaren bir diğerine tutunarak yaşamak ister. Ancak bundan mahrum kalan, özellikle de ten temasından ciddi anlamda yoksun kalan bireylerde nöral gelişimle ilgili sıkıntılar oluşabilir.

Anne tarafından terk edilen ya da doğumdan sonra uzun süre kuvözde kalan bebekler, anne ile güvenli bir bağlanma yaşayamaz. Bir travma olan bu durumun sonucunda kişide güvensizlik oluşur. Böyle bir kişi ileriki yaşlarında, ilişkilerindeki güvensizliğini dış dünyaya kızgınlık ve öfke olarak yansıtır ve psikiyatrik bozukluklara yatkın olur.

Bir diğer etken, çocuğun ailesi tarafından istenmemiş olmasıdır. Annenin çökkün bir ruh hali içinde olması direkt olarak çocuğa sirayet eder. Sürekliliği olmayan bir bakım ve annenin disiplinsiz olması gibi sebepler de çocuğun ilk duygusal gelişimini olumsuz etkiler. Çünkü yaşamın ilk altı yılındaki kimlik gelişiminde anne büyük bir rol oynar.

Sosyal etkenlerin yanında, aileden gelen genetik aktarımın da Antisosyal Kişilik Bozukluğunu %50 oranında etkilediği görülür.

Ailenin kişilik bozukluklarına etkisi sadece bebeklikle sınırlı kalmaz. Ailenin Antisosyal Kişilik Bozukluğu üzerindeki etkisini araştıran bir çalışmada, ailenin bakım ve ilgisinin yetersizliği ile birlikte, özgürlüklerin de aşırı derecede kısıtlanmasının erkeklerde ve kızlarda Antisosyal Kişilik Bozukluğuna zemin hazırladığı gözlemlenmiştir. Yapılan bir diğer araştırmada 8 yaşından itibaren izlenen deneklerde suçlu anne-baba, kalabalık aile, düşük zekâ düzeyine sahip anne-baba ve olumsuz anne-baba tutumları, alkol ya da madde bağımlısı baba, çocukluk döneminde anneden fiziksel şiddet gibi değişkenlerin, yetişkin yaşamda Antisosyal kişiliğin gelişmesinde önemli rol aldığı görülür.

İnsanın temel ihtiyaçlarından sonra gelen güven ihtiyacının karşılanamadığı başka bir durum ise sosyal hizmet kurumlarında kalmaktır. İlk güven ve ilk bakıcı deneyiminin güzelliğinden mahrum kalan her insanın yaşamdaki en temel hakkı olan sevgi, ilgi ve güvenden mahrum kalışının bedeli ağır olmaktadır.

Histriyonik Kişilik Bozukluğu

Bir ortama girdiğinde herkesin dönüp bakmasını bekleyen, ilgi odağı olmak için her türlü gösterişi yapan insanlar desek aklınızda kimler canlanırdı? Etrafınızda az ya da çok bu tipten insanlar vardır. İşte bu kişiler büyük bir olasılıkla Histriyonik Kişilik Bozukluğuna sahiptirler. Gösterişe yatkın tavırları sebebiyle onları fark etmemek mümkün değildir. Histriyonik Kişilik Bozukluğuna sahip kişiler ilgi odağı olmaktan beslenirler. Onlar için fiziksel görünüş çok önemlidir ve baştan çıkarıcı denebilecek tavırları vardır. Duygularını dramatize ederek yaşar ve her şeyden aşırı derecede kolay etkilenirler. Peki bu kişilik bozukluğunun sebepleri neler olabilir?

Öncelikle tüm psikolojik bozukluklarda olduğu gibi Histriyonik Kişilik Bozukluğunun kökenleri de geçmişe dayanır. Olası sebeplerle ilgili farklı açıklamalar vardır. Bu açıklamalar ebeveynin ve toplumun etkileri olarak toplanabilir. Histriyonik Kişilik Bozukluğuna sahip kişilerin çoğunlukla ebeveynden, özellikle kız çocuğunun babadan, kışkırtıcı olarak yorumlanabilen davranışlara maruz kaldığını görüyoruz. Aynı şekilde cinselliğin tabu olduğu ailelerde cinsellikten pis bir şey olarak bahsetmek de bu durumu çocuk için daha çekici hale getirir. Yasak elma her zaman daha çekicidir. Zihin yasak olarak gördüğü şeyden ölesiye korkarken o şeyi delicesine arzulamaya devam eder.

Bu kişilik bozukluğuna sahip birinin büyük olasılıkla sergileyeceği tavırları şu şekilde gösterebiliriz:

- Kendini ilgi odağı hissetmediği ortamlarda rahatsız olma
- Ani ve değişken duygu durumları ve yüzeysel duygular sergileme
- Kendini fark ettirmek için fiziksel görünümüne aşırı titizlik
- Duygularını aşırı abartılı biçimde yaşayıp gösteriş yapma
- İlişkilerin gerektiğinden daha yakın olmasını isteme
- Mimik ve bakışları çoğu zaman uygunsuz bir şekilde cinselliği çağrıştıracak şekilde kullanma
- Kolay etkilenme ve telkine yatkın olma

Bu kişilik bozukluğunu yaşayan kişiler için "ilgi arsızı" ifadesi kullanılır. Bu kişiler insanlar üzerinde sürekli olumlu etki bırakma çabasındadırlar. İnsanları etkileme, övgü alma bu bozukluk için kilit noktadır. Tüm davranışları ilgi toplama üzerine olabileceği için bekledikleri ilgiyi bulamamak onlar için bir yıkım sebebidir. En kötüsü de kendilerine güvenlerinin bu ilginin sürekliliği ile doğru orantılı olmasıdır. Bu kişilerin iltifat almak ve ilgiyi üstlerine çekmek için başvurdukları yöntemler belirgindir. Olayları çok dramatize etmeleri, acınası bir haldeymiş gibi görünmekten çekinmemeleri, abartılı tepki ve mimikler kullanmalarıyla bilinirler.

Bu kişilerin kök inançları çekici biri olmadıkları, mutlu olmak için hep başkalarının beğenisine ihtiyaç duyduklarıdır. Yakınları dahi olsa kimsenin onların zevklerini engellemeye hakkının olmadığı en temel inançlarıdır. Herkes onlara hayran olmak için vardır. Ancak kişiler onlardan etkilenmezse hiç kıymetlerinin kalmayacağını düşünür, diğerlerini mutlu etmezlerse yardım göremeyeceklerine inanırlar. Diğerleri olmadan bir hiçtirler. Öyle ki ilgi odağı olmak için sahte olaylardan ve yaşantılardan bahseder, gösteri odaklı davranışlar sergilerler. Yeni tanıştıkları kişilere hiçbir engel gözetmeksizin kur yapabilirler. Birden çok samimi olabilirken etki altına girmeleri de kolaydır. Kendi başına ayakta kalmak için gerekli yetenekleri edinemedikleri için görünüşleriyle kabul görmeye çalışırlar. Stres altındayken gerçeği açma yetenekleri zayıftır. Gereksiz isteklerden çekinmezler. Aksesuar, makyaj yapma gibi konularda gereğinden fazla para ve zaman harcayabilirler.

Bu kişilerin en belirgin özellikleri, cinsel anlamda baştan çıkarıcı, flörtçü ve kışkırtıcı olmalarıdır. Cinsel çekiciliklerini ustaca sergiler ve dikkatleri üzerine çekmede bir araç olarak kullanabilirler. Erken yaşta, cazibelerinin denetim sağlama ve ihtiyaçlarını gidermede işe yaradığını keşfederler. Reddedilme ve engellenmeye asla tahammülleri yoktur. Histriyonikler için duyguları ağır bir biçimde kullanma vazgeçilmez bir silah iken cinsellik de aynı önemde bir malzemedir. Zorlayıcı tavırları yüzünden çevreleri tarafından reddedilirler. Bu da en büyük bunalım sebebidir. Büyük bir arzuyla başladıkları işleri, heyecanları geçtiği anda yarıda bırakabilirler. Bitirmenin vereceği mutluluk onları tekrar istekli hale getirmeye yetmez. Mutlaka takılıp kaldıkları veya vazgeçmelerine sebep olan bir şey bulabilirler.

Yapılan araştırmalarda Histronik Kişilik Bozukluğuna sahip bireylerde panik bozukluğuna sık rastlandığı, Borderline yani Sınırda Kişilik Bozukluğunun Obsesif Kompulsif Bozuklukla birlikte seyrettiği görülmektedir.

Genel olarak toplumdaki cinsiyet rollerinin ve cinsiyetçi tutumların bu bozukluğa sebep olduğu düşünülmektedir. Genetik faktörlerin Histronik Kişilik Bozukluğu üzerinde rolü oldukça düşüktür.

Histriyonik Kişilik Bozukluğu bize gösteriyor ki geçmişte maruz kalınan ebeveyn tutumları, gösterişli olmaktan tutun ortamdaki ilgi odağı olma isteğine kadar insanın seçtiğini zannettiği davranışlarını etkiliyor. Bu bozukluk daha çok kadınlarda görülse de temeller anne ve baba arasındaki örüntüden gelebilir.

Çözüme İlişkin Yaklaşımlar

Bu bozukluğu yaşayan kişilerin duygularının netleştirilmesi, doğru ifade etmenin yerleştirilmesi önemlidir. Çoğu zaman gerçek duygularının farkında olmamalarından dolayı, yalan ya da yanlış şeyleri savunmaları doğaldır. Bu yüzden kendilerini doğru ifade etmelerini ve duygularını doğru tanımlamalarını sağlamak büyük önem taşır. İçgörü zemininin oluşması için sevgi ve sosyal ilişkilerini güçlendirmek de gereklidir.

Sonuç olarak, çocuklarımıza herhangi bir şeyi gerekçe göstermeksizin yasaklamak o şeyi daha çekici hale getiriyor. Histriyonik Kişilik Bozukluğu bize çocuklarımıza karşı gösterdiğimiz tutumlar konusunda daha dikkatli ve bilinçli olmamız gerektiğini öğretiyor.

Şizoid Kişilik Bozukluğu

"Şizoid" terimi 1908 yılında İsviçreli psikiyatr Eugen Bleuler tarafından, dikkatini dış dünyadan uzaklaştırıp kendi iç dünyasına yönlendiren kişiliğin doğal bir bileşeni olarak tanımlandı. Bu eğilimin abartılmasıyla "şizoid kişilik" meydana geliyordu. Psikiyatr Bleuler'e göre bu kişiler sessiz, şüpheci, çekingen ve aynı zamanda hassas bireylerdi. İç yaşamları "duygulanımın uyumsuzluğu ve birbirine zıt isteklerin süregelmesi" ile karakterizeydi.

1970'li yıllarda şizoid durumların içsel ve davranışsal yönlerini birbirinden ayırmayı içeren çalışmalar yapıldı. Şizoidlerin davranışsal açıdan sosyal tuhaflık, seksüel sapma, şüphe hareketliliği, yoğun alkol kullanımı; içsel açıdan kalıplaşmış düşünceler, küntleşmiş duygulanım gibi özellikler taşıdığı görüldü.

1980'den önce Şizoid Kişilik Bozukluğunun genelde şizofreni ile ilişkili olduğu düşünülüyordu. Bu durum sosyal izolasyon, canlı bir iç yaşam, seksüel karmaşa, bilişsel gariplikler, diğerlerine bağlanmada gelgitlerle belirginleşiyordu. Şizoid bozukluk ile çekingen kişilik bozuklukları arasında bir iç içe geçme hali mevcuttu. Şizoid tanımı sosyal ilişki kurma yeteneğinde içsel bir eksiklik olan bireylerle sınırlanmıştı. Çekingen kişilik bozukluğu olanlarda ise sosyal ilişki için gerekli kapasite ve arzulanım vardı ancak bu bireyler reddedilme ve aşağılanma korkusu ile kendilerini ilişkilerden uzak tutuyorlardı.

Şizoid Kişilik Bozukluğu genç erişkinlik döneminde ortaya çıkar, toplumsal ilişkilerden kopma ve kısıtlı duygulanımla kendini gösterir. Sosyal ilişkileri reddeden veya bundan haz almayan, genellikle insanlar tarafından donuk olarak tabir edilen ve yalnız görülen kişilerdir. İçinde bulundukları yalnızlık hissi nedeniyle iyi bir yazar ya da sanatçı olabilirler. Sıklıkla güçlü duygular hissetmezler ve olumlu veya olumsuz eleştirilere kayıtsız kalabilirler. Kişiler arası ilişkilerde duygularını ifade etmede sınırlıdırlar. Cinselliğe karşı ilgileri ya çok az ya da hiç yoktur. Keyif aldıkları pek az aktivite olur ve tek başlarına yapabilecekleri eylemleri tercih ederler. Şizoid Bozukluk da diğer kişilik bozuklukları gibi uzun sürelidir fakat ömür boyu devam etmesi gerekmez.

Şizoid Bozukluğun Geçmişle İlişkisi

Şizoid Kişilik Bozukluğunun gelişim süreci yaklaşımlara göre farklılık gösterir. En yaygın görüş olarak, soğuk, tatmin edilmemiş ve ihmal edilmiş bir biçimde geçen erken çocukluk döneminden söz edebiliriz.

Psikanalitik kurama göre de çocuğun sevgiyi vermeyi ve almayı öğrenemediği anne-çocuk ilişkisinden kaynaklanır. Çocuk kişilerarası ilişkileri ve duyguları tehlikeli olarak algılar ve kendi hissettiklerinden ve diğer insanlardan uzak kalmayı tercih eder.

Çocukluk evresinde duygusal yoksunluk yaşayan kişiler Şizoid Kişilik Bozukluğa daha yatkın hale gelirler. İlerleyen dönemlerde, ilişkilerin gereksiz olduğu kabulüyle hareket ederler. Yaşamlarının erken dönemlerinde annelerinin onlara gerçekten değer vermediğine inandıkları için, değersizlik ve aşağılık duyguları vardır. Anneye saplantılı olarak kalan çocuk, bu saplantıya eşlik edecek şekilde aşırı bağımlılığa veya kendini aşırı sevme, değerli görme yolu ile narsisistik bir hale bürünebilir. Çocuk anneyi, erken oral dönemde "meme annesi" olarak nitelendirdiğinde, bu durum diğer insanlarla olan ilişkilerinde de süreklilik kazanır. Böylelikle iç dünyasına yönelen çocuk dış dünyayla ilişkisini azaltarak koparma yoluna gider.

Anne çocuk ilişkisinde annenin çocuğunu koruma görevini yerine getirememesi söz konusudur. Diğer yandan anne çocukla yoğun fiziksel yakınlık kurabilir ve bu durum çocukta bir travmaya yol açar. Annenin duygusal açlığı gideremeyip fiziksel yakınlık kurmasındaki tutarsızlık, çocukta kalıcı izli bir travma yaratarak ileriki ilişkilerinde tekrar eden bir örüntü haline gelebilir.

Anksiyete (Kaygı Bozukluğu)

Anksiyete, kaygı bozukluğudur ve gerçekleşmesi beklenen durumlara karşı kaygılanmak olarak adlandırılabilir. Yani anksiyete geçmişe değil, geleceğe yöneliktir. Bu anda olamamaya, gelecekte gerçekleşebilecek durumlarla meşgul olmaya dair bir bozukluktur. Psikiyatri alanında en çok karşılaşılan durumlardan biridir. Psikolojik belirtileri arasında sese karşı hassasiyet, konsantrasyon bozukluğu, kokulara hassasiyet ve zihnin dağılması gibi durumlar vardır. Anksiyete, hissedilen kaygının sebebinin net bir şekilde bilinmemesi olarak rahatsızlık verir ve hayatı olumsuz etkiler. Kişi duyduğu bir endişenin içinde boğulur, ancak konunun ne olduğundan habersiz, bugüne ait bir durumdan dolayı kaygı hissettiğini düşünebilir. Örneğin bir süre önce babasını kaybeden biri, bir süre sonra çocuğunu kaybetme korkusuyla büyük bir endişe duyabilir. Vücudu kaygıya tepki vermeye başlar ya da dünyaya karşı olan algıları olumsuz yönde etkilenebilir. Sokakta gezerken aniden duyulan bir ses, çok farklı çağrışımlar uyandırıp bizi gerilime sokabilir. Duyduğumuz o sesle zihnimiz geride bırakamadığımız anımıza gider ve geçmişteki acıya karşılık bir irkilme ile korkularımız tetiklenir.

Kaygı bozukluklarında cinsiyet faktörü ve sosyokültürel faktörler de etkilidir. Araştırmalarda kadınların erkeklerden iki kat daha fazla kaygı bozukluğu yaşadığı tespit edilmiştir. Yetiştirilme tarzı ve cinsiyet üzerindeki algı, durumlara gösterilen tepkileri de etkilemektedir. Aslında kaygı, geçmişten getirilen kapatılmamış bir duygunun bugüne ve geleceğe yansıtılması halidir.

Anksiyeteyi Etkileyen Faktörler

Anksiyete oluşumunda birden fazla sebep görülebilir. Örneğin genler kaygı bozukluklarına eğilimi arttırabilir. Bize küçüklükten öğretilen bilgiler zaman geçtikçe bir kimliğe bürünür ve mizaç özelliklerimizle birleşerek hayatımızın büyük bir alanını yönlendirir. Annenizin kaygılı bir kişiliğe sahip olması sizi etkileyebilir. Onun davranışları nedeniyle oluşturduğunuz iç sesiniz, hayata bakışınızı değiştirebilir. Anksiyete anında kişinin yinelenen kelimelerine dikkat etmek gerekir. Çünkü sürekli tekrarlanan kelimelerin arkasında bir ipucu vardır. Söylediğimiz kelimelerin bizde bıraktığı izlerin farkına varamayız ama tekrarlanan duygularımızı derinden hissederiz. Duyguların en büyük ipucu da sözcüklerin içinde gizlidir. Kişiyi dikkatli bir şekilde dinlediğinizde bazen ne kadar çelişkili ifadeler kullandığını fark edebilirsiniz. Bazen alttaki korkusunu direkt olarak ifade etmese de kaygı ismini verdiği durumun altında yatan korkuyu da görebilirsiniz. Derin yaralar bırakan travmalar, kişiye olaylar üzerinde kontrolünün olmadığını düşündürebilir. Kontrolü kaybettiğini düşünen kişiler, bu inanca sahip olmayan kişilere göre kaygı bozukluğuna daha yatkındırlar.

Yani diyebiliriz ki bu bozukluklar, kişinin üzerinde ciddi etkiler bırakan ve kontrol algısını tehdit eden olaylardan sonra gelişebilir. Ayrıca kaygı bozukluğu tanısı olan insanların %70'inden fazlası tanı konmadan önce önemli bir travmatik olay rapor etmiştir. Anksiyetesi olan birey kendisi için tehdit oluşturan olaylara diğer olaylardan daha fazla dikkat eder. Buna "tehdit algılama" ya da "dikkati odaklama" diyebiliriz. Bu hal, kaygılı duygu durumunu daha da arttır. Ayrıca bu durumu çözümlemedikçe, bastırmaya çalıştıkça daha fazla ortaya çıkmaya çalışır ve kaygı düzeyini arttırır.

Panik Bozukluk

Panik bozukluk, panik atak dediğimiz, aniden gelen yoğun bir endişe, dehşet, korku hissinin tekrar tekrar yaşanması ve bu atakların sık yaşanılacağı düşüncesiyle özgünleşmiş bir bozukluktur. Bir kişiye panik bozukluk tanısı konulabilmesi için tekrarlayan panik ataklar ve başka atak olma olasılığına karşı duyulan endişenin en az bir aylık bir süreyi içine alması gerekir.

Günlük hayatta panik atak durumu nefes almada güçlük, kalp çarpıntısı, boğulma hissi, bayılma hissi gibi belirtilerle karşımıza çıkar. Bir anda duygu halinin değişmesi kişinin kendini bulunduğu ortamdan koparması hatta dünyanın gerçekliğiyle ilgili sorun yaşamasıyla sonuçlanır. Kişi bazen uykusundan nefes alamayarak kalkar ve her an öleceği endişesi ile uyanır. Hiçbir hastalık ya da bozukluk sebepsiz olmayacağı üzere, panik bozukluk rahatsızlığı da belirli nedenlere bağlı olarak karşımıza çıkar. Araştırmalar, panik bozukluk yaşayan kişilerin hayatlarında, bu durumu yaşamayan kişilere oranla daha fazla stresli olay olduğunu gösteriyor.

İnsan zihni ile bedeni arasında bir ayrım yapmak gerekirse; zihin olağandışı durumlarda olayın büyük bir bölümünü bazen de tamamını hafızasından siler. Bu silme ya da hatırlamama işlemi de bir savunmadır. Aslında buna silme değil geriye itme denebilir. Çünkü ne vücut ne de zihin yaşadığı olayları asla unutmaz. Bir savunma mekanizması olan bastırma mekanizması panik bozukluğun gelişmesine sebep olabilir. Yine bastırma mekanizması nedeniyle anlık olarak gelen panik atakların sebebi bilinemez. Yani şu anda bedenin bazı durumlarda verdiği aşırı tepkilerin sebebinin aslında geçmişte yaşanan durumlar olduğunu fark edemeyiz. Bu da yaşanan durumu daha korkunç hale getirir. Panik ataklar genellikle anlamsız yer ve zamanlarda meydana gelmez. Beden zihne belli ipuçları verir; kişi o ipuçlarını fark ederse sorunun odağına inebilir.

Kök inançlarımız çoğunlukla travma anlarında kazanılır ve her geçen süre içerisinde zihnimizde daha da kök salar. Küçükken annesinin hastaneye kaldırıldığını gören bir çocuk annesinin geri gelmeyeceğinden endişe duyduysa ne zaman hastalansa ve hastaneye gitmesi gerekse bir daha hastaneden sağ çıkamayacağı endişesiyle aniden terleme, kalp çarpıntısı, boğuluyormuş gibi hissetme, sersemleşme gibi fiziksel belirtiler gösterir. "Hastaneye gidersem çıkamam" kök inancı şimdi olduğunda da kendini hep gösterir. Geçmişinde kaygısının sebebi olan travmayı yaşayan kişi, hasta olmaktan neden bu kadar çok korktuğunu bilemez ama hayatında hep hasta olmaktan kaygı duyar. Eğer panik atağının ilk defa ne zaman meydana geldiğini bilirse, şu anda adını koyamadığı kaygı ve endişenin psikolojik olduğunun farkına varır. Böylelikle, gerçekliği olmayan inançları da değişmiş olur.

Çözüme Dair Yaklaşımlar

Kaygı ya da aşırı kaygının yol açtığı panik atak, geçmişte edindiğimiz ve zihnimize kök salan düşüncelerce desteklenir. Çoğu zaman kişi kaygısının şiddeti ile o kadar doludur ki kökeni üzerine derin bir yolculuğa çıkamaz. Bu durumda öncelikle kişinin içinde bulunduğu aşırı kaygı haliyle başa çıkmak gerekir. Özellikle panik atak söz konusu olduğunda kişi sakinleştirilmeye çalışılmalı ve atağın geçmesi beklenmelidir. Kişi sakinleştiğinde düşünceleri ve duyguları üzerine bir uzmanla yapacağı konuşmalar ya da psikolojik destek faydalı olacaktır.

İnsanoğlu diğer canlılardan farklı olarak kendisine kaygı duyacağı pek çok yeni alan yaratır. Bir penguenin ay sonunda faturaları için kaygıyla hesap yaparken panik atak geçirdiğini göremezsiniz. Aynı şekilde bir karıncanın sosyal medya hesabında yaptığı paylaşım az beğeni aldığı için sevilmediği endişesi ile sosyal kaygı bozukluğu geliştirdiğine şahit olamazsınız. Biz insanlar bir ceylanın aslanı gördüğünde kaygılandığı anlardan çok daha fazlasını kendi türümüz için inşa etmiş bulunuyoruz. Kendi ellerimizle inşa ettiğimiz dertlerimiz, kartopunun yuvarlanarak çığa dönüşmesi gibi nefesimizi kesen meseleler olarak önümüze çıkar. Çözüm, kaygıya yol açan duygu ve düşüncelerin kökenine inerek, o ilk kar tanesinin nasıl birleştiğini anlamakla mümkün olur.

Duygudurum Bozuklukları

Psikoloji dünyasında çok önemli olarak kabul edilen; dürtü, duygu, düşünce ve davranış kalıpları vardır. Bu dörtleme içerisinde en kontrol edilmez olanı duygudur. Çünkü düşüncelerimizi ve davranışlarımızı şekillendirebiliriz fakat ne hissedeceğimizi ya da nasıl hissedeceğimizi kontrol edemeyiz. Bu nedenle geçmişin travmaları en çıplak haliyle duygularımızda kendini gösterir. Duygularımız bir duruma karşı en erken ortaya çıkan ve en uzun süre bizimle kalandır.

Depresif

Kişinin derin bir üzüntü/hüzün ve hayattan zevk alamama duygularını yoğun bir şekilde yaşamasını içerir. Herkesin hayatında belli bir dönemde rastlanması oldukça olası bir durumdur. Önemli olan, bu depresif halin süresi ve şiddetidir. Çoğu insan depresif duygudurumunu hayatının bir döneminde yaşayabilir. Fakat kişi bu durumu çok uzun süredir ya da şiddetli olarak yaşadığında Depresif Bozukluk düşünülmelidir.

Bipolar

Türkçede iki uçluluk anlamına gelir. Bu bozukluğa sahip kişilerde görülen en belirgin özellik iki uçta ilerleyen duygudurumu ve davranışlardır. 'Günü gününe uymamak' deyimi bu bozukluğu iyi tanımlar. Bu kişiler aşırı coşkun oldukları ve aşırı depresif oldukları dönemler arasında bir sarkaç gibi gidip gelebilirler. Sarkacın hızı, kişiye göre farklılık gösterir. Örneğin, bazı kişiler coşkun bir duygudurumunda iken bir anda depresif hissedebilirler ya da bazı kişiler uzun süreler depresif duygudurumunda kalışın ardından coşkun bir durum içine girebilir.

Bipolar bozukluk genel itibariyle manik, hipomanik ve depresif bölümlerden oluşur. Manik evre kişinin aşırı coşkunluk halinde bulunduğu durumdur. Kişi manik evrede iken çok konuşkanlık, tedbirsiz davranışlar gibi zincirleme bir kaosa sebep olabilecek pek çok riskli davranışta bulunabilir. Hipomanik evre, manik evrenin aşırılığının dindiği, normal tempodaki duygudurum halidir.

Bipolar bozukluğa sahip kişiler için hayat ya beyaz ya siyah olarak ilerler. Bu kişiler uçlarda gezen duygudurumları sebebiyle intihara da yatkındırlar. Kontrolsüz davranışları sebebiyle riskli durumlarda karşı karşıya kalabilirler. Bu sebeple psikiyatrik açıdan riskli hasta grubu olarak görülürler.

Geçmişle Bağlantısı

Yapılan çalışmalar, genetik faktörlerin bu bozukluklar için önemli bir etken olmadığını gösterir. Duygudurum bozukluklarının %67'lik bir oranla yaşanan ağır yaşam olaylarına bağlı olduğunu görülüyor. Aklınıza "Ağır yaşam olayları yaşayan pek çok kişi varken neden hepsi duygudurum bozukluğu geliştirmez?" sorusu gelebilir. Bu sorunun cevabı kişiden kişiye değişiklik gösterebilir. Herkesin farklı bir geçmişi ve başka başka aileleri vardır. Bu durum kişilerin ağır yaşam olaylarına verdiği tepkileri etkiler. Bu hem aile yapısı hem nesillerden getirdiğiniz travmalar hem de olaylara karşı edindiğimiz baş etme mekanizmaları ile alakalı olabilir.

Araştırmalar aynı zamanda duygudurum bozukluğuna sahip kişilerin, kendilerine eleştirel ve düşmanca davranan aile üyelerinin olduğunu gösterir. Aile ortamında böyle bir duygusal örselenme yaşayan kişiler duygudurumlarını düzenlemekte sıkıntı çekebilirler. Duygudurum bozukluğuna sahip kişiler, geçmişte içinde oldukları bu düzensiz duygu ortamında sürekli olarak bir güvence arayışı içinde olurlar. Bu güvence arayışı aşırı hale gelebilir ve ulaşılmadıkça depresif hali tetikleyebilir. Dolayısıyla sosyal ilişkileri negatif yönde etkilenebilir. Yani bu bozukluk içerisinde kişiler aşırı beklenti, hayal kırıklıkları ve depresif hal döngüsüne girerler.

Duygudurum bozuklukları düşünce yönünden de incelenmelidir. Çünkü duygu ve düşünceler birbirini etkiler. Özellikle duygudurum bozukluğunda düşünce biçiminin duyguyu etkileyebildiğini sıkça görürüz. Kişinin zihninde olumsuza dair bir tema varsa duyguları da bu odakta olabilir. Aynı şekilde umutsuzluk düşüncesi de duygudurum bozuklukları için önemli bir bileşendir. Kişiler hayata dair umutsuz bir bakışa sahip oldukları için hayattaki olumsuzluklara odaklanır ve olumlu durumlara karşı kör davranabilirler.

Depresif ya da mani dönemlerinin ufak şiddetli hallerini hepimiz yaşayabiliriz. Fakat duygudurum bozukluğu gibi ciddi bir tabloda kişinin yaşamını idame ettirmekte zorlanması söz konusudur. Özellikle mani dönemlerinde riskli davranışların ve intihar girişimlerin arttığı düşünüldüğünde bunun fark edilmesi ve tedavi edilmesi gerekli bir bozukluk olduğu anlaşılır.

Kişinin duygularını allak bullak eden ilişkilerin yol açabileceği bu ciddi bozukluk, geçmişte edindiğimiz ilişkilerin önemini bir daha gözler önüne seriyor. Bu bozukluklar için de farmakolojik tedavi gerekebilir. Fakat en değerlisi, kişiye duygu dinginliğini tadabileceği güvenli bir alan oluşturmaktır. Geçmişimiz bizleri öylesine derinden etkiler ki; bilincimizle zar zor değiştirebileceğimiz duygularımız, biz önüne geçemezsek adeta bizi parmağında oynatır.

Depresyon

Depresyon; hayatımızda karşılaştığımız kayıplar, bizi derinden sarsan hastalıklar, aile yapısının bozulması, ihmaller gibi birçok soruna verdiğimiz olağan bir tepkidir. Dolayısıyla depresyonun geçmişte yaşadığımız travmalarla ve o olaylara yüklediğimiz anlamlarla doğal bir ilişkisi vardır.

Depresyon, ülkemizde yapılan çalışmalarda 1970'lerden bu yana, ruhsal bozuklukların en yaygını olarak görülenidir (Türkiye'de depresyon yaygınlığı %4'tür).

Başlıca Depresyon Belirtileri

• Sürekli üzgün hissetmek

• Suçlu ve değersiz hissetmek

• Konsantrasyon kaybı

• Karar verme zorluğu

• İntihar eğilimi

• Uykuya dalmada zorluk veya sık uyanma, aşırı uyuma hali

• Sürekli yorgun ve bitkin hissetme

• Hareket ve konuşmalarda yavaşlık

• İştah azalması, yemek yememe veya aşırı yeme eğilimi

• Günlük aktivitelere ilginin ve keyif almanın azalması

• Mutsuzluk, yaşama isteğinin azalması ve rutin işlerden kopma

• Arkadaş ilişkilerinden kopma

Bu belirtilerin sorgulanması tanının konulmasını kolaylaştırır.

Bu belirtilerin bir kısmını veya çoğunu yaşayan kişi hiçbir şey yapmak istemez, hareket etmek istemez. Depresyona giren birçok insanın hayatında fazlasıyla yük aldığını, yapabileceklerinden daha fazla sorumluluğun altında kaldığını gözlemlere dayanarak söyleyebiliriz. Hayatımızı olumsuz etkileyen depresyon, her insanın yaşamında en az bir kere yaşadığı bir bozukluktur. Bu çökkünlük haline bir bozukluk olarak depresyon diyebilmek için bu durumun en az 14 gün devam etmesi gerekir. Depresyonun müdahale edilmezse kendi kendine geçme süresi 6-24 ay kadardır. Fakat bazı durumlarda depresyon kronik hale de dönüşebilir.

Depresyonla İlgili Risk Faktörleri

• Madde ve alkol kötü kullanımı

• Kadın olmak

• Ailede depresyon geçmişi

• Düşük sosyoekonomik düzey, işsizlik

• Ayrı yaşama, boşanmış olma

• Daha önce depresyon geçirmiş olma

• Yakın zamanda önemli yaşam olayları, stres etkenleri

• Kişilik yapısı (düşük özgüven, kötümser yapı)

• Çocukluk döneminden istismar ve ihmal

• Tıbbi hastalıklar (hormonal değişiklikler)

Depresyon için 6 farklı ülkeden elde edilen 12 çalışmayı kapsamı içine alan bir araştırma yapılmıştır. Depresyonu henüz başlamamış insanların %42 ile % 67'sinin ağır yaşam olayları yaşadığı tespit edilmiştir. Bu araştırmadan da anlaşılacağı üzere depresyonun geçmiş yaşam olaylarıyla ciddi bir bağı bulunmaktadır.

Geçmişte yaşanmış travmatik olaylar depresyonda şu şekilde kendini gösterir: İnsan olmak ağır yaşam olaylarından sonra yaşamak için bir yol çizmeyi gerektirir. Yola çıkış, yolda oluş ve varılacak yer planlanmış olsa da kontrolümüz dışında gerçekleşen birçok olay da yolun kaçınılmaz bir parçası haline gelir. İnsan hayatını bir proje olarak ele alan "Ontolojik İyi Oluş Teorisi" travmatik deneyimlerin insan yaşamında meydana getirdiği olumsuz etkilerinden bahsederek travmaların, kişinin geçmiş, bugün ve geleceğe dair algısını olumsuz yönde etkilendiğini vurgular. Yani travma kişinin geleceğini olumsuz etkilediği gibi geçmişine ve bugüne bakışını da büyük ölçüde değiştirme gücüne sahiptir. Biriktirilen güzel anıların, hedeflenen projelerin en önemlisi de bugünün değerinin azalması depresyonda kendini gösterir.

Kişinin üzerinde geçmişte yaşanan travmaların etkisi devam eder. Birçok sorun bu travmatik anıların zihinde tekrar ederek hayatı zorlaştırmasıyla kendini gösterir. Otobiyografik bellek, geçmişi bize hatırlatan bir hatırlatıcı gibidir. Travma anında yaşanan duygu, travma anını zihnimizde resmettiğimizde tekrar o duyguyu yaşamamıza sebep olur. Depresif bireylerin önemli bir özelliği, geçmişte yaşanan travmalarda hissedilen duygunun sürekli tekrar etmesidir.

Çözüme İlişkin Yaklaşımlar

• Öncelikle üzerinize aldığınız fazla sorumluluklarınızdan kurtulun.

• Depresyonu destekleyen olayları bularak onları kabul edin ve başa çıkmaya başlayın.

• Umutsuzluk ve çaresizlik duygularını kamçılayan düşüncelerden uzak durun.

• Belirtiler ve problemlerle ilgili baş etme stratejileri geliştirin ve depresyonun ileri evreleri hakkında bilgi edinin.

• Psikolojik destek veya psikiyatrist kontrolünde ilaç tedavisi için uzman yardımı alın.

• Geçmişi kabul etme ve şimdiki zamanla gelecek arasında mantıklı ve sağlıklı ilişkiler kurmakla kalmayın, adım atın.

Depresyon, aslında güçlü insanların yüklerini artık taşıyamayacak hale geldiği bir durumdur. Bu insanlar depresyondan mustarip oluncaya kadar kendilerinin ve çevrelerinin yüklerini üzerlerine alırlar. Bu yükler onları çaresiz bırakıncaya kadar bellerini büker ve artık dayanamadıkları noktada depresyona dönüşür. Geçmişin yükü altında ezilen depresyon hastaları için ilk adım, bellerini büken yüklerinden kurtulmaktır.

Bağı Koparmak: Disosiyatif Bozukluk

Bilincin kişiye zor ve katlanılamaz gelen bölümlerinin (şimdiki zaman travmalarının) bilinçten uzaklaştırılarak, bunların zaman zaman ayrı bir şekilde faaliyete geçmesi durumudur. Kişi ağır travmanın yaşandığı o anda olayın dehşetinden kopup kendinden ayrışmış ve dışarıdan izliyormuş gibi bir kopuş yaşar. Bu bozukluğu taşıyan kişiler, hastalığı ruhsal zorlanmalar karşısında tepki verme biçimi olarak yaşarlar.

Yani kişinin kaos anında başa çıkamadığı fiziksel ya da ruhsal zorlanmalara; yani dayak, işkence, tehdit, çeşitli şekillerde şiddete maruz kalma, cinsel saldırı ve istismar, tecavüz, doğal afet ya da felaketler, ağır kaza durumları, kişilerarası ilişkilerde tartışma, aile içi tartışmalar, kendine yakıştıramadığı bir olayda kendini suçlama, endişe, pişmanlık, aşırı korku gibi birçok acıya verdiği tepki biçimidir.

Aklın almadığı, katlanılamaz derecede zor gelen yaşam hikâyelerinin "yaşandığı anda" bilinçten uzaklaşılarak zihnin bedenden kopması durumuna disosiye olmak diyebiliriz. Ağır fiziksel şiddet ya da işkence gören kişinin travmatik andan koparak bu travmayı hatırlamaması ya da kendisinin yaşadığını bilmemesi gibi... Kişinin bir ağır olayları yaşarken bir süre sonra hissetmeyip sanki başkasına yapılıyor gibi algılaması durumu da bu kopuşa dahildir. İşte bu gibi ağır olaylar, disosiye olmuş kişide gelecekte de beklenmedik zamanlarda kopuşlar yaşatacaktır. Geçmişin bu ağır darbesi, kalıcı hasarlar alan kişide kendini tekrar tekrar hatırlatacaktır.

Kişinin zihninde farkında olduğu tüm deneyimlerin yanında yaşam hikâyesinin bütünleşmesini engelleyen bazı boşlukların olduğu durum disosiyasyondur. Bunun en üzücü tarafı, bu kopuşun gelecekte, geçmişte yaşanan acı olaya benzer bir olayla karşılaşıldığında değil, herhangi bir yerde kendini gösterebiliyor olmasıdır. Kişinin çalıştığı iş ortamında kendiliğine yönelik farkındalığını yitirmesinden tutun, yoğun bir iş günü sonrası evin yolunu unutmaya kadar disosiyasyon yani kopuş halleri yaşanabilir.

Bazı travma mağdurları geçmişte yaşadıkları o anları ya hiç olmamış gibi hatırlayamaz ya da yanlış ve çok az hatırlarlar. Disosiyasyon bir anlamda travma anından kişinin kendini yalıtmasıdır. Travma anı bu kişiler için öyle kaldırılamaz bir hal alır ki beyin kendini korumak için o anı bastırarak yokmuş gibi davranır. Kişi o ilk kaosun olduğu travma anında öyle bir acı çeker ki kendini o andan koparır ve bir daha asla onu hatırlamak istemez. Yani kişi disosiye olarak travma ile bağını koparır. Ruhun bedenden ayrılıp kendinden kopması, uzaklaşması ve kendini anlayamaması gibi.

Bu ağır travmatik olaylar geçmişin yüklerine dönüşünce, ruhsal bütünlüğümüzde açılan o delik, ileriki yaşantımıza da yansır. Belli kopmalar ile kendini gösterir.

İç dünyamızdaki ruhsal uyumun ve senkronun kaybına genel olarak sağlıksız disosiyasyon deriz. Disosiyasyon sözcük olarak kopma, bölünme ve çözülme gibi anlamlar taşır. Psikolojik olarak kişinin zihninde yer alan düşünce, duygu ve anı benzeri tüm bilgileri geçici olarak bir kenara koyması durumudur. Bu kopuş aşırı bir baskıya maruz kaldığında kişinin ruhsal bütünlüğü de tehdit altına girer.

Disosiyatif Bozukluklara Dair Belirtiler:

• Bayılmalar (çoğunlukla kontrollü gibi gözüken)

• Görüntüde kararma ve işitmede belli bir süreliğine sıkıntı yaşama

• Bedenini kendisi gibi hissetmeme (kendine yabancılaşma)

• Bedenini hareket ettirememe, felç gibi hissetme

• Bedenini çok ağır hissetme

• Ani olarak kendini zayıf ve soğuk hissetme

• Gerçeğe yabancılaşma

• Bazı durumları hatırlayamama

• Farklı yollara girip ulaştığında yanlış yolda olduğunu fark etme

• Herhangi bir işe dalıp kendine geldiğinde başka bir işi yapıyor olduğunu fark etme

• Evdeki eşyaların yerini değiştirip fark etme

• Olaylar karşısında tepkisiz kalabilme

Disosiyasyonun Ortaya Çıkışı

Disosiyasyon kavramı ilk olarak Psikolog Pierre Janet tarafından ortaya atıldı. Psikoanalitik kuram açısından Charcot ve Freud'a gelen histeri hastalarının bedensel semptomları, bu konunun anlaşılmasında önemli bir adım oldu. Histeri hastaları, bastırılan travmatik anıların bazı fiziksel ve psikolojik semptomlara dönüştüğü bir hasta grubudur. Yine burada disosiyasyonda olduğu gibi geriye gömülen travmatik anılar belirleyici rol oynar. Terapiler ışığında travmatik anılarında çözülmeler olan hastalar, travmayı hatırlamaya başlayabilirler. Bu durum semptomlarının azalmasına yardım edebilirken zamanında katlanamayıp rafa kaldırılan acı verici olaylarla yeniden yüzleşmek zorunda kalırlar. Bu zor bir süreçtir. Fakat sahte ve eksik bir geçmişin üzerine sağlam bir geleceğin inşa edilemeyeceği de gerçektir. Aynı zamanda yanlış hatırlanan ya da hatırlanamayan anılar kişilerin şu anda kalmasını imkânsız kılacağı için bunların çözümlenmesi oldukça önemlidir. Zira boşluklarla dolu bir tarih üzerine benlik inşa edilemez.

Araştırmacılar travma mağdurlarında gözlemlenen bu tepki farklılıklarının sebebinin, kişilerin çocukluklarından getirdikleri farklı başa çıkma stratejileri olduğunu ortaya koydular. Yani travma gibi ağır bir yaşam olayının ardından çocuk kendini korumak için pek çok yöntem dener. Disosiye olmak yani ayrışmak da bu yöntemlerden biridir. Çocuk zihninde o travma anından koparak adeta o anı hiç yaşamamış ya da kendisi yaşamamış gibi hisseder. Böylece katlanılamaz o ağır travmayı kabul etmeyerek onunla başa çıkmaya çalışır.

Beyinde Disosiyasyon

Travma mağdurlarının beyinlerinde kendilikle ilgili olan alanın, diğer insanlara kıyasla daha az aktivite olduğu görüldü. Bu durum bizlere dehşet verici ağır travmanın altında ezilen insan benliğinin son raddede kendini kapattığını gösteriyor. Kendilik ile ilgili olan beyin bölgelerimiz bizim öz farkındalığa sahip olmamıza yarar. Bu travma mağdurlarında görülen durum ise 'trajik bir uyum'dur. Travma mağdurlarının beyinleri geçmişin travmasıyla öyle bir çıkmaza giriyor ki adeta kendinden vazgeçiyor. Maalesef ki bu vazgeçiş hem benliklerine hem de hayatlarına karşı oluyor. Travma mağdurlarının öz farkındalıkları bazen öyle az oluyor ki aynaya baktıklarında kendilerini dahi tanıyamıyorlar. Bu durum bize, kendilik bölgeleriyle beraber kişinin kendini tanıma bölgelerinin de kapanabileceğini gösteriyor.

Beynin travma gibi olağandışı anıları çok daha iyi işlediğini, dolayısıyla çok daha iyi hatırladığını "Travma ve Beyin" bölümünde söylemiştik. Peki niye bazı kişiler daha iyi hatırlanması gereken travmatik anılarında disosiyasyon (kopma) yaşarlar? Bazı araştırmacılar stres hormonunun aşırı yükselmesinin, anı oluşumunu engelleyebileceğini savunur. Bazı araştırmacılar ise travma anının farkındalık seviyesinde iken ulaşılamayacak bir yere kaydolduğunu savunurlar. Disosiyasyon anını yaşayan birinin beynine bakmak pek mümkün olmadığı için beyinde neler olup bittiğini tam olarak bilemiyoruz. Fakat bildiğimiz bir şey var ki bu, disosiyasyon anlarındaki duygusal yük, diğer anlardan daha ağırdır ve beyin için aşırı bir baskı oluşturur.

Disosiyasyon, kişinin bütünlüklü bir hayat hikâyesi olmasını engeller ve hafızayı böler. Normal hafıza sahibi kişilerin hikâyelerinde bir süreklilik vardır. Fakat disosiye olmuş hastalarda bu süreklilik olmaz ve kişi bir yerlerde onu rahatsız eden anının varlığını hissetse bile nedenini bilemez. Bu durum insan zihni için korkutucu bir durumdur. Bilinen bir durumla (nesnesi olan) savaşmak mümkündür. Fakat eğer düşmanı görmeyip duymadığınız halde, orada düşman olduğunu iliklerinize kadar hissederseniz bu çok daha korkunç bir şekilde zihninizi ele geçirebilir. Bu durum halihazırda sürdürdüğünüz uğraşılarınıza devam etmenizi, günlük hayata adapte olmanızı engeller. Dolayısıyla disosiyasyon yaşayan insanlarda anıların hatırlanması ve kişisel tarihlerinin bütünlük kazanması önemli bir adım olacaktır. Böylece beyin, fark etmeksizin ona karşı tetikte olduğu geçmişe olan odağını bugüne çevirebilme şansını elde eder.

Koparılan Bağlarla Çoğalan Kimlikler: Disosiyatif Kimlik Bozukluğu

Disosiyatif bozukluklar içerisinde bir başka psikolojik bozukluk daha vardır. Disosiyatif Kimlik Bozukluğu olarak bahsedilen bu durum oldukça ilginçtir. Burada kişiler alter ego denilen en az iki tane birbirinden ayrı kişiliğe sahip olurlar. Bu farklı kişiliklerde düşünce ve duygu olarak farklılaşmanın yanında bazı vakalarda fiziksel değişimler bile gözlenebilir. Kişi o an hangi kişilik kontrole geçerse onun gibi davranır. Bu kişilikler içinde onun asıl kişiliği de vardır. Her kişiliğin kendi davranış şekilleri vardır ve kişiliklerin bellekleri ayrıdır. Disosiyatif Kimlik Bozukluğu diğer disosiyatif bozukluklardan daha ağır bir tablo olarak kabul edilir. Bu bozukluktan mustarip olanların neredeyse tamamı çocukluk çağı istismarı yaşamışlardır. Uzmanlar bu bozukluğun sebebinin, yaşanan ağır travmalar sonucu zihnin kendini koruma taktiği olduğunu söylüyorlar. Bazı uzmanlar ise böyle bir bozukluğun varlığını sosyal bağlamda yorumluyorlar. Yani onlara göre, insanlar bu tip hikâyeleri duydukları için bu bozukluğu geliştiriyorlar. Bu farklı görüşler bir yana, bu bozukluk geçmişin travmalarının insanda ne kadar etkili olabileceğini gösteriyor.

Geçmişin travmaları insanı öyle bir hale getirir ki, kişiler onlarla başa çıkmak için kişiliklerini bölecek ve artık tek bir ben olmaktan vazgeçecek kadar yoğun acı çekerler.

Bu kadar ilerlemiş bir sorun yaşıyorsanız; çözüm için elinizden tutacak bir uzman araştırın. Böyle travmatik anıların etkisinden, sadece video izleyerek ya da bir şeyler okuyarak tek başınıza kurtulamazsınız.

Obsesif Kompulsif Bozukluk (OKB)

Obsesif Kompulsif Bozukluk, artık ülkemizde de çokça duyulan ve bilinen bir psikolojik bozukluk olmak yolunda ilerliyor. Özellikle temizlik hastaları ile ilgili televizyon programlarında ve halk arasında simetri hastalığı denilen durumlarda insanların belli bir davranışı "takıntılı" seviyede tekrar ettiklerini görüyoruz. İşte böyle durumlarda Obsesif Kompulsif Bozukluktan (OKB) söz edilebilir.

OKB, psikiyatri literatüründe ilk olarak Esquirol tarafından 1838'de tanımlanmıştır. O yıllarda depresyon ile benzer özellikler taşıdığı için OKB davranışları depresyon belirtisi olarak görülmüştür. Her ikisinde de yoğun bir kaygı bozukluğu olması, kişiyi zorlayan ve önlem almaya iten, çevre tarafından da mantıklı görülmeyen davranışlar olması bakımından yakın bulunmuştur. İlerleyen zamanlarda ise depresyon ve OKB'nin birbirinden oldukça farklı hastalıklar olduğu görülmüş ve OKB ayrı bir klinik tablo olarak daha detaylıca ele alınmıştır.

Obsesif Kompulsif Bozukluk, ısrarla tekrar eden fikir, düşünce ve dürtülerin yol açtığı kaygıyı ve yaşanmasından korkulan durumları engellemek için kişinin kendisini yapmak zorunda hissettiği abartılı davranışlarla karakterizedir. OKB'li kişiler tekrarlayıcı ve zorlayıcı dürtülerin yanında, düşünceleri ve davranışları kontrol edebilme çabasına girerler. Bu davranışlarının iç kaynaklı olduğunu da çoğunlukla bilirler.

Genellikle bu hastalık 10 yaşından önce ya da geç ergenlik/erken yetişkinlik döneminde başlama eğilimindedir. Gündelik yaşamı büyük ölçüde etkileyen bu hastalığın ısrarcı tekrarları OKB'li kişiler için karşı konulamaz bir istek olarak meydana gelir. Bu davranışların kendilerini kötü olaylardan hatta onların düşündükleri biçimde "dehşet verici" olaylardan koruduğuna inanırlar. En çok karşılaşılan obsesyon (ısrarcı fikir ve düşünceler) davranışları; kirlenme korkusu, simetri takıntısı ve düzen takıntısıdır.

Araştırmalara bakıldığında, Obsesif Kompulsif Bozukluk, Beden Algı Bozukluğu ve Biriktirme Bozukluğu tanısı alan kişilerin ailesinde genellikle OKB tanısı alan bir kişi mevcuttur. Buradan hareketle OKB'de genetiğin etkisi vardır diyebiliriz. Kalıtımın etkisinin %30 ile %50 arasında değiştiği tespit edilir.

OKB'nin ortaya çıkmasında kalıtımın yanında çevresel faktörlerin de etkisi vardır. Aniden gerçekleşen bir ölüm, istismar, zor yaşam şartları ve beraberinde kaygıyı getiren travmatik olaylar büyük önem arz eder. Ülkemizde yapılan bir araştırmada bir grup OKB hastasının anksiyete seviyelerine bakıldığında, anksiyete seviyesi yükseldikçe kompulsiyonların da yükseldiği görülmüştür.

Travmatik olaylardan sonra yoğun kaygılar yaşanır. Bir ölümden sonra sevdiğimiz insanları kaybedeceğimiz kaygısı, doğup büyüdüğümüz yerden ayrıldıktan sonra başka bir yere ait olamayacağımız kaygısı gibi geleceğe dönük endişeler duyarız. OKB'nin travma ile olan ilişkisini ifade eden bir örnekten bahsetmek daha açıklayıcı olacaktır. OKB tanısı babasını zatürreden dolayı kaybettikten sonra konulan 12 yaşındaki bir kızın, neden bu olaydan sonra OKB olduğuna daha detaylıca bakalım. Travma yaşayan kız, babasının zatürreden ölmesinin tamamen mikroplardan kaynaklandığını ve mikropların kendisine de zarar vereceğini düşündüğü için takıntılı davranışlar sergiliyor. Bu davranışları elinde olmadan gerçekleştirip kendini korumaya çalışıyor çünkü ölmekten dolayı kaygılanıyor. Kaygı derecesi ne kadar artarsa takıntılı davranışları da o kadar artıyor.

İnsanların en az %80'ninin bazen farkında olmadan isteklerinin dışında düşünceler deneyimlediği bilinir. Gün içerisinde dinlediğimiz bir şarkının dilimize dolanması ya da bir görüntünün tekrar tekrar aklımıza gelmesi gibi durumlar buna örnek verilebilir. Peki günlük hayatı olumsuz etkileyen ve defalarca tekrarlanan kontrol etmeye yönelik davranışlar neden meydana gelir?

Bazı açıklamalar OKB'ye sahip kişilerin sürekli eşyaları ya da kendilerini rahatsız eden nesneleri kontrol etme çabalarının belleklerine güvenmediklerinden kaynaklandığını söyler. Bir diğer açıklama ise, bu kişilerin bastırma mekanizması kullandıklarıdır. Bastırma çabası, istenmeyen düşünceyi daha çok akla getirir. Travma açısından bakılacak olursa, travma mağdurları travmanın tekrar yaşanacağı korkusu ile aşırı uyarılmış ve huzursuz olurlar. Bu huzursuzluk da karşı koyamadıkları takıntılı davranışlara sebep olur.

Hayatı olumsuz etkileyen hiçbir olay sebepsiz yere meydana gelmez. Mutlaka öncesinde kişiyi olumsuz şekilde uyaran ve bir şekilde kendini savunmak için tepki geliştirtecek bir mekanizma mevcuttur. İşte bu savunmalar insanı hayattan koparıp ilişkilerine yansıyan olumsuz etkiler meydana getirebilir. Burada önemli olan şey, sorunla yüzleşip hayatımızı o sorun varken de sürdürebilmektir. Çünkü geçmişte yaşananları değiştirmek nasıl imkânsızsa gelecekte olacakları bilmek de o kadar imkânsızdır.

Obsesif Kompulsif Bozukluk, bize geçmişte öğrendiklerimizin şimdiki davranışlarımızı nasıl etkileyebileceğini göstermiştir. Öyle ki çok iyi yerlere gelmiş, başarılı insanlar bile geçmişin travmaları altında ezilerek, bir çocuğa bile saçma gelebilecek davranışları defalarca yapabilirler. Bu davranışlar bazen bir tür geçmişi temizleme çabası, bazen de asla dolmayan o boşluğu doldurmaya çalışmaktır. Öyle ya da böyle OKB'ye sahip biri aynı davranışı sürekli tekrarlayarak geçmişin yüklerini üzerinden atıp rahatlamaya çalışır. Fakat davranış o anlık rahatlama verse bile, OKB'yi yenebilmek geçmişteki o anın ortaya çıkmasıyla mümkün olacaktır.

Narsisistik Kişilik Bozukluğu

Narsisizm kavramı adını Yunan mitolojisinden alır. Efsaneye göre narsisizm kavramı, suda yansımasına âşık olan ve yansımasını izlemekten kendini alıkoyamadığı için suyun başında günden güne eriyip ömrünü bitiren Narcissus'tan gelir. Narsisizm yani diğer adıyla aşırı özseverlik, kişinin kendilik değerini abartması, kendine aşırı hayranlık, her şeyi hak ettiği duygusu ile yaşama durumudur. Ancak bizim toplumumuzda sık sık söylendiği gibi, kendini seven her insan narsisistik değildir. Narsisizm, bireyin öyle olmadığı halde kendini överek yansıtmasıdır. Narsisistik birey, yetilerini abartma eğilimindedir ve büyük başarı hayalleri kurar. Kendine öyle hayrandır ki, hissettiği kusursuzluk duygusunu ona vermeyen insanlara öfkelenebilir. Narsisistiklerin genelde başarı, güç, zekâ ve güzellikle ilgili sınırsız fantezi dünyaları vardır. Bu kişiler herkesten başka, ileride ve biricik olduklarına inanırlar. Bu nedenle sürekli bir şeyi ne kadar mükemmel yaptıkları ve diğerlerinin onları ne kadar onaylayıp yükselttiği ile meşgul olurlar.

Narsisistik bireylerin kendilerini böyle abarttıklarına bakmayın. Yoğun beğenilme gereksinimi, kırılgan özsaygılarından ve özdeğerlerinden kaynaklanır. Ayrıca bu kırılgan duygular narsisistik bireyleri eleştiri, aşağılanmışlık ve boşluk hissi konusunda hassas bir zeminde yaşatır. Şişirilmiş özgüven ve yüksek başarı azmi onları başarıya götürse de bu hassas yanları kimi zaman da çabalamaktan geri çekilmelerine yol açar.

Kendi gereksinimlerini diğer insanların gereksinimlerinden üstün gören narsisistik bireyler sıklıkla özel yetileri olan ve kendilerine fayda sağlayabilecek kişilerle vakit geçirmeyi seçerler. Bu kişiler empati duygusundan yoksundurlar, ihtiyaçlarını gidermeyen insanları yanında barındırmazlar. Yani bir sömürgecilik durumu yaratırlar. Bu yüzden çevrelerindeki kişileri özenle ölçüp biçer; kendilerine saygı gösterecek, itaatkâr ve bağımlı kişilikleri hemen ayırt ederler. Ve bu tarz insanlardan beslenerek yaşamlarına devam ederler. Zaten diğerleri bu kişilerin durumunu fark edip çoktan kendilerini korumaya almıştır.

Narsisistik bireyin egemenlik ve üstünlük maskesinin altında yatan muhtaç yanı kendisi için bir utanç kaynağıdır. Aşırı özgüvenli ve zirvede hallerinin içinde yerin dibinde hisseden bir mekanizma yatar. Birey bu mekanizmayı bastırır ve hayatını "-mış gibi" yaparak sürdürür. Bu ciddi bir içsel özkıyımdır. Narsistin en büyük silahı herkesin zaman zaman başvurduğu yansıtmadır. Kişi kendi incinmişliğini, küçüklüğünü, muhtaçlığını başkalarına yansıtarak duygularını inkâr ve reddeder. Zaman zaman hakaretten bile beslenebilir.

Çıkış Noktaları

Narsisizmin çıkış noktası ile ilgili birçok farklı yaklaşım mevcuttur.

Psikanalizin kurucusu olan Freud 1910'lu yıllarda narsisizmin libidonun (içgüdüsel enerji) bireyin kendi benliğine yönelmesiyle ortaya çıktığını söyler. Freud narsisizmi birincil ve ikincil narsisizm olarak ayırır. Birincil narsisizm, gelişimin ilk yıllarında çocuğun kendini dış dünyadan soyutlayamadığı için kendini sevgi nesnesi olarak gördüğü normal bir gelişim aşamasıdır. İkincil narsisizm ise ileri gelişim evrelerinde dış dünyada aranan sevgi nesnesinin bulunamamasıyla libidonun yeniden kişinin kendi benliğe yöneldiği ve patolojik özellikler de içerdiği bir tür olarak ele alınır.

Kendilik Psikolojisi yaklaşımcılarından Psikanalist Kohut, narsisizmi sağlıklı bir gelişim çatısı içine alır. Fakat sağlıklı ve patolojik narsisizmi birbirinden ayırt etmeyi ihmal etmez. Eğer ebeveynler çocuğun dönemsel ihtiyaçlarını karşılamaz veya ihmal ederse, travmatik yıkımlar yaşanır. Çocuğun narsisistik kendiliği öylece kalır ve ileride kişi kendilik değerini gerçek dışı olarak değerlendirmeye başlar. Narsisistik birey yoğun aşağılık ve değersizlik duyguları içinde abartılmış benliği arasında gelgitler yaşar. Dışarıdan bakıldığında abartılı bir kendilik değerine sahip görünürken içeride yoğun özgüvensizlik ve aşağılık duygularının yaşanması narsisistik kişilik özelliklerinin kilit noktasıdır. Kohut, ebeveynlik tarzlarının narsisistik bozukluğun gelişiminde etkili olduğunu söyler. Ebeveynin çocuktan beslenen bir egoya dönüşmesi, çocuğun kendini sürekli yetersiz ve başarısız hissetmesine yol açar. Çocuk yaşadığı bu ağır travmayı bir kendilik savunmasına dönüştürür ve tam tersi şekilde yansıtmalar yaparak ideal bir kendilik değeri ortaya koyar. Böylelikle çocuk veya yetişkin içindeki kırılgan benliğin üstünü örter ve kendinden bile gizler.

Sosyal-bilişsel yaklaşımla bakacak olursak, narsisistik kişilik bozukluğunu iki temel fikre dayandırabiliriz. Bunlardan ilki, diğer yaklaşımlarla örtüşen kırılgan özsaygı yapısını ve özel oldukları görüşünü korumak, ikincisi ise kişilerarası iletişimde yakınlık duygusunu reddederek özsaygıyı ve özgüven şişirici yanını önemsemektir.

Bir araştırmada narsisistik yapıyı daha iyi anlamak adına, bu bozukluğa sahip kişilerden kendilerini farklı ortamlarda nasıl değerlendirdikleriyle ilgili görüşler alındı. Böylelikle narsisistik bireylerin kendiliklerini abarttıkları laboratuvar çalışmalarına dayandırıldı. Araştırmacılar bazı çalışmalarda narsisistik bireylere aldıkları görevlerde başarılı olduklarını ilettiler ve başarılarının sebeplerini derecelendirmelerini istediler. Bu kişiler başarılarını kendi bilgi, yetenek ve üstünlüklerine bağladılar. Şans veya diğer faktörleri yok sayarak kendileriyle ilgili çarpıtılmış bilişsel gerçeklere sahip olduklarını gösterdiler. Çünkü narsisistik benlik yapıları; ilişki, yakınlık veya dış çevreye verilen önemle değil, kazanma odaklı çalışır.

Bağlanma kuramına göre, erken çocukluk yaşantılarındaki tutarsız, ihmalci, zorlayıcı ebeveynliğin yarattığı travmatik etkilerin patolojik narsisizmin merkezinde olduğunu söylemek mümkündür. Nereden bakacak olursak olalım, narsisistik yapının altında çocukluk çağının travmatik izlerinin ve ebeveynlik tutumlarının önemi yadsınamaz.

Çözüme Dair Yaklaşımlar

Narsisizmin tedavisine baktığımızda, bu kişilerin farkındalıktan yoksun olmaları terapistler için zorlayıcıdır. Kişi, başına gelen her şeyin sorumlusu olarak dış etkenleri görür. Kendisi dışında herkes suçlu, beceriksiz, soğuk ve değersiz olabilir. Önündeki kahvesi soğusa, onun bile sorumluluğu başkasındadır. İşyerinde bir problem yaşıyorsa kendisi kusursuz; patron, iş arkadaşları hatta çay taşıyan kişi bile kusurlu olabilir. Sıklıkla terapilere devam etmezler, çünkü problemin onlarda olmadığına dair inançları tamdır. Terapisti küçümseyen, aşağılayan, yetersiz hissetmesini isteyen tarafları olabilir. Ancak her şeye rağmen terapist-narsist ilişkisi büyük önem taşır. Narsist birey ebeveynine olan hissiyatını terapistine yansıtır ise oluşan güvenli ortamda ve güvenli ilişkide ilerlemek mümkündür.

Narsisistik kişilerin iyileşme sürecinde önemli bir kavram da zihinselleştirmedir. Bu üst düzey bir gözlem yeteneği gerektirir. Kişi kendine yetemediği durumlarda uzman yardımıyla bu gözleme ulaşabilir. Narsisistik kişilerin gerçeklik algılarının farklı olabileceği ve bazı önyargı ve çarpıtmalarla hareket edebilecekleri konusunda farkındalıklarının arttırılması gerekir. Böylelikle abartılmış benliklerinin yerine gerçekçi bir benlik algısı oluşturabilir.

Yeme Bozuklukları

Yeme bozukluğu belki de geçmişle en bağlantılı bozukluk türüdür. Yeme bozukluğu olan kişiler aşırı kilolu ya da aşırı zayıf olma durumları ile mücadele ederler. Bu kişiler aslında normal kiloda da olabilirler. Burada önemli olan yeme alışkanlıklarındaki bozulmadır. Kişi normal kiloda olsa bile tıkınırcasına yeme ve sonrasında kendini kusturma gibi sağlıksız yolları deneyimliyorsa yeme bozuklukları düşünülür. Yeme bozuklukları üç başlığa ayrılır: Anoreksiya Nervoza, Bulimia Nervoza ve Tıkınırcasına Yeme Bozukluğu.

Anoreksiya Nervoza

Anoreksiya Nevrozada bariz olarak göze çarpan durum, kişinin normalin altında bir kiloya sahip olmasıdır. Bu bozukluğu yaşayan kişiler zaten çok zayıf oldukları halde kendilerini kilolu bulurlar. Buradan yola çıkarak beden algılarının bozuk olduğunu söylemek mümkündür. Aynı zamanda kilo almaya karşı inanılmaz bir korku hissederler. *Kemiklerine Kadar* filminde bu hastalık çok güzel işlenmiştir. Kolunun üst bölümünü parmakları ile kavramayı amaçlayan genç kız, sağlığını yitirinceye kadar kilo vermeye gayret gösterir. Bedeni artık normalin çok altında bir kilodadır. Bu kişilerin sağlığı öyle bir hal alır ki neredeyse organları çalışmayı durdurma derecesine gelebilir.

Bulimiya Nervoza

Bulimiya Nervozada kişi çoğunlukla normal bir kilodadır. Fakat tıkınırcasına yeme dönemleri yaşar. Bu tıkınırcasına yeme dönemlerini telafi etmek için kusma gibi yöntemler dener. Burada yemeğe duyulan büyük istek söz konusudur. Bu istek durdurulamadığı için tıkınırcasına yeme davranışına dönüşür. Fakat durumdan pişmanlık duyan ve beden şekli ve kiloya önem veren bu hasta grubu telafi için kusma davranışı gösterir. Tekrar eden kusma davranışı mide kanserinden tutun dişlerdeki mine aşınmalarına kadar sağlık problemlerine yol açabilir.

Tıkınırcasına Yeme Bozukluğu

Tıkınırcasına Yeme Bozukluğu Bulimiyadan farklı olarak telafi davranışı yani kusma içermez ve tıkınırcasına yeme dönemleri sık sık tekrar eder.

Geçmişle Bağlantıları

Yeme bozukluklarıyla ilgili açıklamalar genetik ve sosyal faktörlere değinir. Örneğin, Anoreksiya Nervozaya sahip kişilerin ailelerinde aynı hastalığın görülme olasılığı yüksek görünüyor. Ayrıca film-dizi sektörünün ya da sosyal medyanın zayıflığı yüceltmesi de bu hastalıklar için bir sosyal sebeptir. Fakat yeme bozukluklarını geçmişin travmalarından bahsettiğimiz bu sayfalarda açıklamamızın sebebi bu durumu yaşayan bireylerin geçmişleridir. Araştırmalar gösteriyor ki yeme bozukluğu geliştiren kişilerin çoğunluğu geçmişte istismar ya da ihmal mağduru olmuş kişilerdir.

Cinsel istismar sonrası yeme bozukluğu geliştiren kişiler özellikle dikkat çekiyor. Bu kişiler istismar sonrası bedenlerini çekici olmaktan çıkarmak için farkında olmaksızın kendilerini böyle bir bozukluk içerisinde bulurlar. İstismarın mağduru bir kadın ise onun için kadın olmak bile ağır bir yük haline gelebilir. Kişinin bu durumda yeme bozukluğu geliştirerek kendini daha az kadın hissetmeye çalışması da geçmişten gelen travmaya karşı bir savunmadır. Yeme bozukluklarının büyük oranla geçmişin travmalarına dayanması, travmaların bizi yalnızca psikolojik olarak değil fizyolojik olarak da nasıl etkileyebileceğini hatta ciddi sağlık sonuçlarına yol açabileceğini gösteriyor.

Yeme bozukluklarında da çoğu zaman kişi, bugün yaşadığı problemlerin geçmişteki hangi travmadan kaynaklandığının farkında bile değildir. Geçmişin travmalarının en ağır ve ortak noktası, o ilk anın unutulup bugün yapılan davranışların, hissedilen duyguların bilinçdışıyla başlamasıdır.

Bu bozukluklardan herhangi birine sahip kişilerin kilo tedavisi yanında psikolojik destek de alması faydalı olacaktır.

Hastalık Hastası (Hipokondriyazis)

Haftalardır acısını çektiğimiz bir ağrı varken bile kimi zaman kendimizin doktoru olup bir çaresine bakmaya çalışırız. Bildiğimiz hatta kimi zaman sadece duyduğumuz, başkalarına iyi geldiği düşünülen ilaçları alır kullanırız. Buna rağmen ağrılar artmaya devam ederse doktora gideriz. Yine de geçmezse işkillenir, farklı farklı doktorlara gider, testlere gireriz. Doktorlar ağrının sebebini, neden oluştuğunu bilemediği zaman ise bazen hastalığımızın ölümcül olabileceğini düşünüp daha da panikleriz. Yapılan birçok tıbbi testin her ne kadar iyi olsalar da baş ağrısına, karın ağrısına, mide bulantısına sebep olduğu belirtiliyor. Hastalıkların sebebi bazen ne yazık ki bulunamıyor.

Bazen gerçekten öyle bir hastalık olmadığı için bulunamıyor. Çünkü yok! Ama bazılarımız doktor doktor gezmekten vazgeçmiyor. Her gün hastanelerde farklı doktorların kapısında, evde daimi olarak sağlık programlarının başında olan bir kişinin tanısı biyolojik olarak değil, psikolojik olarak konuluyor; hastalık hastalığı.

Tanısı konulamayan ağrılar özellikle yoğun çalışan, mükemmeliyetçi, stresli, spora, harekete az zaman ayıran kişilerde daha çok görülür. Bu kişiler çoğunlukla bir uzmana gitmekle yetinmeyip birden fazla doktora giderek hastalıkları hakkında ayrıntılı bilgi edinmeye çalışırlar. Bazen hastalıklar hakkında yaptıkları araştırmalar öyle bir duruma gelir ki gittikleri birçok doktorun hastalıkları hakkında yeterli bilgiye sahip olmadığını bile düşünürler. Vesveseleri gittikçe artar. Geçmişin yüklerinden bahsediyoruz ya, bu sorunun kökeninde de geçmişin izlerinden söz edebiliriz.

Hastalık hastalığı (Hipokondriyazis), vücutta bir hastalık olmadığı halde, sürekli bedensel bir hastalığı olduğuna dair kaygılar ve belirtiler yaşayan kişilerin durumudur. Kişi sürekli ciddi bir hastalığı olacağı korkusunu ya da ciddi bir hastalığı olduğu düşüncesini taşır ve bu da kişiyi günlük yaşam alışkanlıklarından uzakta tutar.

Hipokondriyazis yani hastalık hastalığı, zihnin beden üzerindeki etkilerinin incelendiği Somatik Bozukluklar içinde yer alır. Temel olarak hiçbir fiziksel sebebe dayandırılamayan hastalık hisleri ve düşüncesi ile karakterizedir. Hipokondriyazisi olan kişiler rahatlayabilmek için doktor doktor dolaşırlar. Bu türden düşüncelerin ve çare arama çabalarının 6 aydan çok devam etmesi bize Hipokondriyazisi düşündürmelidir.

Hipokondriyazis, Hipokrat zamanından beri kullanılan bir terimdir. Hipokrat bu terimi kaburgaların alt kısmı olan, Latince 'hypochondrium' kelimesinden almıştır. Hipokondriyazis hastaları, ismi gibi genellikle karın bölgelerinden şikâyetleri ile dikkat çekerler. Karın ağrısı, batma hissi, gerilme ve bulantı Hipokondriyakların en çok gösterdikleri belirtilerdir. Hipokondriyazisle başı belada olan bir diğer grup hasta da anksiyete bozukluğu yaşayan ya da depresyondan olan kişilerdir.

Hipokondriyazis büyük ölçüde kişinin geçmişinden köken alır. Hastalık hastası olan kişileri gözlemlediğimizde, bu bozukluğun bazı ortak bileşenlerce oluşturulduğunu görürüz. Bunlar;

• Aşırı stresli yaşam olayları

• Kişinin hayatını tehdit eden belirtilerin bulunması (karın ağrısı, hafıza problemleri gibi)

• İstismar ve ihmal mağduru olmak

• Çocuklukta ciddi bir hastalık geçirmek

• Başka bir psikolojik bozukluğa sahip olmaktır.

Bu durumlar kişiyi psikolojik anlamda içsel çatışmalara sürükler. Örneğin çocukluğunda ciddi bir hastalık geçiren kişi büyüdüğünde bu hastalık sırasında hissettiği endişelere geri dönebilir. Kısacası geçmişte sırtımıza yüklenenler, gelecekteki yaşamımızda kendini bazen başka psikolojik bazen fizyolojik bozukluk olarak ifade edecektir.

Hastalık Hastalarında Görülen Davranışlar

• Kişide ağır bir hastalığı olduğunu ya da olacağını düşünüp durma hali vardır.

• Bedensel belirti yoktur ya da varsa bile ağır değildir. Başka bir hastalık durumu varsa ya da bir hastalığın çıkma olasılığı yüksekse (örneğin güçlü bir aile öyküsü varsa), bu konuda düşünüp durması aşırı düzeydedir ya da orantısızdır.

• Kişi sürekli olarak nabzını ve tansiyonunu ölçer.

• Bazı hastalık hastaları kötü bir hastalıkla karşılaşma korkusundan dolayı düzenli yapılması gereken ya da ihmal edilemeyecek tetkiklerden kaçınabilirler, uygunsuz bir kaçınma içindedirler.

• Doktorun söylediklerine, hastalığı olmadığına inanmadığından karşısındaki kişiyi yetersiz görerek sürekli olarak doktor değiştirmeye eğilimlidirler.

• Kimi zaman doktorların verdiği güvence karşısında kısa bir süreliğine inanıp rahatlamış gibi görünseler de bile az bir zaman sonra tekrar doktor doktor dolaşmaya başlayabilirler.

• Psikiyatri servisine sevk edildiklerinde kendilerinde fiziksel bir rahatsızlık olduğuna ısrar ederler.

Yukarıdaki belirtileri gösteriyorsanız ya da gösteren bir yakınınız varsa şunları yapmaya çalışın:

• Stresle başa çıkma ve gevşeme yöntemlerini öğrenin.

• Belirtiler hakkında internette arama yapmayı bırakın.

• Dikkati dışarıda tutmaya yarayan hobiler ya da kendinizi iyi hissettiren hayır işleri edinin.

• Endişeyi arttıracak alkol ve madde kullanımından kaçının.

• Bedensel belirtilerin bir hastalık habercisi değil normal bir beden tepkisi olduğunu kavrayın.

• Sağlığınızla alakalı konuları danışabileceğiniz belli vakitler belirleyin ve bu danışma zamanlarını aşmayın.

• Aradığınız ilgi ve değeri başkaları yerine kendi içinizde bulmak adına çaba sarf edin. (En önemli çözüm önerisi budur.)

• Açık havada yürüyüş yapın. Güneş görmek hem stresi azaltır hem de omurga sağlığı açısından gereklidir.

Unutmayın, tıbbi olarak tanısı konmayan ağrıların çözümü yine sizde.

Aleksitimi: Duygu Sağırlığı

Aleksitimi; duygu sağırlığı veya duygu körlüğü olarak da anılan, duyguları fark etme, ifade etme ve bunlar arasında bağlantı kurma ve ayrıştırma işleminde sınırlı veya yoksun olma durumudur. Aleksitimik kişiler, duygu ve düşünceleri arasında ilişki kurmakta zorlanırlar. Başlarda psikosomatik yani psikolojik sorunların fiziksel olarak dışavurumunu da gözlemleyebileceğimiz bireylerde görüldüğü düşünülse de güncel çalışmalara bakarak aleksitimi yani duygu sağırlığı yaşayan bireylerin madde bağımlılığı (sigara, alkol ve uyuşturucu), yeme bozukluğu, kumar ve bahis gibi bağımlılıklara daha yatkın olduğunu söyleyebiliriz. Aleksitimik özellik ve belirtileri; duyguları tanıma, ayırt etme ve ifadede zorluk, hayal kurma ve fantezi dünyasında yoksunluk, soyut düşünme ve zihinsel imajinasyon alanında yaşanan problemler olarak da tanımlayabiliyoruz.

Duygu sağırlığı dediğimiz bu durum, ilişkilerimizden hayallerimize kadar bizi hayatın tüm zevklerinden mahrum eden çok önemli bir problemdir. Aleksitimi aslında bir hastalık olmasa da duyguların körelmiş hali gibi düşünüldüğünde kişiyi hayatın birçok zevkinden yoksun bırakır. Aleksitimik bireylerle yaşayan diğer insanlar için de hayat oldukça zor olabilir. Çünkü aleksitimik kişiler çevre ile ahenk içinde yaşasalar da gerçekte kendi duygulanım gerçekleriyle çok az bağ kurduklarından ilişki kurma kapasiteleri düşüktür. Kurdukları kişilerarası ilişkilerde de problemlerin ortaya çıkması olasıdır.

Duygu sağırlığı olarak da adlandırdığımız Aleksitiminin bugündeki görünümüne değinerek başlasak da şimdi bu durumun geçmişle olan derin bağlantılarına değineceğiz.

Duygu sağırlığının somatoform bozukluklar yani organik bir sebebi bulunamamış fiziksel rahatsızlıklar, depresif bozukluklar, OKB yani takıntı bozuklukları, anksiyete bozuklukları ve travma sonrası stres bozukluğu gibi birçok farklı psikiyatrik duruma eşlik edebileceğini söyleyebiliriz. Ruhsal veya fiziksel rahatsızlığı olan kişilerin yanı sıra, sıklıkla sağlıklı bireylerde de görülebilir. Ancak bu hastalıklarla duygu sağırlığı arasında sebep sonuç ilişkisi kurmak doğru olmaz.

Geçmişten Gelen Duygu Sağırlığı

Aleksitiminin nasıl ortaya çıktığına dair farklı görüşler vardır. Nörofizyolojik yaklaşım benimseyenler, aleksitimik davranışların beyin yarıküreleri arasındaki bağ kopukluğundan kaynaklandığını öne sürerler. Nörologlar Aleksitimiyi limbik sistemden neokortekse ulaşmak için hareket eden duyusal uyaranların engellenmesi sonucunda bunların bilinçli duygusal yaşantılara çevrilememesi ile oluşan bozulma olarak tanımlamışlardır.

Yapılan bir çalışmada duygu sağırlığı yaşayan bireylerde, beynin ön kabuğunun duyguları işleme ve bunlara reaksiyon verme akışında farklılık olduğu saptanmıştır. Buradan bakıldığında Aleksitiminin beynin ön kabuğunda ortaya çıkan bir fonksiyon bozukluğu olduğu söylenebilir. Bu alanda çalışan Nörofizyolog Moriguchi ve arkadaşları Aleksitiminin, *medial prefrontal korteksteki hipoaktiviteyle* ilişkili olduğunu bulmuşlardır. Bu anlamda, zihinselleştirmede sınırlı olmanın, diğerinin açısından bakma, empatiklik gibi üst düzey bilişsel yeteneklerdeki bozulma ile ilişkisini de anlamlandırmış oldular.

Sosyo-kültürel açıdan bakıldığında, insanlara çocukluk çağından itibaren deneyimlerini ifade etmek yerine gizlemek ya da bastırmak gerektiği öğretilirse, bu kişiler duygularını dile getirmekten ziyade bedene hapsetmeyi öğrenirler. Böyle olunca da duygular psikosomatik sorun olarak ortaya çıkar.

Psikanalitik yaklaşım ise aleksitimik bireylerin duygularını tanıyamama ve sözel olarak ifade edememesini, egonun savunma mekanizmalarını devreye sokması ile ilişkilendirir. Birey acı verici durum ve duyguları inkâr eder ya da geçirdiği duygusal travmaların etkisi ile duygu sağırlığı yaşamaya yatkın hale gelir. Duygu sağırlığını psikanalitik yaklaşım üzerinden değerlendirdiğimizde, bu durumun ayrılma-bireyleşme evresindeki kopukluğa bağlı olarak, bağlanma ve kimlik duygusunun eksik gelişmesi sonucu ortaya çıktığını da söyleyebiliriz. Aleksitimiye psikanalitik kuram gözü ile bakan bir başka uzman Krystal, bu durumun erken çocukluk döneminde duygusal gelişimi engelleyen yıkıcı öğeler ve ilişkiler sonucu meydana geldiğini öne sürer. Erken dönemde oluşan travmatik deneyimlerin psikososyal etkiler sebebiyle ortaya çıkmış olabileceği düşünür. Bu bakış açısına göre, çocukluk çağı travmatik deneyimlerinin ve güvensiz bağlanmanın Aleksitimi oluşumuna zemin hazırladığı söylenebilir. Bu saptama, duygusal travmaların duygu sağırlığı konusunda oldukça büyük etkisi olduğunu destekler. Travma yaşayan çocuk ve yetişkinler fiziksel duyguları anlamakta zorlanır ve ne hissettiklerini anlatamazlar. Çok ürkmüş olsalar da iyi hissettiklerini söyleyebilir veya öfke duygularını inkâr edebilirler. Bu durum bedenlerindeki duyumlar ile duyguları arasındaki bağlantının kopuk olması ile ilişkilidir.

Aleksitimi hakkında yapılan güncel çalışmalarda toplama kampları, savaş, cinsel taciz ve tecavüz gibi travmatik deneyimi olan kişilerin daha aleksitimik hale gelebileceğini gözlemliyoruz. Aleksitimi, özetle nörobiyoloji, bilişsel psikoloji, sosyo-kültürel psikoloji gibi farklı alanların birleşimini içeren disiplinler arası çabanın da süzgecinden geçen çok önemli bir konudur. Bu sebeple geçmişle doğrudan ilintilidir.

Bir annenin ağlayan çocuğunu "erkekler ağlamaz" gibi bir öğretiyle susturması sonucuyla başlayan ve sonrasında da benzer kalıplarla sıkışıp kalan ve duygularını tanımakta ve ifade etmekte zorluk yaşayan bir çocuğun ileride düşmesi muhtemel bir durum olarak ifade edebiliriz Aleksitimiyi.

Çözüme İlişkin Yaklaşımlar

Aleksitimi bir hastalık olmasa da ciddi bir psikolojik durumdur. Bu yüzden ilk tedavi şekli olarak sıklıkla psikiyatri ve ilaç ile başlansa da psikoterapi ve psikolojik destekle devam edilmesi önerilir.

Çoğu psikoterapötik yaklaşım, insanların duygularına erişimin mümkün olduğu varsayar ve buradan hareketle duygulara ve bilişe aynalamalar yapar. İçsel meseleleri detaylandıramayan ve duygusal sağırlık gibi problemleri olan aleksitimik kişilerin psikoterapiye cevap vermesi oldukça güç olur. Ancak bunun psikolojik destek ve psikoterapi ile değişebileceği de görülmüştür.

Araştırmacılar aleksitimik bireylerle çalışmadaki zorluğa tek taraflı bakmamak gerektiği, terapistin rolünün de önem taşıdığı konusunda hemfikirler.

Aleksitimik özelliklerin giderilmesi için bilişsel davranışçı yaklaşım, Gestalt yaklaşımı, bağlanma terapisi, psikodinamik psikoterapi gibi yaklaşımların faydalı olduğu yapılan araştırmalarla görülmektedir. Aleksitimi yani duygu sağırlığı olan kişilerde daha çok yol gösterici ve eğitim odaklı terapilerin ve bunun yanında grup terapisi, psikodrama ve aile dizimi gibi çoklu uygulamaların da etkili olduğunu söyleyebiliriz.

İYİLEŞME ÖNERİLERİ

21. yüzyılda bunca gelişen teknoloji, bilim ve buluşa rağmen neden hâlâ iyileşmeden bahsederken "öneri" demek zorunda kalıyoruz? Çünkü ne yaparsanız yapın özellikle psikoloji alanında kesin diye bir şey yoktur. "Kesin bir şey yoktur" demek bile kesin değildir hatta. Ama bilgi, umut, inanç, beklenti ve çaba vardır. Bunların sonucunda da elbette iyileşme yakalanabilir.

İnsan, hayatta kaldığı her dönemde hem ruh sağlığına hem de beden sağlığına çözüm arayan ve bu çözümleri sürekli geliştiren en akıllı canlı türüdür.

İnsan nesli, var olduğu ilk andan bu yana şifa arayışında olmuştur. Binlerce yıl geçmiş, bu şifa yöntemleri değişmiş ama hiç yerinde saymamış, sürekli gelişmiştir. Tıptan ilk bahsedilmesi milattan önce üç binli yıllarda olsa da, Psikoloji biliminin kuruluşu kabaca son 150 yılda olsa da ilerleme hep sürmüştür. Psikolojinin felsefeden ayrılıp bilim olmasının ilk adımı 1870 yılında Leipzig'de Dr. Wilhem Wunt'un ilk psikoloji laboratuvarını kurmasıyla başlar. Psikolojide de amaç tıp gibi insanı ruh sağlığı alanında şifalandırmaktır. Sonuçta her şey insanı mutsuz eden sorunlar yumağının yok edilmesi için değil miydi?

Bugün psikolojiden bahsederken enerjiden de, kuantumdan da, sağlıktan da, felsefeden de ve diğer bazı bilimlerden de bahsetmek zorundayız. Neden? Çünkü bunların hepsine bütüncül bakmadan bizi neyin hasta ettiğini anlayamayız. Hayat bir bütün olduğu gibi, ruh sağlığı da her şeyden etkilenen, her şeyle beslenen bir alandır.

Canlı ve cansız her şeyin atomlardan oluştuğunu biliyoruz. Atomun çekirdeği tamamına kıyasla çok küçük bir alanı kapsar. Proton ve nötronlar bu çekirdeğin içinde bulunur. Elektronlar ise çekirdeğin etrafında çok yüksek hızda hareket ederek orbitalleri meydana getirirler. Atom çekirdeğinin, atomun yüz binde birini oluşturması gerçekten mucizevi bir olay. Yani bir atom fındık büyüklüğünde olsa, insanın kendisi stadyum büyüklüğünde olacaktı. Esas mucize, bilimin bugün geldiği noktada maddenin en küçük birimine kadar girildiğinde %99.99'unun boşlukla karşılaşması. Ya da saf bir enerjiyle. Bir insanın ya da bir maddenin özünün neredeyse hiçlikten geldiğini düşündüğümüzde yaratılış mucizemize şapka çıkarmamak, şükretmemek mümkün değil. Bütün hikâye de burada başlıyor.

Ruh sağlığı konusunda tıptan sonra en çok sorumlu tutulan alan psikoloji. Peki yaşayıp şahit olduğumuz, sağlığımızı bozan, geçmişten gelen ve geleceğe uzanan birçok psikolojik olayı açıklamaya bu bilim yetebiliyor mu? Tabii ki hayır. Maddenin özündeki boşluğa inince nasıl elimiz boş kalıyor ise, insanı tek düze, somut deliller ile anlamaya çalışmak da elimizi boş bırakabiliyor.

Madem en küçük maddede boşlukla karşılaşıp maddeyi enerji ile açıklamak zorunda kaldık; o zaman bütün hikâye esas şimdi başlıyor.

Biz suya dua okuyup içiren, anne karnındaki çocuğa Kur'an dinleten, niyet gerektiren bir konu için dua eden, geçmişe, geleceğe ve hatta unutulan ölülerimize de yine dua gönderen bir neslin torunlarıyız. Büyüttüğü çiçekle şefkatle konuşan ninemizi eskiden belki anlayamazdık. Ya da kötü bir şey yaşanmış evde yaşamak istenmemesini. Hacizle alınan malın aracı kim olursa olsun satın alındığında "ağlayanın malı gülene hayır getirmez" şeklinde yorumlanmasını. Bir ailede ölmüş bir insanın ismi yeni doğan bir bebeğe verildiğinde "kaderi benzemesin" denilerek iyiliğe niyet edilmesi de yalnız enerjiyle açıklanabiliyor. Tüm bu çıkarımların elbette kadim geleneklerde de yeri vardır fakat mantıklı açıklamaları olmayabilir. Bazı şeyler vardır ve orada olduğunu bilir ama özellikle bilimsel bir gözle bakıyorsanız adını koyamazsınız. Nazar boncuğu takma, hasedin insan üzerindeki etkileri ve hatta zannın, bedduanın kişinin kendine ne büyük zararlar verdiği de çok fazla bilimsel çerçeveye sığmaz. Yani enerjinin ve bilimin de bugün yeni yeni kabul ettiği bazı çıkarımları eskiden beri kullanan bir geçmişe sahibiz.

Geçmişin travmalarını oluşturan hikâyeleri incelediğimizde somut verilere ulaşamadığımız için bu bilinmezliğe sığınıyoruz.

Son yüzyılda hastalık sayıları ve isimleri neden onlarca kat arttı? Çünkü yeni hayatla ve insanla bağlarımız koptuğu gibi kadim bilgilerle bağımız da kesildi. Unuttuk... Bugün atoma inip kaşığı büksek de cümlelerin hayatımız üzerindeki etkisini unuttuk. Çözümü bize her haliyle sunulurken biz onu uzmanlarda ve unvanlarda arar olduk... Bütün hayatımıza olumlu ve olumsuz yönde etki eden bunca alan varken çözümü nasıl sadece tıpta arayabiliriz? Ya da sadece psikolojiyle her şeyi çözmeye güç yettirebilir miyiz? Tabii ki hayır. İlk inen ayette "Oku" denmesi gibi önce hayatı, sonra da hastalıkları iyi okumalıyız. Nedenleriyle birlikte çözüm yollarına bütüncül bakıp doğru okumayı başarabildiğimiz ölçüde sonuca ulaşabiliriz.

Bu türden durumların gelecekte sebep olacağı sorunları ele aldığımız *Her Şey İçin Geç Olmadan/ Hastalıkların Duygusal Sebepleri* isimli kitabımızda, her şey için geç olmadan neler yapılabilir kısmında inancı ve sevgiyi uzunca ele aldık. Bu yüzden bu kitaptaki iyileşme önerileri kısmında bu iki olguya etraflıca girmiyoruz. Ancak yine de söylemekte fayda var. Manevi yaşantınızın sağlığı ve sevginin iyileşmedeki etkisi başlı başına bir kitap olacak kadar önemlidir. Bu bölümde güncel tekniklerle çözüme gitmeye ağırlık vermeye çalıştık.

Mindfulness
(Bilinçli Farkındalık)

Modern çağın getirdiği artılar kadar yok ettiği değerlerimiz, kaybettirdiği kontrolümüz ve çökerttikleriyle birlikte insanlığın çözüm arayışı hiç bu kadar üst seviyede olmamıştı. Yeni çağın getirdiklerinde bizi neyin mutlu ettiğinden çok nelerin mutsuz ettiğine odaklanan ve hayat kalitemizi arttıran muhteşem bir alandır Mindfulness. Mindfulness'ın arkasında çalışan işletim sistemi "Via Negativia Felsefesi"ne dayanır. Anlaşılması istenen şeyin ne olduğunu anlatmak yerine, ne olmadığını anlatarak konuyu aydınlatmaya çalışmaktır. Yani bizi neyin mutlu ettiği yerine neyin mutsuz ettiğini görmektir bütün mesele. Bir olaydaki engelleri görürsek mutluluğa giden yolu da görmüş oluruz. Bizi mutsuz eden her türlü durumu bu sistemle çözer, ortadan kaldırırsak işte o zaman geleceği karartacak travmalar da azalır, geçmişten gelen duygusal yükler de.

Bazı araştırmalar Mindfulness için mutluluk bilimi der. Bazıları alışkanlıkların gücünü vurgular ve davranışlarımızı inceler. Bazıları da zihnin gezmekten yorulmasından, irade jetonlarının günümüz uyaranlarıyla çok daha fazla tükenmesinden bahseder. Hatta beynimizin bugünün hızına göre tasarlamadığından. Çünkü beyin binlerce yıldır aynı şekilde çalışıyorken günümüzde uyaranlar tahmin edilemez boyutlarda. Bugün aradığınızda duydukları halde telefonlarına bakmayan birçok kişide irade jetonlarının çoktan tükenmiş olduğunu ve bu nedenle o andaki çoklu düşünceye yetişemedikleri için açamadıklarını gözlemleyebilirsiniz.

1980 ila 2018 yılı arasında yapılan Mindfulness araştırmalarında konunun yılda kaç kez ele alındığına değinilmiştir. İş gücü, günlük hayat ve sosyal deneylerin yanı sıra Mindfulness, psikoloji ve sağlık alanlarının da dikkatini çekmiştir. 2000 yılına kadar 10 bin olan yıllık araştırma sayısı 2010 yılında 147 binlere, 2014'te 467 binlere, 2018 yılında ise 842 binlere kadar yükselmiştir. Peki ne oldu da son on yılda bilim bu konuya bu kadar büyük bir ilgiyle yöneldi? Çünkü binlerce yıllık insanlık tarihinde insan beyni hiçbir zaman son on yıldaki kadar zorlanmadı ve yıkıma uğramadı. Sanayi Devrimi'yle başlayan seçeneklerin katlanarak artması ve 1900'lerde günlük yaşama giren elektrik, son yılların internet kullanımı patlamalarıyla birlikte modern insan on parçaya bölündü. Bütün bu gelişmelere paralel literatüre onlarca psikolojik hastalık türü daha eklendi. Yüzlerce hastalık ismiyle birlikte ilişkilerde de dünya genelinde çözülmeler gözlemlenmeye başlandı. İnsanın her alandaki çare arayışı devam ederken birçok gözde bilim dalı çalışmalarını Mindfullnes alanına yöneltti. Elbette bu o kadar basit bir sihirli değnek değil. Ancak içinde bulunduğumuz çağa uygun, en akılcı çalışmalar, uygulamalar ve fikirler bu alanla birlikte yeşermeye başladı.

Anda kalmanın önemini anlamak için hayat ile ölüm arasındaki tüm serüveni beş farklı parçaya bölebiliriz.

1. Son yılların en popüler bilimi olan Mindfulness. Yani anda kalıp hayatın her detayını gereği gibi değerli ve sağlıklı yaşamak. Mindfulness ile hayatı düzene sokarak hayat kalitemizi yükseltmek mümkün. Tabii anda kalabilirsek.

2. Problemler sarpa sardığında bir psikoloğa veya psikoloji bilimi insanına ihtiyaç duyarsınız. Danışanı olup nerede yanlışlar yaptığınızı görmeye çalışır ve baş etmeyi geliştirirsiniz.

3. Travmalarınız sizde hasarlar bıraktıysa ve bunlardan kurtulmanız gerekiyorsa bir psikoterapiste gider, destek alırsınız. Hasarlı anıları giderip ileriye daha sağlıklı bakmak istersiniz.

4. Hayatın üzüntüsüyle ve kargaşasıyla baş edemez ve sonunda hasta olursunuz. Hastanelerde çözüm arar, ilaçlar kullanır ve mevcut günü kurtarmaya çalışırsınız.

5. Temiz bir ölüm... Hayat sizi bir şekilde yenmiştir ve travmaydı, hastalıktı derken yolculuk sizi ölüme kadar getirmiştir. Hem de daha sırası değilken.

Anda kalma mantığının bu kadar büyük bir güce sahip olması zihnin anda kalamadığında getirdiği kaos ortamıyla ilgilidir. Çünkü gezen zihin hiç yerinde durmayan, her an dolaşan ve yaşadığımız anın yarısından fazlasını ıskalamamıza neden olan en büyük düşmanımızdır. Gezen zihin en odaklanılması gereken anda bile hem geçmiş hem gelecek üzerinde sürekli tarama yapar. Düğünümüzde takılan altınların ailemiz tarafından elimizden alınması yıllar sonra bile zihnimizin çağırdığı ve en güzel anımızı zehir eden bir meseleye dönüşebilir. Ya da gelecek kaygımız, yarın olacaklar ve seneye olmak istediğiniz yer, yaşadığınız anın yarısından fazlasını alıp götürür. Beyin çoklu düşünceye hatta çoklu iş gücüne göre tasarlanmadığı için, birden fazla düşünceye bölündüğü her şeyi yarım bile yapamamaktadır. Bu da anda kalmanın önemini arttırırken alışkanlıkların zehirli gücünü görmemize en büyük engeldir. Psikolojik problemleri incelediğimizde de geçmişe takılıp kalmalar ve gelecekle ilgili endişeler; depresyon ve anksiyete gibi birçok hastalığı beraberinde getirmektedir.

Bu program, bu bakış açısıyla iş ve ilişkilerimizi olumsuz etkileyen, hayat kalitemizi yerle bir eden ve bunlarla paralel sağlığımızı da tehdit eden bütün hayat örüntülerini ele alır. Mindfulness temelli disiplinler ve bu konudaki dünyaca ünlü üniversitelerin yaptığı son on yılda katlanarak artan araştırmalar saymakla bitmez. Ancak biz yine de programın niyetinden bahsederek modern çağda başımıza bela olan her türlü durum için "bir umut daha var"ı dile getirmek istiyoruz.

Mindfulness; dikkatimizi o ana odakladığımız, an hapsolması ve içsel yaşantımızı gözlediğimiz zihin ile bedenin buluştuğu bir uygulamadır. Çok eski Asya kökenli kadim bilgilere dayanan farkındalık meditasyonunda dikkat; nefes alışverişimizin, beden duyumlarımızın, duygularımızın ve düşüncelerimizin merkezinde yer alır. Bu deneyim kişinin kendini ve yaşadıklarını yargılamadan kabullenmesiyle ilgili süreci içerir. Taraf tutmadan, olanı olduğu gibi kabul ederiz. Bunu ilk denemelerde başarmak çoğu zaman kolay değildir. Zira insan zihni, kendine ya da başkalarına yargı dağıtmayı oldukça sever bir yapıya sahiptir.

Bilinçli farkındalığın bileşenlerine baktığımızda bunlardan biri dikkatin öz-düzenlenmesidir. İçinde bulunduğunuz duruma ait dikkatimiz oldukça önemlidir. Dikkatin yönelmesinin bireye kendi kendini düzenleme imkânı vermesi güçlü yanlarındandır. O anki deneyim sırasında yaşanan merak, kabulleniş ve her şeye açık olma hali bireye yeni birçok pencere açar. Aslında bilinçli farkındalığın merkezi noktası şimdiki zamanı yaşamaktır. Psikolojide de önemli bir yeri olan şimdi ve burada, yani; o anda kalma hissi kişiyi hem geçmişten hem de gelecekten sıyırarak yaşamın lezzetini almaya doğru iter. Şimdiki zamanda olma bireyi geçmiş yaşantılardan veya geleceğine odaklanma eğiliminden çıkarır. Kişiye geçmişin acılarından ya da geleceğin endişelerinden uzaklaşma şansı tanır. Bilinçli farkındalık yaşamdaki travmaları, acıları azaltan tüm deneyimlerle ilişkide olarak kişisel dönüşüm için harekete geçmenin basit bir yoludur diyebiliriz. Düşündüğümüz zaman kaçımız şimdideyiz? İçinde bulunduğunuz yerin havasını soluyor, durumuna ait duygusunu yaşıyor, içinde bulunduğunuz dokuya dokunuyor musunuz? Belki de şu an bu satırları okurken bile zihninizin arka planı başka şeylerle dolu. Gözünüz belki telefonunuzda, belki dün yaşadığınız tatsız bir olayda, belki de yarın yapacağınız işlerde. Kısacası çoğu zaman şimdide değiliz ve hayatımız bir şekilde ya geçip gitmişin ya da henüz yaşayamadıklarımızın peşinde. Oradan oraya savruluyoruz ve farkında bile değiliz. Mindfulness'ı bu savruluş halinden farkındalığa uzanan bir yolculuk olarak ele alabiliriz.

Mindfulness aslında insanın doğal olarak sahip olduğu fakat evrimleşen zihnimizin otomatikleşmiş düşünceleri içerisinde zayıflamış bir yeteneğimizdir. Bu yeteneğimizi pratiklerle güçlendirmek mümkün. Tıpkı bir kas gibi, Mindfulness yeteneğimiz pratik yaptıkça güçlenir ve anda olma gücümüz artar. Zihnimiz dingin bir su gibi berraklaşır. Böylece hayattaki amacımızı, bizi evirecek durum, duygu ve davranışları fark etme fırsatı buluruz. Bilinçli farkındalıkta, normalde fark edemediğimiz bir güzelliği ya da dinginliği yakalayabilir, hayatımızdaki güç durumları ve stressörleri de ödüllü bir yönetmen kadar iyi yönetebilir hale gelebiliriz.

Çoğu zaman hayatın akış hızında bizi engelleyen, gelişimimizin önüne parkur olmuş düşünce kalıplarımızdan bihaber yaşamaya devam ederiz. Mindfulness ile bu blokajları kaldırabilir, önümüzü açabiliriz. Yani içimizdeki otomatik pilot durur ve artık farkındalığımızla kontrolü biz ele alırız.

İnsanın geçmişe olan bağlılığı aslında var oluşumuzdan beri işleyen, hayatta kalmaya yönelik alarm mekanizmalarımızın uyarılmasından kaynaklanır. Nasıl mı? Beynimiz şu anımızı tehlikesiz yaşamak için geçmişe ait tüm tehdit ve olumsuz yaşantıları araştırır ve dosyalar. Ve zihin açık kalan her dosyayı kapatmak ister. Temelinde varlığımızı koruma güdüsü yatan bu sistem gündelik yaşamda olur olmaz zamanlarda kendini gösterebilir. Böylelikle stres hormonlarımız devreye girer ve günümüzü önemli derecede etkiler. Geçmişe saplanmanın diğer bir nedeni de travmatik anıların hafıza ve bedenimizde bıraktığı ağır izlerdir. Bu izler zamanın algı ve akışının zedeler. Travmatik yaşantı, anlamlandırılana dek kendini hatırlatır. Bu travmatik deneyim ister düşüncede, ister bedende, isterse rüyalarda şekilden şekle girerek kendini gösterir. Bilinenin aksine, defter kapatmanın suçluyu affetmekle ilgisi yoktur. Tam aksine onun canımızı yakmasına artık izin vermiyor olmamızla ilgilidir. İnsan kendini korumak için, geçmişe iç içe geçmiş zincirler gibi bağlanır ve tekrar yenik düşmemek için geçmişi canlı tutmayı seçer. Bu noktada kişinin çözümü bir probleme dönüşür. Yaşam bir kontrol oyunu değildir. Bazen bazı şeylere müdahale edemeyeceğimizi anlamak ve değiştiremeyeceğimiz şeyleri kabul edip kendimizi akışa bırakmak gerekir. Bu akışın ne getireceğini bir sürprizi bekler gibi heyecanlı beklemek, beklerken beklemeyi sevmek; işte tüm bunlar anda kalmakla ilgilidir.

Anda kalmanın en güzel örneği çocuklardır. Bir çocuğu izleyin. Ne geçmiş var ne gelecek, onlar için tek gerçek; şu andan ibaret... Eğer bir yetişkini model almıyorsa, bir şeye karşı önyargılı olması zordur. Eğer aklı bir şeye takılırsa da bunu hemen oyunlarına ya da sorularına yansıtır. Her deneyime kucak açar ve o deneyimi yaşarken tarafsızca, merakla yaklaşır. İçimizde böyle çocuk bir yan taşımak biz yetişkinleri geçmişin yükünden de geleceğin düşünce tuzaklarından da koparan bir kahramana dönüşebilir.

Yineleme zorlantısı, değersizlik inancı, proje çocuk, ikame çocuk ve ikame hayat, kefaret, kendini gerçekleştiren kehanet ve kurban tuzağı konularında bilinçdışımızın biz farkında olmaksızın hayatımızı nasıl da düzenleyip yönettiğini gördük. Mindfulness gibi farkındalık teknikleri tüm bu bilinçdışı içeriklerine karşı kullanabileceğimiz bir silahımızdır. Çünkü farkında olmak her şeyi diyemeyiz belki ama çoğu şeyi değiştirir. Değişimin ilk ve en önemli adımı farkındalıktır.

Özetle travma sonrası vakalarda Mindfulness kişiye duygularını daha az baskılama ve onları daha iyi yönetme yeteneği ekler. Kişi artık başına gelenleri ve duygularını yargılamadan yalnızca kabul eder hale gelir. Suçlamamak, olanı olduğu gibi anlamak bireyin içini ve dünyaya bakışını yumuşatır. Bireyin niyetleriyle kendisinin arasında bağ kurduğu bu sistem hem duygusal arınma hem de acıların serbestliğini sağlar. Kendi başına bu sistemi sürdürmekte zorlanan bireyler süreci bir uzman eşliğinde yürütebilirler. Çünkü başlangıç aşamasında sihirli değnek etkisi göstermediğinden kişi desteklenmeye ihtiyaç duyabilir.

"Mindfulness'a İhtiyacım Var mı?" Uygulaması

Öncelikle olarak uygun bir pozisyonda oturuşunuzu düzenleyin ve dik oturun. Ayaklarınız sağlam, sırtınız dik ve göğsünüz açık olsun.

Gözlerinizi yavaşça kapatın ve ellerinizi dizlerinizin üzerine koyun. Bağlamayın veya kenara bırakmayın. Önce bu satırları okuyun ve okuduklarınızı aklınızda tutarak uygulamaya başlayın. Yapacaklarınızı yazdığımız bu satırların devamında "Bu cümleden sonrasını okumayın" cümlesi var. Oraya gelince okumayı bırakıp uygulamayı yapmaya başlayacaksınız.

Şimdi bu ana, mekâna, yere ve bulunduğunuz ana odaklanın. Gözlerinizi usulca kapatın...

Ne kokuyor? Neler duyuyorsunuz, onları bir düşünün. Gezen bir kamera gibi odayı hatırlayın ve etrafı zihninizle dolaşın. Odada neler var? Sandalyeniz veya koltuğunuz nasıl bir şey? Duvar ne renkti? Dışarıdan kimlerin sesi geliyor, hepsini tek tek düşünün. Kendinizi hissedin. Kalp atışlarınızı, ciğerlerinize dolan havayı fiziksel olarak hissedin. Bir dakika dolana kadar sadece şu ana odaklanın ve etrafınızı iyice özümseyin. Göz kapaklarınızın altındaki gözlerinizi, saç renginizi ve boyunuzu bir daha düşünün. Dikkatiniz başka yöne kayabilir ama siz yine de buraya dönün. Tıpkı bir bisikleti tekrar dengeye sokmak gibi bulunduğunuz mekâna odaklanın. Şimdiye. Şu ana.

Zihninizden çıkın, usulca kendinize dışarıdan bakın ve yavaşça gözlerinizi açın. Şimdi kendinize gelin.

"Bu cümleden sonrasını okumayın" ve gözlerinizi usulca kapatın, okuduklarınızı hatırlayın ve yapmaya başlayın.

Neler oldu? Neler düşündünüz? Kendinizle tekrar tanışmış gibi oldunuz mu? Şu anda kalmak nasıl bir şeymiş biraz olsun fark edebildiniz mi? Bu satırların dışında zihniniz nerelere gitti? Camdan dışarı çıkıp geçmişe veya geleceğe de gitti mi? Örneğin iş yerinde bekleyen kişilere, cebinizde bekleyen telefondaki uyarılara, çağrılara gitti mi? Zihniniz size söylenenlerin dışında da başına buyruk davranıp bir dakikalık bu sürede bile önünüze başka seçenekler sundu mu? Cevabınız evet ise geçmiş olsun. Ama korkmayın, yalnız değilsiniz. Bu çağın insanının en iyi ihtimalle %46'sı bu anda kalamıyor. Kalamadığı için de akıl almaz iş gücünü yok edip zarara uğruyor. Anda kalamadığı için bölünüyor ve potansiyelinin yarısına bile ulaşamıyor. Ulaşamadığı için istemsiz öfke, stres ve psikolojik sıkıntılar ile boğuşmak zorunda kalıyor. İlişkilerinde sorun yaşıyor ve dağılmalara varan ayrılıklar yaşanıyor. Zincirleme bir şekilde başlayan savaş, psikolojiyi bozduğu gibi sağlığı da tehdit ediyor. Evet, Mindfulness bir tedavi şekli veya sağlık uygulaması değildir. Ancak hayatı doğru okumanızı, düzene sokmanızı ve yaşadığınız her anın lezzetini sonuna kadar almanızı sağlayan, çözüme bir önceki kitabımızda çokça vurguladığımız "her şey için geç olmadan" gözlüğüyle bakan bir mutluluk bilimidir.

Psikoterapi

Anlaşılmak, belki de her bireyin bu dünya üzerindeki en temel arzusudur. "Kimse beni anlamıyor" yakınmalarını ya da buna benzer söylemleri hepimiz duyuyor ya da söylüyoruz. Psikoterapi, en temelde kişinin kendini anlama arzusunun eylemlere dökülmüş halidir. Psikoterapi, geçmişte bireylerin yaşadıkları duygusal ve davranışsal sorunlarının çözümünü, ruh sağlıklarının geliştirilmesini ve korunmasını amaçlayan tekniklerin genel adıdır. Bu tanıma göre bütün aşılayım (telkin edilme), inandırma (ikna), davranışı ve kişiliği değiştirme yolları psikoterapi teriminin kapsamına girebilir. Genel olarak birey odaklı çalışılan bir terapi türüdür. Konuşma odaklı olan bu terapide birey kendini tanıma ve kendisiyle ilgili farkındalık/ içgörü bulma yolculuğuna çıkar.

Psikoterapi, psikologlar tarafından bilimsel olarak doğrulanmış teknikler ışığında insanlara faydalı olmayı amaçlar. Birçok farklı yaklaşım bulunur:

Davranışsal Terapi

Bu yaklaşım psikolojik rahatsızlıkların gelişiminde öğrenmenin rolüne odaklanır. Ana yaklaşım edimsel koşullanmadır. Thorndike'ın keşfi olan bu yaklaşım ödül ve cezanın öğrenme ve dolayısıyla insan davranışı üzerindeki etkisini ele alır. Davranış istenilen sonuçlara neden oluyorsa ödülle ilişkilendirilir. Bu sebeple de davranışın tekrar etme olasılığı artar. Ancak davranış istenmeyen sonuçlara neden oluyorsa, bu ceza ile ilişkilendirilir, sonuç olarak da davranışın tekrarlanma olasılığı azalır. Öğrenmede ödülün daha etkili bir pekiştireç olduğu söylenebilir. Örneğin çocuğunuza ödevlerini yapması karşılığında vereceğinizi söylediğiniz bir çikolata; çocuk için ödül niyetinde olan bir pekiştireçtir.

Geçmişimizde de kendimize birçok pekiştireç yükleyip karşımızdaki kişinin güzel davranışını arttırmaya çalıştığımız olmuştur. İlk örneği sosyal pekiştireçlerdir. Gülümseme, göz kırpma, alkışlama vb. sözsüz pekiştireçlere girmektedir. İkincil olarak kucaklama, baş okşama, sırt sıvazlama olan bedensel iletişimlerdir. "Aferin", "tebrik ediyorum", "çok iyi bir iş" gibi pekiştireçler ise içinde övgü bulunduran sözcük/sözcük gruplarında kullanılır.

Bilişsel Terapi

Bireylerin ne yaptığından çok, ne düşündüğünü ele alır. Eylemlerden ziyade inançlar önemlidir. Bilişsel terapi insanlara kendi bozuk düşünce ve inançlarını tanımlayıp değerlendirmeyi ve buna bağlı olarak da değiştirmeyi öğretmeye çalışır. Bilişsel terapiye göre bozuk bilişlerin gelişimine kişinin biyolojisi, genetik yatkınlığı, yaşadığı deneyimler, öğrenme ve bilgi birikimlerini içeren birçok faktör katkıda bulunmaktadır. Özellikle geçmişimiz bu terapi yönteminde çokça irdelenir.

Psikanaliz

Psikanaliz, bireyin iç dünyası ve yaşantıları arasında bağlam kurup anlamlandırmada yardımcı olan terapi yöntemlerinden biridir. Bu yaklaşıma göre, insan doğuştan kötüdür. Bu yaklaşımın savunucularından biri olan Freud'a göre; cinsellik ve saldırganlık, insanların doğuştan getirdiği, geçmişlerinde olan bir güdüdür. Bu iki büyük güdü, toplum tarafından bastırılarak bilinçdışına itilir. O yüzden, insanı anlamak için bireyin bilinçaltını, bilinçaltındaki geçmişini çözümlemesi gerekir. Psikoanalitik terapi, özgür birliktelik ve rüya analizi gibi tekniklerle bilinçdışı hisleri araştırmayı hedefler. Bu teknikte kullanılan en önemli yöntemlerden biri de serbest çağrışımdır. Bu yöntem danışanın aklından geçen her şeyi istediği gibi anlatması prensibine bağlıdır. Danışan geçmişinde yaşayıp da aklına gelen ne varsa bu serbest çağrışım tekniğiyle anlatır.

Psikodinamik Yaklaşım

Psikodinamik yaklaşım, bilinçaltında geçmişte bize acı veren hatıraların gizlendiği temeline dayanır. Bu yaklaşım bireyin psikolojik gelişimini, olgunlaşma sürecini büyük ölçüde etkileyen; çocukluk dönemindeki ilk ilişkileri hedef alır. Bugün yaşadığımız birçok sorunun temelinde geçmişte yaşayarak anlamlandıramadığımız ve zihin açısından kapanmayan yaralar yer alır. Bazen biz olaylar geçti sansak da bitmez ve size kendini hatırlatmaya devam eder. Bu kitabın da asıl konusu olan bu terapi yöntemine dair bakış açısı oldukça önemlidir.

Hümanistik Yaklaşım

Hümanizm, insana yalnızca insan olduğu için değer veren bir yaklaşımdır. Bu yaklaşım kişinin rasyonel seçimler yapabilmesiyle birlikte kendini geliştirmesini amaçlar. Sanat, özgürlük, saygı, sevgi temaları ele alınan önemli konulardandır.

Aile Terapisi

Aile terapisinin temel amacı, aile iletişimindeki problemlerde yer alan bozuk davranışları değiştirmeye teşvik etmektir. Aile üyeleri arasındaki iletişim kalitesini arttıran ve birbirlerine değer veren çiftler arasındaki çatışmaların üstesinden gelinmesi için yardımcı olunan, ifade edilebilmesi güç olan fikirleri güzel bir dille anlatabileceğimiz bir terapi türüdür. Kişilerin geçmişte yaşamış oldukları deneyimlerini, beklentilerini ve fikirlerini anlamalarına, bu sebeple de ilişkilerinde değişiklik yapmalarına olanak sağlar.

Bütüncül Psikoterapi

Bütüncül psikoterapi, farklı kuram ve tekniklerin uyumlu bir şekilde birlikte kullanıldığı bir terapi yöntemidir. Sorunların çözümü için gerektiğinde birden fazla ekolden yararlanma temeline dayanır. Bir problemi ele alırken, farklı birçok terapi yönteminden yararlanarak, farklı bakış açılarından yardım alarak daha kapsamlı bir değerlendirme ve çözümleme süreci geliştirilir. Bütüncül psikoterapi, tedaviye tek bir ekol çerçevesinden bakmak yerine; daha esnek ve kapsayıcı bir yaklaşım geliştirir.

Hangi ekolün en çok işe yaradığı ile ilgili bir düşünce yoktur. Hangi ekolle çalışılırsa çalışılsın asıl olan hangi terapiste güvenip sır perdenizi aralayacağınızdır.

Duygu Odaklı Terapi

Toplum tarafından çoğunlukla duyguların gösterilmemesi gerektiğine inanılır. Gösterilmesi zayıflık olarak adlandırılır. Fakat özellikle kadim bilgi, duyguların ne kadar önemli olduğundan bahseder. Her duygunun bir işlevi vardır. Örneğin bebekliğimizden beri yüksek seslerden korkmamızın sebebi, yüksek sesli olası durumların bize zarar vereceğini atalarımızdan öğrenmiş olmamızdır. Aynı şekilde sevildiğimizi hissettiğimiz bir ortamda kendimizi mutlu hissetmemizin nedeni sosyal olanın bizim faydamıza olacağına dair kadim bilgidir. Duygular, en mantıksal olarak görünen kararlardan tutun plan yapmaya kadar pek çok beyin işlevini de etkiler.

Modern dünyanın ve bazı toplumsal önyargıların duygularımız üzerindeki olumsuz etkilerinin yanında, duyguların pek çok psikolojik bozukluk için de ne kadar önemli olduğunu artık daha iyi biliyoruz. Duyguları yaşamayı ve düzenlemeyi öğrenmek hem psikolojik bozuklukları olan kişilere hem de herhangi bir bozukluktan mustarip olmayanlara fayda sağlayacaktır. Duyguları ortaya çıkarabilmek ve ifade etmek Duygu Odaklı Terapi kapsamında öğrenilebileceği için önemli bir iyileşme yöntemidir.

Psikoterapi, kitabın başından beri bahsettiğimiz tüm travmalar ve geçmişin yüklerini çözmede en etkili yöntemlerden biridir. Çünkü Psikoterapi ile kişinin kendini tüm çıplaklığıyla görebilmesi mümkün hale gelebilir.

Yeniden Bağ Kurma

Kendinizi hapsettiğiniz yıllardan kurtarıp insanlarla yeniden bağ kurmak, geçmişin travmalarından kurtulmak için en iyi tedavi yöntemidir. Elbette yaşanan travma, insanlarla kurduğunuz bağları zayıflatır, hatta koparır. İnsanın hayatını alt üst eder. Baştan aşağı gerçekleşen bu yıkım, ilmek ilmek kurduğunuz insan ilişkilerini de tahrip eder.

Bu yüzden başta insani ilişkileriniz, sonra da hayatın kendisiyle ile olan gerçek bağlarınız iyileşmeye giden yolda en önemli terapi yönteminiz olmalıdır.

Bu durumu bir bebeğin insanlarla nasıl ilişki kuracağını öğrendiği ilk seneleri gibi düşünebilirsiniz. Travma yaşayan bir insanın, insan ilişkilerine dair bildiği her şey adeta kirlenir ve ilişkileri sekteye uğrar. Hayata devam edebilmek için bir bebek misali insanlarla ilişki kurabilmeyi yeniden öğrenmesi gerekir.

İyileşme sürecine adım atmadan önce travma mağduru kişilerin yakınlarının ya da onlarla ilgilenenlerin bilmesi gereken çok önemli bir şey vardır. İnsan eliyle gerçekleşen bir travma söz konusu ise, öncelikli olarak zararın başkası tarafından geldiğine dikkat çekmek gerekir. Mağdur kendi kontrolü ve rızası olmaksızın bir travmaya maruz kaldıysa böyle bir travmanın ardından, kişinin yakınları ya da ona yardımcı olan kişiler, mağduru kendi rızası dışında bir şeyi yapmaya zorlamamalılar. Zaten kendi isteği dışında gerçekleşen bir travmaya maruz kalan kişi, yine kendi isteği dışında bir davranışa zorlandığında, bu durum onun için yine travmatik bir etki uyandırır. Travmayı, travma yapan önemli özelliklerinden biri mağdurun kontrolü dışında gerçekleşmesi olduğu için, kontrolün yeniden mağdura verilmesi oldukça önemli bir adımdır.

"Yeniden bağ kurma" bir iyileşme yöntemi olarak, ilk defa Hermann tarafından ortaya kondu. Hermann bu yöntemi travma yaşamış insanlarla yaptığı çalışmaların neticesinde oluşturdu. Hermann az önce bahsettiğimiz kontrolün mağdura verilmesinden sonra, iyileşmenin üç evresinden bahseder. Bu evrelerden ilki güven hissinin yeniden temin edilmesi, ikinci evre travmanın güvenli alanda tekrardan hatırlanarak yas tutulma sürecine geçilmesi ve üçüncü evre de kişinin yaşamla yeniden bağ kurmasının sağlanmasıdır.

1. Önce Güven

Güven, yeniden başlayabilmek için en öncelikli ihtiyaçtır. Güvenin varlığı iyileşme için en önemli zemindir çünkü travma mağduru ilişkilere hatta genel olarak dünyaya duyduğu güveni yitirmiştir. Bu durumda birinci önceliğimiz güvene dayalı bir ilişkidir.

İnsanoğlu belki de her şeyden çok güvenmek ister. Travmada ise en çok güven duygumuz yerle bir olur. Bir yakını tarafından cinsel istismara uğrayan bir çocuğu hayal edin. Başına gelen olay kesinlikle kendi kontrolünde olmayan korkunç bir durumdur. Bu olay kişinin yakını etrafında iken kendini tehlikede hissetmesine ve belki de bu tehlike algısını genişleterek güvenle oyunlar oynadığı evinden bile çekinmesine yol açabilir. Travma sonrasında güven duygusunun ciddi derecede yaralandığını aşikârdır.

Güvenin hissedilmediği bir temelde travma ile yüzleşmek mümkün olmaz. Travma ile savaşacak gücü kendinizde bulabilmeniz için öncelikle, kendinizi tehlikede hissettiğiniz ve hiç güvenemediğiniz dünya algısından kurtulmak gerekir. Aksi halde güven sağlanamadığı müddetçe travma mağduru dehşet içerisinde kalmaya devam eder. Bu nedenle travma mağduru kişiler için kendilerini yeniden güvende hissedecekleri ve kontrolün kendilerinde olduğu bir çevre yaratılmalıdır.

2. Hatırlama ve Yas Tutma

Güvenin sağlanması halinde travmanın konuşulması ve boğaza saplanan düğümlerin çözülmesi için adım atılmış olur. Önüne set koyulan yollar yürünebilecek bir zemine dönüşür. Böylece travma ile yüzleşmenin önü açılır. Travma ile yüzleşmeden hayata devam etmek maalesef ki mümkün değildir. Güvene olan inancımız değiştikten sonra artık hayatımızdaki bu acı dolu yükleri önümüze koyup yüzleşmemiz gerekir.

Yüzleşmenin ağırlığı sebebiyle bu evre en zorlayıcı dönemdir. Zedelenen güven duygusunun tamirinden sonra bu dönemle beraber travma yaşayan kişinin artık güvenli bir ortamda travması ile yüzleşerek yas tutma sürecine girmesi gerekiyor. Yaşanan acıları, kaybolan yılları, üzüntüleri gün yüzüne çıkarıp onlarla tek tek yüzleştiğinizde hatta en dibine daldığınızda bu dönem etkisini gösteriyor. En dibe inmedikçe yaşananın kırıntıları paçanızı bırakmıyor, geçti sandığınız hiçbir şey geçmiyor. Ne zaman dibe inmeyi kabul ederseniz , işte o an asıl iyileştirici olan yas sürecine geçilmiş oluyor.

3. Yeniden Bağ Kurma

Travma mağduru kendini hayatı üzerinde kontrol sahibi olarak hissedip yeniden güven duymaya başladığı bir ortamda travması ile yüzleşerek yasını tutar. Tüm bu süreçler tamamlandığında kişi artık hayatla yeniden bağ kurabilir hale gelir. İlk aşamada travmanın dehşet vericiliği altında ezilen mağdur, ilmek ilmek işlenen kontrol, güven, travma ile yüzleşme ve yas aşamalarının ardından hayatla yeniden bağ kurar. Yeniden bağ kurma ile travmasının dehşetinden hayatına devam edememe halini ya da travmasını bir şekilde hatırlamayarak başka şekillerde hayatını karartmasını durdurabilir ve travmasının matemini tuttuğu gerçek bir hayatı yeniden yaşamaya başlayabilir.

Yeniden bağ kurma, travma sonrası mağdurun hayatında büyük darbelerle çöken, yaşam için oldukça önemli olan değerleri yeniden çalışır hale getirebilmeyi amaçlar. Fakat yeniden bağ kurma bir tedavi tekniği değildir. Bu neden mağdurun kendisinin ya da çevresinin uygulayabileceği ya da EMDR gibi belli adımlardan oluşan bir uygulama değildir. Yeniden bağ kurma ile yalnızca travma sonrası iyileşme adımlarını inceleyebilir ve bu konuda bilgi sahibi olarak mağdura yardımcı olmamız kolaylaşabilir.

Sosyal Destek

Yaşadığımız travmaların faturasını çoğu zaman bütün insanlara kesiyoruz. Oysa şifa kaynağımız varlığımızın değer bulacağı insanlardır. İstediğimiz kadar kendi kabuğumuza çekilelim, bir yanımız her daim insanlardan yardım arayışındadır. Yaşadığımız olumsuz duyguların yanında bir de hayattan beklentilerimiz vardır.

-Sevilmek

-Saygı görmek

-Takdir edilmek

-Değerli hissetmek

-Paylaşmak

-Bağlanmak

-Yalnız olmadığı duygusunu yaşamak

-Güvenebilmek ve güvenilmek

-Yardım görmek

-Kabul görmek

-Özlenmek

-Umursanmak, kâle alınmak

-Yeterli hissetmek

-Anlayış

-İlgi

-Beğenilmek

-Önemsenmek

-Umut

İnsanlar işte bu ihtiyaçlarını giderebilmek için evleniyor, çocuk sahibi oluyor, arkadaşlıklar kuruyor, çeşitli kurslara gidiyor, hobi ediniyor, gruplara ve kulüplere üye oluyorlar. Bu sayede kendilerine sosyal destek sağlamaya çalışıyorlar. Çünkü bunlar tek başına değil de sosyal destekle karşılanabilecek ihtiyaçlardır. Yaşamımızı sosyal destekle çok daha iyi bir yere getirmek mümkün ise bu konuyu biraz daha ayrıntılı düşünmemiz gerekir.

Bizler kendi dünyamızı o kadar sahiplenmişiz ki algıladıklarımızı ve hissettiklerimizi tamamen doğru olarak kabul edebiliyoruz. Bir düşünceyi oluşturan ilk şey algılamaktır. Algıyı oluşturan şeyler de deneyimlerimiz ve ilk öğretilerimizdir. Bir travma yaşadığımız zaman kimi zaman kendimizi suçlu hissediyoruz, kimi zaman travmayı yaşayan kişiyi suçlayıp öfkemizi biriktiriyoruz kimi zaman da içimizi kor gibi yakan ateşi herkesten saklıyoruz.

Psikolojik açıdan sağlıklı olarak değerlendirilmemiz için, yaşamın zorlayıcı yönleri ile başa çıkabilmemiz, stresin olumsuz etkilerine direnç gösterebilmemiz ve kendimizi iyi hissetmemiz gereklidir. Tam tersine bastırılan öfke, üzüntü, kırgınlık ise bizi tesiri altına alıp darmaduman edebiliyor. Elbette ki geçmişten gelen ve bizi olumsuz etkileyen duygularımızla mücadele edebiliriz. Sosyal desteğin bu konudaki rolü oldukça büyüktür. Komşu, arkadaş, eş, dost, akrabaları da içeren sosyal destekten kısaca bahsedelim.

Sosyal destek kavramı, 1960'lı yıllarda koruyucu sağlık alanındaki araştırmalar kapsamında bilimsel olarak araştırılmaya başlanmıştır. Sosyal destek, karşılaştığımız zorluklara karşı çevremizde bizi sevdiğini ve bize değer verdiğini bildiğimiz insanların duygusal destek vermesidir. Bir diğer ifade ile hayatınızda sizi umursayan, sizinle gerçekten ilgilenen, güvendiğiniz insanların var olması olarak tanımlanabilir. Şimdi sizinle hayatınıza bir göz atacağız. Öncelikle kendinize şu soruları sormanızı istiyoruz. *"Kendinizi yanlarında rahat ve huzurlu hissettiğiniz bir çevreniz var mı?"*

Psikolojik iyi oluşumuzun ipuçlarını bulabileceğimiz bu sorular bir bakıma sosyal destek düzeyimizin özetidir. Mutluluğumuzun en önemli belirleyicisi ne diye sorulsa sosyal destek yanıtını verebiliriz. Yapılan araştırmalarda sosyal destek arttıkça mutluluğun da arttığı sonucuna ulaşılmıştır.

Sosyal destek, özellikle bireyin stresli ve krizli zamanlarda daha çok ihtiyaç duyduğu bir şeydir. Ölüm, iflas, hastalık, boşanma, sadakatsizlik, ayrılık, göç, yeni bir yere taşınma gibi travmatik durumlarda sosyal desteğe daha çok ihtiyaç duyarız. Kendimizi toparlayabilmek için sosyal destek önemli bir kaynaktır. Sosyal destek, travmalarımızı, ya da yaşadığımız sıkıntıları doğrudan ortadan kaldırmasa bile, yaşadığımız kaygıları ve çaresizlik duygusunu azaltır. Yaşanan acı ve strese karşı daha dayanıklı olmamızı sağlar. Ayrıca tüm bunların yanında sosyal destek sayesinde kişinin farklı çıkış yolları bulma konusunda özgüveni ve umudu da artar.

Sosyal Destek Yanılsaması: Sosyal Medya

Sosyal medya sosyalleştirir mi yalnızlaştırır mı? Bu sorunun yanıtını bulabilmemiz için öncelikle şuna dikkat etmemiz gerekir. Sosyal destekte önemli olan sosyal ilişkinin niceliğinden çok niteliğidir. Bir diğer ifade ile bireyin ilişkide bulunduğu kişi sayısının çokluğundan ziyade, sırlarını paylaştığı, güven duyduğu ve önemli hissettiği kişilerle kurduğu yakın bağlardır. Bu bağlardan sağlanan duygusal, maddi ve bilişsel yardımdır. Örneğin; işsiz kalan birine bir yakının iş bulması, hasta birine komşusunun yemek götürmesi, yeni doğum yapan bir kadına bebek bakımında yardım edilmesi, engelli bir evladı olan anneye kendisine zaman ayırması için destek olunması, patronu tarafından azarlanan birine iş arkadaşları tarafından motive edici konuşma yapılması, toplumdan dışlandığını düşünen bireye değerli olduğunun anlatılması. Tüm bunlar yoğun yaşadığımız duyguları ifade etmemizi sağlar. Böylece yaşanılan travmatik deneyim kendini daha net gösterir. Kontrol edilemeyen suçluluk ve yetersizlik duygusunu ortadan kaldırır.

Sosyal medyanın ise hayatımızda olumlu ve olumsuz pek çok etkisi vardır. İnsana getirdikleri ile beraber götürdükleri de oluyor. Yanınızdakilerden uzaklaşmak ve kendi içinize çekilmek maksadında iseniz sizin için bir hançer görevi görebiliyor. Gerçek iletişim ekran arkasından kurulan değildir; yüz yüze, doğal ve duygusal anlamda bağ kurmaktır. Yaralarımızı saracak ve kendimizi değerli hissedeceğimiz o gerçek duyguları bulacağımız asıl yer sosyal medyadan ziyade sosyal desteğimizdir. Yakınlık, temas, spontanlık, doğallık, duygu paylaşımıdır bizim şifa kaynaklarımız. İnstagramdaki takipçi ve beğeni sayısı, Twitter'daki takipçi sayısı, telefon rehberindeki arkadaş sayısı değildir bizleri mutlu edecek olan. Tam tersine sadece sosyal medyada yaşamak bizim yalnızlığımıza çekilmemize ve hayata yabancılaşmamıza sebep olur.

Sosyal Desteğin Faydaları

Sosyal destek hem travmanın sebebini açığa çıkarır hem de sürecin sağlıklı geçmesini sağlar. Yapılan araştırmalarda da travma sonrası verilen sosyal desteğin kişilerde travma sonrasında yaşanılan stres etkisini azalttığı görülmüştür. Hani bazen sizin için söylemesi bile çok büyük bir olayı bir arkadaşınıza anlattığınızda onun normal olarak karşılaması ile birlikte bütün süngüleriniz bir anda aşağı iner ya, işte tam da böylesi bir durumdur sosyal destek.

Sosyal desteğin bir diğer işlevi de travmanın yıkıcı etkileriyle travma yaşayan kişinin duyguları arasında tampon etki yapmasıdır. Yukarıdan atlarken yere çakılmak yerine tramboline düşmek gibi... Yani sosyal destek, travma sonucu ortaya çıkan olumsuz izlerin etkisini azaltarak ruh sağlığının dengesini korur.

Çin'de yapılan bir araştırmada stresli hayatlar yaşayan bir grup insan incelenmiştir. Araştırma sonucunda ailesinden ve yakın çevresinden sosyal destek almamış insanların daha çok depresyon riski taşıdığı görülmüştür. Bu araştırmalar bizlere asıl ihtiyacımız olan şeyin yakınlarımızdan alacağımız sosyal destek olduğunu hatırlatmaktadır.

Travma yaşayan insanın, ihtiyacı olan şey anlaşılmak ve kendini ifade etmektir. Sosyal destek ile ona değer veren insanların varlık ve destekleri, tek başına üstesinden gelemediği duygu ve davranışların ortadan kalkmasına ya da etkisini azaltmaya yardımcı olur.

İyi davranışlarda bulunma da sosyal desteğinizi artıracaktır. Yani yardımseverliği karakter haline getirebilirseniz, çevrenizde sizi seven pek çok insan olacaktır. Sadece sosyal destek almaya odaklanmamak gerekir. Sosyal destek vermek de önemli bir meziyettir ve unutmamak gerekir ki verdiğimiz sosyal destekler bumerang gibi döner dolaşır, elbet bir gün yine bize gelir.

Yanınızda sizi umursayan, önemseyen insanlar varsa ve onların desteğini yakından hissederseniz o travmaları aşmak, problemlerin üstesinden gelmek için kendinizi güçlü hissedersiniz yani umutlu olursunuz.

Sonuç olarak bir insanın sosyal hayatının sağlığı, iyileşmeye giden yolda en doğal ve en eski yöntemlerin başında gelir. Sanal olmayan empatinin, sevginin ve yardımlaşmanın etkisiyle bir insan en ağır travmalarını bile geride bırakabilir. Bugün birçok psikolojik sorunun temelinde sosyal desteğin yok olması durumu yatar. İnsanların yalnızlaşması, sanal âlemden çare ummaları ve başarı uğruna verilen sonsuz savaş kişiyi en çok hasta eden durumların başında gelir. Bu yüzden sosyalleşmeyle sulanan her ruh, iyileşmeye giden yolda her tohumu yeşertebilir. Bir kişi psikolojik destek alacak noktaya geldiğinde bile sosyal ortamlarla beslenmeli, bu desteğin kendisine en iyi gelecek bir yönü olduğunu unutmamalıdır.

Aile Dizimi

Aile Dizimi uygulaması, enerji merkezli bir grup yöntemi olmasıyla şifalanmaya giden yolda diğerlerinden çok farklıdır. Bu yöntem, kişinin kendisinin ya da soyunun geçmişten gelen duygusal travmaları ile bugüne uzanan tüm ağır yüklerini enerji düzleminde açığa çıkarıp geride bırakmayı amaçlar.

Bu yöntem geride kaldığını sandığımız yaşamın karanlık yüzünü gözler önüne sererken geçmişten bugüne uzanıp geleceğimize de etki eden enerji hattını şifalandırmaya çalışır. Bu bağlamda kendi geçmişimizdeki istismar, şiddet, doğal afet, savaş, göç, ölüm, ihmal ya da kayıp gibi birçok duygusal travmanın yanında nesiller boyu taşınan ve kişiyi hedef alan karmik enerjiyi de düzeltmeye niyet eder.

Aile Dizimi, ismi itibariyle sadece aile ile alakalı görünebilir fakat öyle değildir. Çünkü tüm sistemi ele alır. Aile Dizimi çalışması çerçevesinde enerji çalışmaları (nazar ve göz, beddua gibi), ters giden hayat öyküleri, romantik ilişkiler ve arkadaşlık gibi aile dışı ilişkiler de çalışılır. Hatta Aile Dizimi içerisinde bazı soyut kavramlar bile çalışılır. Örneğin kişinin kaygı problemi varsa gruptan bir kişi kaygıyı temsil edebilir. Aynı şekilde yalnızlık, üzüntü ya da neşe gibi diğer duygular da temsil edilerek bu kavramların kişi ile olan ilişkileri enerjinin de yönlendirmesiyle gözler önüne serilebilir. Kısacası, Aile Dizimi kapsamında insan hayatında yer alan her türlü dinamik yaşayış, özellikle kişinin hayatını zorlaştırıcı problemler işlenebilir. Genel itibariyle Aile

Dizimi atalarımıza uzanan bir geçmiş ile gelecek yaşamımızı şifalandırmayı amaçlar.

Kişilerin enerjileri değiştikçe, ilişkilerde olumlu değişimler gözlenmeye başlar. Aileden tek bir kişi bile kendi nesli için Aile Dizimi çalışmaları yaptığında, diğer bireyler bu çalışmalardan haberdar olsun olmasın, olumlu değişimlere uğrarlar.

Aile Dizimi henüz dünyada hiçbir resmi kurum tarafından kabul görüp sahip çıkılmasa da yeni yeni uygulanmaya başlanan ve doğru ellerde çok iyi sonuç veren bir çalışmadır. Fakat yine de herhangi bir konuda tedaviyi vaat eden, sağlığı iyileştiren ve tıbba alternatif bir tarafı yoktur.

Aile Diziminin İşleyişi

Aile Diziminde hikâyesine bakılan kişiye "açılımcı" denir. Hikâyesindeki oyuncuların tümüne ise "katılımcı" denir. Açılımcı kişi kendisini ve ailesini temsil edecek kişileri seçer. Grup üyeleri ise içlerinden geldikleri gibi, serbestçe hareket etmeye ve kendilerini en rahat hissettikleri konumlara geçmeye başlarlar. Onları adeta ortamdaki enerji yönlendirir.

Daha önce bu deneyimi yaşamayan ve görmeyenler de dakikalar içinde enerjinin akışına kapılır ve rolün gerçekliği kadar hikâyenin dramına girer. Açılımcı kendisi için konumlanan bu grupta kendi annesiyle, babasıyla ve atalarından gelen duygusal yüklerle yüzleşir. O anda dil susar, enerji çalışır. Kişiler kendilerini ifade etmedikleri halde herkes birbirini hisseder ve anlar. Bu sahnede enerjinin gücü ortama öylesine hakimdir ki sadece açılımcı değil, herhangi bir roldeki kişi bile kendi hikâyesini yaşamaya başladığı için şifalanmaya başlar. Birisi diğerinin annesini canlandırırken kendi annesiyle ilişkileri gözünün önüne gelir ve role girmesi de kaçınılmaz olur. Çalışmanın ilerleyen aşamalarında dizimi yapılan kişi çalışmaya bizzat katılabilir.

Aile Dizimi, geçmişteki o kaos anını enerji boyutunda yeniden canlandırır ve olayı çözümlemek ister. Bu tablo bazen öyle bir hal alır ki ani yaşanan ölümler, tecavüz vakaları, katliamlar, aile içinde dışlanmalar, suçluluk duygusu ve özellikle göç gibi önceki nesillerin travmalarının bizlere nasıl aktarıldığını kendi gözlerimizle görebiliriz. Travmanın veya tıkanan ruhun/enerjinin amacı kendini göstermek olduğu için görünür olduğunda enerji boşalır ve rahatlama yaşanır.

Aile Dizimi ile ilgili bilinmesi gereken önemli bir nokta var. Aile Dizimi gibi Psikodrama ve Aile Heykelleri gibi yöntemlerde kişinin düşünceden uzak kalabilmesi, özellikle içinden geldiği şekilde davranması önemlidir. Çünkü bu zihinden serbest ortam sayesinde içimizde yıllarca gizlenmekte olan yüklerimiz ortaya çıkmaya cesaret edebilir. Günlük hayatımızda hissetmekte olduklarımızı çoğunlukla mantık çerçevesinden geçirerek dışa vurmayız. Aile Dizimi gibi yöntemlerin işe yaraması için de kişinin içinden geldiği gibi davranıp hissetmesi ve düşüncelerini ve düşünceye eşlik eden konuşmaları olabildiğince en aza indirmesi gerekebilir. Ancak bu şekilde ortamdaki bütün kişilerin enerjisiyle bağ kurabilir. Kişi tıpkı bir wifi ağına bağlanır gibi o enerji sistemiyle bağlantıya geçer. Bu da birbirini tanımayan insanların ortamın enerjisiyle birlikte açılımcının yaşadığı acıya benzer bir duyguya bağlanmasına yarar. Bir diğerinin sisteminde taşıdığı olumsuz enerjinin yeni bir katılımcıda aynı şekilde açığa çıkması ve sahnede canlanması mucizevi gibi dursa da gerçektir. Katılımcı olarak role giren kişinin açılımı yapılan kişinin sistemindeki figür ile aynı duyguyu hissetmesi ve sistemle bağlantıya geçmesi, hem kendi sistemini hem de açılımcının sistemini şifalandırmaya başlar. Bu bağlantı sayesinde geçmişin bu enerji yükü güvenli ortamda ortaya çıkabilir. Aksi halde enerji yine kendini gösteremeyeceği için tıkanıklık devam eder. Tüm iyileştirici tekniklerin ortak yanı da budur. İçtekilerin ortaya çıkabileceği bu özgür alan, geçmişin yüklerinin ortaya çıkıp kendini göstermesine yardımcı olur.

Ortaya Çıkışı

Aile Dizimi yöntemi 1990'larda Bert Hellinger tarafından oluşturuldu. Son 20 yılda ortaya çıkan yeni bir teknik olmasının yanında oldukça eski kuramlardan yararlanarak oluşturulmuş ve uygulanan kişiler tarafından oldukça faydalı görülen bir tekniktir.

Psikoloji dünyasında Freud ile beraber ilk bakım veren yani anne ile olan ilişkinin kişi üzerindeki güçlü etkisi üzerine düşünülmeye başladı. Bu düşünüş, Anna Freud, Melanie Klein ve Winnicott gibi kuramcıların gördükleri hastaların etkisiyle oldukça kuvvetlendi. Hatta durum öyle bir hal aldı ki anne tek başına kişinin yaşadıklarının 'günah keçisi' olarak görülmeye başlandı. Bu dönem boyunca annenin kişi üzerindeki etkisini kanıtlayan pek çok veri bulunmaya devam ederken bazı kuramcılar tarafından kişiyi etkileyenler çerçevesi genişletilmeye başladı. Çünkü annenin kişi üzerindeki etkisi oldukça önemli olsa da, insan hayatı boyunca sadece annesiyle karşılaşmıyor, pek çok farklı ilişki kuruyordu. Bu sebeple kişinin dinamiklerini bir tek anneye yüklemek yanlış olacaktı.

İlerleyen süreçte kuramcılar genişleyen çerçeve içerisinde aile ile ilgili özelliklere dikkat etmeye başladılar. Kişinin anne dışında baba ya da kardeşler ile olan ilişkileri incelendikçe anne dışındaki aile üyelerinin de kişinin hayatındaki etkileri ortaya çıkmaya başladı. Hellinger ise kişinin 'yaşam senaryosunu' önceki nesillerden devralıp sanki kendi yazgısıymış gibi sahiplendiğini gördü. Nesiller önceki ataların bile kişinin yaşamını etkileyebileceği görüldü.

Aile Dizimi annenin, ailenin ve geçmiş nesillerin kişiyi etkileyişi üzerine çalışılan bir teknik olarak böyle bir zihinsel zeminde ortaya çıktı. Özellikle Moreno'nun Psikodraması ve Virginia Satir'in Aile Heykeli yöntemleri bunlardan ikisidir. Psikodrama danışanın kendisini ve bir grup katılımcının birlikte aile rollerini sahnede gibi canlandırılmasını içerir. Aile Heykelleri yöntemi ise ailede yaşanmış olayların sembolik olarak ifade edildiği ve aile üyelerinin duruşlarının, yakınlık-uzaklıklarına odaklanan bir yöntemdir. Satir, Aile Heykelleri yöntemini gerçek aile üyeleri ile çalışırdı. İlk zamanlarda Aile Heykelleri çalışmasının yapılabilmesi için aile sisteminin tüm gerçek üyelerinin bulunması gerekliliği vardı. Bir gün Satir'in çalışmalarından birine aile üyelerinden biri gelmediğinde o üye yerine aile dışı katılımcılardan biri geçmiştir. Gerçek aile üyesi olmayan bu kişi eksik aile üyesinin yerine geçtiğinde süreç içerisinde gerçek kişi gibi davranmaya ve hissetmeye başlamıştır. Böylece gerçek kişiler olmasa bile yerine geçen kişilerin de canlandırmalarda aynı enerji içerisinde oldukları görülmüştür. Evet, bir diğer kişinin sizin anneniz gibi davranabilmesi, aynı hisleri hissederek harekete geçebilmesi çok ilginçtir. Ancak Aile Diziminde en önemli kural olan konuşmama ilkesi, kişiyi biliş durumundan ziyade dürtülerine yönlendirir. Bu da bir diğerinin hislerini hissedebilmeyi ve davranışlarına yansımayı sağlar.

Kişilerin olmadıkları kişiler gibi davranabilip hissetmeleri oldukça ilginçtir. Bu hisler öyle bir hal alabilir ki temsilciler gerçek aile üyelerinin fizyolojik rahatsızlıklarını dahi hissedebilirler. Örneğin bir ailede babayı temsil eden kişi gerçek babanın sağ dizindeki ağrıyı hisseder. Bunun açıklaması ile ilgili pek çok farklı görüş olmakla birlikte nasıl gerçekleştiğini kesin olarak bilemiyoruz. Kuramcılar yaşanılan bu durum karşısında kişilerin özel bir enerji alanına girdiklerini söylemişlerdir. Bu alana morfogenetik alan, bilgilendirici alan ya da bilme alanı gibi isimler verilir. Morfogenetik alan görüntü, koku, dokunma ve tatma gibi iletişim türlerini içinde barındıran fakat onlardan daha farklı olarak insanların paylaştıkları bir alan olarak tanımlanır. Bu alan sayesinde duyu organlarıyla algılanamayan meseleleri tüm insanlar olarak paylaşabilir hale geliriz.

Enerjiyi Anlamak Üzerine

Aile Diziminin bu tuhaf görünen işleyişinin basit bir enerji uygulaması olarak açıklanması, meseleyi anlamak için yeterli değildir. Bu işleyişi anlamanın yolu maddenin çok daha derinlerine dayanıyor. Son yıllarda fizik alanında yapılan araştırmalar atom hatta atom altı parçacıklarının hareketlerinin bir gözlemcinin varlığına göre değişebildiğini ortaya koydu.

Temel fizik kanunlarına göre belli bir şekilde davranması beklenen atom altı parçacıklar gözlemcinin var olduğu durumda farklı davranarak, evrenin işleyişine dair temel fizik kanunlarının gerçekliğini bile şüpheye düşürdü (Çift Yarık Deneyi). Somut anlamda erişebildiğimiz dünyadan daha fazlasını gözlemlemeye başladığımızda evrenin işleyişinin bilimin kabul ettiğinden çok daha farklı ve kaotik gibi gözüken bir düzende olduğunu öğrendik. Gözlemcinin varlığına göre atom altı parçacıkların davranışlarını değiştirmesi bize niyetin gerçeği değiştirebileceğini kanıtladı.

Araştırmaların ortaya koyduğu sonuçlar evrendeki tüm maddelerin adeta görünmez iplerle birbirine bağlı olduğunu gösterir. Aslında tüm uzay bir dolaşıklık içerisindedir. Evrenin dolaşık oluşu, her maddenin öyle ya da böyle birbirleriyle bağlantılı olduğunu kanıtlar. Böylece bizler Aile Dizimi esnasında adını dahi bilmediğimiz kişileri hissedebilir ve o kişiler gibi davranmaya başlayabiliriz. Bu araştırmalar tasavvufta bahsedilen Vahdet-i Vücud kavramını akla getirir. Vahdet-i Vücud, varlığın tek ve bir olduğunu anlatır. Sufi inancına göre varlık tektir ve her şey o tek varlık içerisindedir. Böylece aslında ayrı olan bir şey yoktur, her şey bir ve iç içedir.

Niyet Deneyi

Aile Dizimi "morfogenetik alan" adı da verilen bir enerji sistemiyle çalışsa da temel çalışma prensibinde "niyet" yatar. Niyet kelimesi basit duruyor olabilir. Çünkü niyet, yapılmamış bir şeyin akılda yeşermesi ve kendinize "Evet, ben bunu yapacağım," demeden önceki son düşünce hamlesidir. İşte bu kadar küçük gibi duran ancak geçmiş ve gelecekteki her şeyi kökünden şekillendiren bu ayrıntı, Aile Diziminin de çekirdeğini oluşturur. Niyet, atom altı parçacıklardan tutun da canlı ya da cansız herhangi bir nesnenin bütün kaderini bile değiştirebilir.

Kuantum alanında yapılan araştırmaları destekleyen niyet deneyiyle ünlenen McTaggart'ın yapraklarla ilgili çalışmasının Aile Dizimini açıklayabilen bir yanı vardır. Deneyde bir grup yaprakla çalışan McTaggart yaprakların daha parlak olmasına niyet etmiştir. Bir hafta sonra karşılaştığı sonuç şaşırtıcıdır. Yapraklar, üzerine herhangi bir niyet edilmeyen yapraklara göre görünür derecede daha parlaktır. Bu durum bize niyetin maddeyi değiştirebileceğini kanıtlar. Aile Dizimi esnasında oluşan bu alan, varlığını şifalanmak niyetiyle oraya toplanan insanlara borçludur. Buradan açılımcının niyetiyle orada bulunmasını ve katılımcının tanımasa bile onun enerjisine girebilmesini daha rahat anlamlandırabiliriz.

Niyetin bir sonraki adımı, o konuda eyleme geçmektir. Yani zihinde olan niyetin söze dökülmesidir. Örneğin Japon bilim adamlarının su molekülleri ile yaptığı bir deneyde, suya söylenen olumlu sözlerin suyun moleküler yapısını düzenli ve ahenkli olarak değiştirirken olumsuz sözlerin karmaşık ve kaotik olarak değiştirdiği bulunmuştu. Yani sözlerin ne kadar etkili olduğu bu deney ile ispatlanmıştır. Ancak niyetin madde üzerindeki değiştirme gücü, söze dahi dökülmeden önceki fikir olması hasebiyle daha da mucizevidir. Dizim sisteminde bir araya gelen kişilerin birbirleri için girdikleri roller ve o anda hissettikleri, tamamen alanın enerjisi ve niyetin o yönde olmasıyla doğru orantılıdır. Bu sayede kişiler tanımadıkları kişilerin acılarını hisseder ve gerçekte olan hikâyeye benzer duygular ile hareket etmeye başlarlar.

Sonuç olarak, şifalanmaya giden bu yolda ister inancı kullanın ister Aile Dizimini, niyetinizin şifalanmak olmasıyla atılan her adım sonuç verecektir.

Kuantumdan tutun tasavvufa kadar var olan açıklamalar bize, rasyonel mantık ile açıklanamayan meseleleri belki açıklamak değil fakat anlamak için bir alan sunuyor.

Kadim Bilgilerden Aile Dizimine Bakış

Dizimle ilgili bütün bu bilgilerin en sıra dışı tarafı, enerji sisteminin yüzyıllardır süregelen kadim bilgiler ve dini inançlarla büyük ölçüde örtüşmesidir. Örneğin dua etmenin olumlu yönde etkisi, niyet deneyinde olduğu gibi istediğiniz bir konuyla ilgili maddeyi değiştirme gücüne işaret eder. Aynı şekilde bedduanın da kişilerin niyetinden ötürü kendisine ya da karşı tarafa vereceği zarar, teknik olarak niyet deneyinin maddesel etkisini andırır.

Nazar, beddua, ah almak, hak yemek, haksız kazanç, cinayet, gıybet, hırsızlık, büyü, ana ve babaya asi olmak, intihar, kürtaj, zalimlik, fitne çıkarmak ve küfür gibi günah olduğuna inanılan davranışlar, karmik enerjiyi bozan duygusal yük sebepleridir. Aile Dizimi Batı kökenli olmasına rağmen bu temaları baz alır. Bu tür ağır yüklerin sonuçları, kişiyi etkilediği gibi yedi nesle kadar uzanan bir karmik enerjiyi de altüst edebilir. Böylece morfogenetik alan olarak bahsedilen, nesillerin paylaştığı alanda oluşan karmik yük, fark etmesek bile bizi etkisi altına alarak hayatımızı önemli ölçüde etkiler.

Aile bir sistemdir ve bu sistem üst nesillerden de etkilenerek bir döngü oluşturur. Çünkü herkesin bir anne ve babası olduğu gibi o anne ve babaların da etkilendiği kendi ebeveynleri vardır. Bu yorum bile bizi kökleri olan koca bir ağaca benzetirken üst nesillerden nasıl etkilendiğimizi sorgulamamızı sağlayacaktır. Bu sistem içerisinde var olan bir sıkıntı, özellikle görülmeyen bir durum, normalde olması gereken enerjiyi keser. Örneğin anneannenin ani biçimde kaybettiği bir bebeğinin olması, bir sonraki bebeğine davranış şeklini değiştirdiği gibi, onun da kendi çocuklarına etkisini değiştirecektir. Burada tıkanan alan ilk bebeğin kaybı olmaktadır. O nedenle çözümlenmesi gereken alan da orasıdır. Aile Dizimi bu gibi durumların ortaya çıktığı bir yöntemdir. Burada önemli olan aileye ve aile üyelerine değil de sisteme bakmaktır. Yani aile, bir dişlinin çarkları ile oluşan mekanizma sayesinde bir sistem yaratır. Bu çarklar birbiri içerisinde etkileşimdedir. Aynı zamanda her bir çarkın hareketi bir diğerini ve dolayısıyla tüm sistemi etkiler. Aile Dizimi bu sistemik anlayış ve maneviyatın bir birleşimi niteliğindedir.

Göz Hareketleriyle Duyarsızlaştırma ve Yeniden İşleme: EMDR

Travmatik deneyimler, beynimiz tarafından diğer anılarımız gibi işlenemez. Bu bağlamda geçmişin travmalarını beynimizin içinde düğüm gibi bağlanmış ve çözülemeyen anılar olarak düşünebilirsiniz. Bu işlenemeyen anılar hayatımızı her yönden etkiler. Bazen üzerimize bir kara bulut gibi çökerek tüm yaşam enerjimizi emer. Bazen hiç fark etmediğimiz şekillerde seçimlerimizi etkiler ve hayatımızın gidişatını değiştirir.

Ortaya Çıkışı

EMDR tekniğinin Türkçe manası Göz Hareketleri ile Duyarsızlaştırma ve Yeniden İşleme olarak geçer. EMDR tekniği, Shapiro tarafından 1980'li yıllarda ortaya konmuştur. Bu tekniğin genel mantığı travma anının beyinde işlenmemiş olarak kalması üzerine kurulmuştur. Travma anı ve sonrasında beynin durumunu şöyle özetleyebiliriz; travmanın beynin sağ lobunda depolanır. Travmanın beynin sağ tarafında toplanması ve kabaca mantıksal/sözel olarak bahsedilebilecek sol beyne dağılmaması, travmanın bir düğüm gibi kişinin zihninde kalmasına sebep olur. Bu çözülmemiş anılar kişiyi sürekli olarak tetikte tutar ve beynin normal işleyişini olumsuz yönde etkiler. Charcot'un deyimiyle, travma anı "zihindeki bir parazit"e dönüşür.

Tekniğin Çalışma Prensibi

EMDR tekniği yukarıda bahsettiğimiz travma anının, sağ ve sol beyin tarafından eşit olarak işlenememesi üzerine çalışır. Temel olarak EMDR tekniğinde, güvenli bir ortamda kişiler travma anını yeniden yaşarlar. Travma anı yaşanırken çoğunlukla göz hareketlerinin sağ ve sola yönlendirilmesi ya da kişinin sağ ve sol tarafına bir nesne ile temas edilmesini içerir. Burada amaç bedendeki sağ ve sol tarafı uyararak, travma anının yeniden yaşandığı sırada sağ ve sol beyin arasındaki geçişi kuvvetlendirmektir. Böylece travmanın sağ beyindeki ağır yükü sol beyin tarafından hafifletilip düğümlenen travma anı zihinde çözümlenebilecektir.

Direkt olarak travma ile ilişkili olan EMDR tekniği, genel itibariyle Travma Sonrası Stres Bozukluğu (TSSB) hastalarında kullanılır. TSSB hastalarının sürekli yaşamakta oldukları travma anının dehşetinin giderilmesinde pek çok araştırma EMDR tekniğini faydalı ve hızlı cevap veren bir teknik olarak gösterir. Özellikle yapılan çalışmaların çoğu, bu tekniğin travma anının kişi üzerindeki olumsuz fizyolojik etkilerini sıfırlamakta oldukça faydalı olduğunu gösteriyor. EMDR'nin depresyon, anksiyete ve duygudurum bozuklukları, fobiler ve sınav kaygısı gibi durumlarda da kişiye fayda sağladığını görüyoruz.

Yaşadığı bir deprem sonrası, deprem anı sürekli olarak aklına gelen ve devamlı olarak korku yaşayan bir depremzedeyi düşünün. Bu kişi yaşadığı korku sebebiyle hayatını devam ettiremez bir hale gelebilir. En ufak sarsıntıda dahi dehşete düşebilir ve bedeni alarm durumunda verilen kalp atımının hızlanması gibi fizyolojik tepkiler verebilir. Bu kişinin travma sonrası hayatı düşünüldüğünde, yaşadıkları hayatını oldukça kısıtlayıcı niteliktedir. EMDR tekniği bu kişi üzerinde uygulandığında, travma anının duygusal yükü hafifleyecek ve kişinin hayatını zorlaştıran fizyolojik etkiler sıfırlanabilecektir.

EMDR'nin travma söz konusu olduğunda akla gelen ilk tekniklerden biri olduğu söylenebilir. Travmanın beyne ve bedene verdiği etkileri önemli ölçüde azaltması hatta bitirmesi ile EMDR tekniği geçmişin travmaları için önemli bir iyileşme yöntemi olarak karşımıza çıkar.

Duygusal Özgürleştirme: EFT

İnsanlarda bir enerji bedeni vardır. Engellenen enerji akışı ile birlikte bireyin dengesi bozulur ve sorunlar ortaya çıkar. Bu blokajlar kaldırıldığında birey kendini daha dinamik hissetmeye başlar. Enerji akışı duraklarsa stres, panikleme, korku gibi olumsuz duygulanımlar ortaya çıkar ve duyguların etkisiyle fiziksel bedenimizde bazı rahatsızlıklar meydana gelebilir. Enerji bedenindeki akışı düzenlemek için enerji noktalarına vuruş yapıldığında birey blokajlarından kurtulur ve böylece enerji akışı iyileşir.

Duygusal Özgürleşme Tekniği, bireyin sahip olduğu kısıtlayıcı düşüncelerin, rahatsızlık verici duygu veya durumun, bedendeki enerji ritmine zarar verdiği ve tıkanıklığa sebep olduğu ilkesini benimser. Öfke, mutsuzluk, stres faktörleri, hayal kırıklığı, üzüntü gibi duygusal reaksiyonlar bu akışta engeller yaratır. Kişiyi engelleyen duygusal reaksiyonlara dikkat kesilerek meridyen sistemi üzerinde dokunma ya da vuruş yolu ile yapılan uyarımlar enerji akışını düzenler ve bireyin rahatlamasını sağlar.

Ortaya Çıkışı

EFT, Amerikalı bir mühendis ve NLP (Duyu-Dil Programlama) uzmanı olan Gary Craig'in, Amerikalı klinik psikolog Roger Callahan'ın Düşünce Alanı Terapisi'nden (Thought Field Therapy) hareketle geliştirdiği bir yöntemdir. EFT fiziksel rahatsızlığın veya duygu durumunun o anda etkin hale getirilerek, parmak uçlarıyla bazı enerji noktalarına hafifçe vuruşlar şeklinde yapılan enerji terapilerindendir. 1980'lerde Dr. Roger Callahan ağır su fobisi olan bir hasta ile çalışırken, hasta suya karşı hissettiği korkuyla ilgili sık baş ağrılarına eşlik eden kâbuslar görüyordu. Dr. Callahan bir buçuk yıl kadar hastasına geleneksel yöntemlerle yoldaşlık etmeye çalıştıysa da vaka ilerleme gösteremedi. Dr. Callahan içinde taşıdığı merakla vücudun enerji sistemi üzerine de çalışmaktaydı. Terapi esnasında hastasının gözlerinin altına (mide meridyeninin bir uç noktası) parmak uçlarıyla vurmaya karar verdi. Sonrasında bu hastada su fobisinin tamamen yok olduğu görüldü. Bu vakada meridyen noktasına vuruşlar yapıldığında enerji akışı düzenlenmiş, duygusal yoğunluk ve korku yok olmuştur. Bunu fark eden Craig, Dr. Callahan'ın tekniğini yalınlaştırarak 1995 yılında EFT'nin temellerini atmıştır. Böylelikle hayatımıza giren EFT, travmalarda, kaygı ve korku bozukluklarında kullanılır duruma gelmiştir. Bugün sağlık alanında kullanılan akupunktur tedavisinde kullanılan vücudun meridyen sistemi de EFT tekniğine benzer bir tekniktir.

Bedenimizde akış halinde olduğu varsayılan enerji kanallarından 5000 yıl önce Çinliler bahsetmiş ve bunları bedensel meridyenler olarak adlandırmıştır. Bu meridyenlerde enerjinin rahat akışı sağladığında kendimizi iyi hissederiz. Eğer enerjinin akışı rahat değilse, bedenin sağlığı iyi olmaz. Bu enerji kanallarında duygusal, fiziksel veya herhangi bir travma durumundan kaynaklı tıkanma veya durulma olduğunda olumsuzluklar bizi sarar ve hasta olma ihtimalimiz artar. Enerji sisteminde çakra olarak bahsettiğimiz enerji noktaları da bu sistemin ana kavşak noktaları gibidir. Bizler de bahsettiğimiz bu meridyenlere veya bu meridyenlerle temas edecek enerji alanlarına yapılan etkileşimlerden oluşan teknikleri enerji terapisi adı altında kabul ederiz.

Tekniğin Çalışma Prensibi

Vuruş yerleri; kaş ucu, şakaklar, göz altı, burun altı, çene, köprücük kemiği, kol altı, parmak kenarlarıdır. Benzer bazı tekniklerde başın tepe noktası da kullanılmaktadır. Bu noktalara vuruş yapılırken negatif duygu hissedilir ve kendini onaylama cümleleri ve hatırlatıcı tanım sesli bir biçimde birçok kez tekrar edilir. Geçmişten gelen travmalarımız vücudumuzun bir parçasında hapsolur. Bu teknikle birlikte tıkanıklık ve yaşanan acıların bulunduğu noktaların açığa çıkması ve iyileşme hedeflenir.

Örneğin; yaşanmış travmatik doğumlar, doğumun tıbbileştirilmesi, yanlış doğum yardımları ve benzeri sebeplerle anne adaylarında oluşan doğum korkularının, sezaryenle doğum seçimini etkilemesi üzerine yapılan bir çalışmayı ele alalım. Bu çalışmada oluşan isteğe bağlı sezaryenlerin azaltılmasında Emotional Freedom Techniques (EFT) etkililiğine bakılmaktadır. Anne adaylarıyla en az 2, en fazla 4 kez zihin–beden tekniklerinde EFT çalışması yapılır ve çalışmaların evde de sürekliliği için bireysel ev ödevleri verilir. Bu çalışmalar sonucunda 32 hastadan 29'unun tıbbi gereklilik olmadığı sürece doğum tercihlerinin normal doğum olarak değiştiği görülür. Anne adaylarının doğum şekli tercihlerinde en önemli faktörün zihinsel yapıları ve duygu durumları olduğu anlaşılır. Kişilerin fiziksel ve ruhsal sağlığını olumsuz etkileyen durumlarda EFT, ekonomik ve zararsız bir yöntem olarak ele alınabilir. Yan etki olarak, aşırı uyuşukluk ve esneme görülebilir. Bu durum da kişinin açılan enerji alanlarına dair sisteminin tekrar kendine uyum sağlaması olarak görülmektedir.

EFT özellikle kaygı, depresyon, fobiler üzerinde ciddi bir sağaltım aracıdır. Özellikle sınav kaygısı ile ilgili çalışmalarda stres düzeyini oldukça düşürür.

Kişilerin panik korku gibi olumsuz duygulanımlarında azalmalar meydana getirir. Bu yanıyla travmalarda kullanılacak bir tekniktir. EFT hem sırtımıza aldığımız nasırlaşmış duygusal yüklerden arınmamızı; hem de yeni yüklerin oluşmasını önleyici bir etki sağlar.

Kaynakça

Açıkgöz Karaoğlu, B. (2016). "Travma Sonrası Stres Bozukluğu ve Depresyon Arasındaki İlişkide Ontolojik İyi-Oluşun Aracılık Etkisi: Bir Yapısal Eşitlik Modellemesi Çalışması." Yayınlanmamış Yüksek Lisans Tezi, İstanbul Arel Üniversitesi Sosyal Bilimler Enstitüsü, İstanbul.

Alpaslan, A.H., Koçak, U. (2015). "Cinsel İstismara Uğrayan Çocuk ve Ergenlerin Sosyodemografik Özellikleri ve Ruhsal Değerlendirmesi". *Adli Tıp Bülteni*, 20(1), 27-33.

Ardahan, M. (2006). "Sosyal Destek ve Hemşirelik". *Atatürk Üniversitesi Hemşirelik Yüksekokulu Dergisi*, 9(2), 68-75.

Arslan, G., Balkıs, M. (2016). "Ergenlerde Duygusal İstismar, Problem Davranışlar, Özyeterlik ve Psikolojik Sağlamlık Arasındaki İlişki". *Sakarya University Journal Of Education*, 6(1), 8-22.

Ateş, N., Arcan, K. (2018). "Panik Bozuklukta Bilişsel Davranışçı Terapi: Bir Olgu Sunumu." *Ayna Klinik Psikoloji Dergisi*, 5(3), 61-78.

Aydın, N., & Yıldız, H. (2018). "Travmatik Doğum Deneyiminin Etkileri ve Nesiller Arası Aktarımı". Journal Of Human Sciences, 15(1), 604-618.

Babür, S. (1996). *Aristoteles/ Augustinus/ Heidegger Zaman Kavramı.* Ankara: İmge Kitapevi Yayınları.

Bakır, E., Kapucu, S. (2017). "Çocuk İhmali ve İstismarının Türkiye'de Yapılan Araştırmalara Yansıması: Bir Literatür İncelemesi." *Hacettepe Üniversitesi Hemşirelik Fakültesi Dergisi*, 4(2), 13-24.

Bayram, S., Duman, R.N., Demirtaş, B. (2018). "Üç İnsan, Bir Olay, Üç Farklı Travmatik Deneyim Süreci." *Türkiye Bütüncül Psikoterapi Dergisi*, 1(1), 165-182.

Berksun, O. E. (2017). "Psikososyal ve Medikal Yönleriyle Kayıp, Yas, Ölüm." *Kriz Dergisi.* 3(1-2) 68-69.

Bildik, T. (2013). "Ölüm, Kayıp, Yas ve Patolojik Yas." *Ege Tıp Dergisi.* 52(4), 223-229.

Bilican Gökkaya, V. (2015). "Çaresizliği Öğrenen Kadın: Öğrenilmiş Çaresizlik." *International Periodical for The Languages, Literature and History of Turkish or Turkic*, 10(14), 53-70.

Bonanno, G.A. (2004). "Loss, Trauma, and Human Resilience: Have We Underestimated The Human Capacity to Thrive After Extremely Aversive Events?". *American Psychologist.* 59(1), 20-28.

Boyacıoğlu, İ., Saymaz, E. B. (2012). "Geçmişi Kabul Etme ve Depresyon". *Elektronik Sosyal Bilimler Dergisi.* 11(40), 220-228

Boztepe, H., İnci, F. (2013). "Travma Sonrası Büyüme: Öldürmeyen Acı Güçlendirir mi?" *Psikiyatri Hemşirelik Dergisi.* 4(2), 80-84.

Bulut, S., Pelendecioğlu, B. (2009). "Çocuğa Yönelik Aile İçi Fiziksel İstismar". *Abant İzzet Baysal Üniversitesi Dergisi,* 9(1), 49-62.

Calhoun, G.L., Tedeschi G. R. (2004). "Posttraumatic Growth: Conceptual Foundations and Empirical Evidence" . *Psychological İnquiry.* 15(1). 1-18.

Can, İ. Ö., Demiroğlu Uyanıker, Z., Ulaş, H., Karabağ, G., Cimilli, C., Salaç,N, S. (2012). "Travma Mağdurlarında Ruhsal Travma Bulguları". *Nöropsikiyatri Arşivi Dergisi.*

Çağatay, S. E. (2014). "Üniversite Öğrencilerinin Çocukluk Çağı Travmatik Yaşantı Düzeyi ile Bağlanma Stilleri ve Savunma Mekanizmaları Arasındaki İlişkisinin İncelenmesi." Yayınlanmamış Yüksek Lisans Tezi, İstanbul Arel Üniversitesi Sosyal Bilimler Enstitüsü, İstanbul.

Çelik, H. & Aydoğdu, B.N. (2018). "Duygu Odaklı Terapi: Psikoterapide Yeni Bir Yaklaşım." *E-Kafkas Eğitim Araştırmaları Dergisi,* 5(2), 50-68.

Çivi, S., Marakoğlu, K., Özdemir, S. (2009). "Postpartum Depresyon." *Türkiye Klinikleri.* 29(1). 206-214.

Davıson, G., Johnson, S., L, Krıng, A. M., Neale, J. (2015). *Anormal Psikolojisi.* (Çev. Şahin, M.). Ankara: Nobel Yayınları.

Davidson, P. R., Parker, K. C. H. (2001). "Eye Movement Desensitization and Reprocessing A Meta-Analysis". *Journal of Consulting and Clinical Psychology.* 2(69), 305-316.

Demir, V. (2015). "Bilinçli Farkındalık Temelli Kognitif Terapi Programının Bireylerin Depresif Belirti Düzeyleri Üzerine Etkisi."*http://dergipark.gov.tr/iupcd psikoloji çalışmaları / Studies in Psychology,*35(1), 15-26.

Demirci Çiftçi, A., Güvendeğer Doksat, N. (2016). "Bağlanma ve Yaşamdaki İzdüşümleri." *Arşiv Kaynak Tarama Dergisi,* 25(4), 489-501.

Doğan, O., Kavakcı, Ö., Kuğu, N. (2010). "EMDR (Göz Hareketleri ile Duyarsızlaştırma ve Yeniden İşleme): Psikoterapide Farklı Bir Seçenek." *Düşünen Adam Psikiyatri ve Nörolojik Bilimler Dergisi,* 23, 195-205.

Doksat, M. K. (2008). Kişilik Bozuklukları. İ.Ü. *Cerrahpaşa Tıp Fakültesi Sürekli Tıp Eğitimi Etkinlikleri, 62*, 239-254.

Duman A. (2015). "Doğum Tercihlerine Emotional Freedom Techniques -EFT (Duygusal Özgürleşme Teknikleri)'nin Etkisi." *Integr Tıp Dergisi, 3*(2), 70-71.

Durak Batıgün, A., Büyükşahin, A. (2008). "Aleksitimi: Psikolojik Belirtiler ve Bağlanma Stilleri". *Klinik Psikiyatri, 11*, 105-114.

Erten, S. (2002). "Planlanmış Davranış Teorisi ile Uygulamalı Öğretim Metodu". *Hacettepe Üniversitesi Edebiyat Fakültesi Dergisi, 19*(2), 217-233.

Ezerbolat, M., Yılmaz Özpolat, A. G. (2006). "Travma Sonrası Büyüme: Travmaya İyi Yanından Bakmak."

Gökler, B., Taner, Y. (2004). "Çocuk İstismarı ve İhmali: Psikiyatrik Yönleri". *Hacettepe Tıp Dergisi, 35*, 82-86.

Gören, S., Tıraşçı, Y.(2007). "Çocuk İstismarı ve İhmali." *Dicle Tıp Dergisi, 34*(1), 70-74.

Greenberg, L. S. (2018). *Duygu Odaklı Terapi.* (Çev. Balcı Çelik, S.). Ankara: Nobel Yayınları.

Gültekin, B. K., Kesebir, S., Tamam, L. (2014). "Türkiye'de Bipolar Bozukluk". *Psikiyatride Güncel Yaklaşımlar. 6*(2). 1099-209.

Gündüz, N., Aker, A. T. (2015). "Travmatik Stres ve Beyin". *Türkiye Klinikleri. 8*(1). 1-9.

Herman, J. (2017). *Travma ve İyileşme: Şiddetin Sonuçları Ev İçi İstismardan Siyasi Teröre.* (Çev. Tosun, T.). İstanbul: Literatür Yayınları.

Hubbard, B. (2017). *Geçmişin Yükünden Kurtulmak.* (Çev. Yener, N.). İstanbul: Kuraldışı Yayınları.

Irmak Vural, P., Aslan, E. (2018). "Duygusal Özgürleşme Tekniği (EFT) Kapsamı ve Uygulama Alanları". *Yaşam Becerileri Psikoloji Dergisi, 2*(3), 11-25.

Işıklı, S., Şenkal, İ. (2015). "Çocukluk Çağı Travmalarının ve Bağlanma Biçiminin Depresyon Belirtileri ile İlişkisi: Aleksitiminin Aracı Rolü". *Türk Psikiyatri Dergisi, 26.*

İnan, E. (2015). "Narsisistik Kişilik Örgütlenmesinin Bağlanma Kuramı Çerçevesinde Ele Alınması: Vaka Örneği." *Ayna Klinik Psikoloji Dergisi, 2*(2), 1-12.

Kandaz, Y. E. (2009). "OKB Tanısı Almış Psikiyatri Hastalarında Travmatik Yaşam Olayları Sıklığı." Yayınlanmamış Yüksek Lisans Tezi, Kocaeli Üniversitesi Sağlık Bilimleri Enstitüsü, Kocaeli.

Karamustafalıoğlu, O., Yumrukçal, H. (2011). "Depresyon ve Anksiyete Bozuklukları." *Şişli Etfal Hastanesi Tıp Bülteni,*, 45(2), 65-74.

Kavakçı, Ö., Kuğu, N., Yıldırım, O. (2010). "Travma Sonrası Stres Bozukluğu ve Sınav Kaygısı için EMDR: Olgu Sunumu." *Klinik Psikiyatri.* 13, 42-47.

Kaya, Ş. (2016). "Antisosyal Kişilik Bozukluğu Olan Hastalarda Amigdala ve Hipokampus Hacimleri". Yayınlanmamış Yüksek Lisans Tezi, Fırat Üniversitesi Tıp Fakültesi, Elazığ.

Kelly, J, Verny, T. (2015). *Doğmamış Çocuğun Gizli Yaşamı.* (Çev. Elgin, B.). İstanbul: Kuraldışı Yayınları.

Kesebir, S, Özdoğan Kavzoğlu, S, Üstündağ, M.F. (2011). "Bağlanma ve Psikopatoloji." *Psikiyatride Güncel Yaklaşımlar,* 3(2), 321-342.

Keysers, C. (2015). *Empatik Beyin.* (Çev. Eper, A.). İstanbul: Alfa Yayınları.

Korenromp, M. J., Christiaens, G. C. M. L., Van Den Bout, J., E., Mulder, J. H., Hunfeld, J. A. M., Bilardo, C. M., Offermans, J. P. M., Visser, G. H. A. (2005). Long-Term Psychological Consequences Of Pregnancy Termination For Fetal Abnormality: A Cross-Sectional Study. *Prenat Diagn,* 25, 253-260.

Korkmazlar Oral, Ü., Engin, P., Büyükyazıcı, Z. (2010). "Türkiye'de Çocuk İstismarı ve Aile İçi Şiddet Araştırması/ Özet Rapor".

Leeds, A.M., Rosa, S. (2009). "Resources in EMDR and Other Trauma-Focused Psychotherapy: A Review." *Journal of EMDR Practice and Research,* 3(3), 152-160.

Liebermeister, S. R. (2009). *Sevginin Kökleri.* İstanbul: İstanbul Matbaacılık Basılı Yayıncılık.

Molacı, M. (2019). "Kendini Gerçekleştiren Kehanet". *Viraverita E-Dergi: Disiplinlerarası Karşılaşmalar,* (9), 1-28.

Musello, C, Webb, J. (2018). *Çocuklukta İhmalin İzi: Boşluk Hissi.* (Çev. Arıkan, G.). İstanbul: Sola Unitas Yayınları.

New, A. S., Ann Het Rot, M., Ripoll, L. H. (2012). Empathy And Alexitimia in Borderline Personality Disoreder: Clinical And Laboratory Measures. *Journal Of Personality Disoreders.* 26(5), 660-675.

Olff, M. (2012). Bonding after Trauma: On The Role of Social Support and The Oxytocin System in Traumatic Stress. *European Journal of Psychotraumatolog,* .3(1).

Oruçlular, Y. (2016). Sınırda Kişilik Bozukluğu'nun Nedeni ve Sonucu Olarak Kişilerarası Travma: Gözden Geçirmeye Dayalı Bir Model Önerisi. *Türk Psikoloji Yazıları.* 19(37), 76-88.

Ovayolu, N., Uçan, Ö., Serindağ,S. (2007). Çocuklarda Cinsel İstismar ve Etkileri. *Fırat Sağlık Hizmetleri Dergisi,* 2(4), 13-22.

Örsel, S., Karadağ, H.,Karaoğlan Kahiloğulları, A., Akgün Aktaş, A. (2011). Psikiyatri Hastalarında Çocukluk Çağı Travmalarının Sıklığı ve Psikopatoloji ile İlişkisi. *Anatolian Journal Of Psychiatry.* 12, 130-136.

Pala, B., Ünalacak, M., Ünlüoğlu, İ. (2011). Çocuklara Kötü Muamele: İstismar ve İhmal. *Dicle Tıp Dergisi,* 38(1), 121-127.

Perry, B. D., Szalavıtz, M. (2012). *Köpek Gibi Büyütülmüş Çocuk.* (Çev: Söğüt, E.). İstanbul: Okuyanus Yayınları.

Polat, O. (2018). Türkiye'de Çocuk İstismarı Raporu-2. İstanbul: ASUMA&İMDAT.

Sardoğan, M. E., Kaygusuz, C. (2006). Antisosyal Kişilik Bozukluğu Tanısı Almış ve Almamış Olan Bireylerin Duygusal Zeka Düzeyleri Açısından İncelenmesi. *Ege Eğitim Dergisi,* 7(1), 85-102.

Seligman, M. E. P. (1972). Learned Helplessness. *National Institutes Of Health Grant.* 407-411.

Sevinç Yalçın, Ç. P., Öztürk, E. (2018). Travma Sonrası Zamanın Donması ve Travmanın Nesiller Arası Aktarımı. *Bartın Üniversitesi Edebiyat Fakültesi Dergisi,* 3(3), 21-28.

Sezgin, N. (2013). Tek Oturumda Uygulanan Duygusal Özgürlük Tekniği (EFT)'nin Yaratılan Stres Durumu Üzerindeki Etkileri. *Ankara Üniversitesi Dil ve Tarih-Coğrafya Fakültesi Dergisi,* 53(1), 329-348.

Sezgin, U., Yüksel, Ş., Topçu, Z., Dişcigil, A. G. (20014). Ne Zaman Travmatik Yas Tanısı Konur? Ne Zaman Tedavi Başlar? *Klinik Psikiyatri.* 7, 167-175.

Solms, M, Turnbull, O. (2015). Beyin ve İç Dünya: Öznel Deneyimin Sinirbilimine Giriş. (Çev. Atalay, H.). İstanbul: Metis Yayınları.

Şahin Demirkapı, A. (2013). Çocukluk Çağı Travmalarının Duygu Düzenleme ve Kimlik Gelişimine Etkileri ve Bunların Psikopatolojiler ile İlişkisi. Yayınlanmamış Yüksek Lisans Tezi, Adnan Menderes Üniversitesi Sosyal Bilimler Enstitüsü, Aydın.

Şaşıoğlu, M., Gülol, Ç., Tosun, A. (2013). Aleksitimi Kavramı. *Psikiyatride Güncel Yaklaşımlar,* 5(4), 507-527.

Şaşıoğlu, M., Gülol, Ç., Tosun, A. (2014). Aleksitimi: Tedavi Girişimleri. *Psikiyatride Güncel Yaklaşımlar,* 6(1), 22-31.

Şenkal, İ., Işıklı, S. (2015). Çocukluk Çağı Travmalarının ve Bağlanma Biçiminin Depresyon Belirtileri ile İlişkisi: Aleksitiminin Aracı Rolü. *Türk Psikiyatri Dergisi, 26, 1-7.*

Talley, C. L., Edwards, A., Wallace, P., Hansen, W. (2018). Epidemology of Trauma in Pregnancy. *Current Trauma Reports 4.* 205-210.

Taymur, İ., Türkçapar, M. H. (2012). Kişilik: Tanımı, Sınıflaması ve Değerlendirmesi. *Psikiyatride Güncel Yaklaşımlar, 4(2), 154-177.*

Tedeschi, R. G., Park, C. L., Calhoun, L. G. (1998). Posttraumatic Growth:Ositive Changes in The Aftermath of Crisis. *Lawrence Erlbaum Associates.* 258.

Türkçapar, H., Güriz, O., Özel, A., Işık, B., Dönbak Örsel, S. (2004). Antisosyal Kişilik Bozukluğu Olan Hastalarda Öfke ve Depresyon İlişkisi. *Türk Psikiyatri Dergisi, 15(2),* 119-124.

Ülev, E. (2014). Üniversite Öğrencilerinde Bilinçli Farkındalık Düzeyi ile Stresle Başa Çıkma Tarzının Depresyon, Kaygı ve Stres Belirtileriyle İlişkisi . Yayınlanmamış Yüksek Lisans Tezi, Hacettepe Üniversitesi Sosyal Bilimler Enstitüsü, Ankara.

Ünsal, A. (1998). Çocuk İstismar ve İhmalinde Önemli Bir Etmen Olarak Aile. *Ege Üniversitesi Hemşirelik Yüksekokulu Dergisi, 14(3),* 301-315.

Üzümcü, E. (2016). Büyüklenmeci ve Kırılgan Narsisistik Kişilik Özellikleri ile İlişkili Faktörlerin Şema Terapi Modeli Çerçevesinde İncelenmesi. Yayınlanmamış Yüksek Lisans Tezi, Hacettepe Üniversitesi Sosyal Bilimler Enstitüsü, Ankara.

Vaızey, C. J, Jacobson, M. J, Cross, F, W. (1994). Trauma in Pregnancy. *British Journal of Surgery.* 81, 1406-1415.

Van Der Kolk, B.A. (2018). *Beden Kayıt Tutar Travmanın İyileşmesinde Beyin Zihin ve Beden.* (Çev. Maral, N.C.). İstanbul: Nobel Yaşam Yayınları.

Waite, W. L., Holder, M. D. (2003). Assessment of The Emotional Freedom Technique.

Wolynn, M. (2019). *Seninle Başlamadı.* (Çev. Madenoğlu, M.). İstanbul: Sola Unitas Yayınları.

Yalçın, H., Koçak, N. (2013). Gebelikle İlgili Geleneksel İnanç ve Uygulamalar ve Karaman Örneği. *Kent Kültürü ve Yönetimi Hakemli Elektronik Dergi.* 6(1), 18-32.

Yehuda, R. (2002). Post Trumatic Stress Disorder. *The New England Journal O Medicine.* 346(2). 108-114.

Yeşil, P, Taşcı, S, Öztunç, G. (2016). Yaşlı İstismarı ve İhmali. Düzce Üniversitesi Sağlık Bilimleri Enstitüsü Dergisi. 6(2), 128-134.

Yıldırım Sarı, H, Ardahan, E., Öztorbacı, B. (2016). Çocuk İhmal ve İstismarına İlişkin Son 10 Yılda Yapılan Sistematik Derlemeler. *TAF Preventive Medicine Bulletin. 6(15). 501-511.*

Yılmaz Irmak, T. (2008). Çocuk İstismarı ve İhmalinin Yaygınlığı ve Dayanıklılıkla İlişkili Faktörler. Yayınlanmamış Yüksek Lisans Tezi, Ege Üniversitesi Sosyal Bilimler Enstitüsü. İzmir.

Yılmaz, E. (2016). Eğitim ve Psikolojiden Yansımalar. Konya: Çizgi Kitabevi.

Zara, A. (2018). Kolektif Travma Döngüsü: Kolektif Travmalarda Uzlaşma, Bağışlama ve Onarıcı Adaletin İyileştirici Rolü. *Klinik Psikiyatri, 21, 301-311.*

Zararsızoğlu, M. (2014). Sorular ve Yanıtlarla Sistem Dizilimi. *TSDE Online Yayını. 1, 5-16.*

Zeren, C., Yengil, E., Çelikel, A., Arık, A., Arslan, M. (2012). Üniversite Öğrencilerinde Çocukluk Çağı İstismar Sıklığı. *Dicle Tıp Dergisi. 39(4). 536-541.*

Zoroğlu, S. S., Tüzün, Ü., Şar, V., Öztürk, M., Eröcal Kora, M., Alyanak, B. (2001). Çocukluk Dönemi İstismar ve İhmalinin Olası Sonuçları. *Anadolu Psikiyatri Dergisi, 2(2), 69-78.*